suhrkamp taschenbuch 3658

»Ich probiere Geschichten an wie Kleider!« heißt es im Roman *Mein Name sei Gantenbein*, und in der Tat, in seinen *Tagebüchern 1946-1949* und *1966-1971* oder den Romanen *Stiller* und *Mein Name sei Gantenbein* verstecken sich abgeschlossene Geschichten, die von der erzählerischen Brillanz Max Frischs zeugen. Sein zentrales Thema ist die Frage nach der Identität des Menschen, die Frage nach dem Verhältnis des Ich zum anderen: »Es ist nicht die Zeit für Ich-Geschichten. Und doch vollzieht sich das menschliche Leben oder verfehlt sich am einzelnen Ich, nirgends sonst.«

»Wovon erzählt Frisch? Von der Liebe, also von der Vergänglichkeit; vom Tod, also von der Angst vor dem Tod. Da es die Liebe immer noch gibt und da man den Tod noch immer nicht abgeschafft hat, bleibt nichts anderes übrig, als zu diesen Fragen zurückzukehren. Max Frisch praktiziert Moral ohne Predigt und Zeitkritik ohne Propaganda. So wurde er zum Klassiker unter den schreibenden Zeitgenossen deutscher Sprache.« *Marcel Reich-Ranicki*

Diese Auswahl versammelt große Erzählungen aus den Romanen und Tagebüchern Max Frischs (1911-1991), ergänzt durch die separat erschienenen Erzählungen *Bin oder Die Reise nach Peking* und *Zürich-Transit*.

Inhalt

Bin oder
Die Reise nach Peking

Es ist im Ernst nicht anzunehmen, daß es Leute gibt, die Bin, unseren Freund, nicht kennen. Es wäre denn ein albernes Mißverständnis; wir reden aneinander vorbei, indem sie ihm einfach einen anderen Namen geben ... Ein Marschall, der zu den namhaften dieses gräßlichen Krieges gehört, hatte einmal sein Quartier in einem alten Bauernhaus; er saß am Dämmerrand eines Lampenschirmes, allein, er arbeitete am Krieg, der für den kommenden Tag einen Überfall verlangte. Es mochte gegen Mitternacht sein, als er den Überfall im reinen hatte; er löschte die Lampe, ließ die fremde Nacht durch das offene Fenster und sah, halb schon zur Türe unterwegs, wo ihn seine versammelten Offiziere erwarteten – sah, daß draußen einer am Fenstersims lehnte. Der Marschall blieb stehen, seine Befehle in der Hand, seine Karten, seinen Überfall. Offenbar stand der andere, der Fremde, schon lange da, eine Pfeife im Mund, auf die Ellbogen seiner vertragenen Joppe gestützt. Er stand wie ein Nachbar, der gelegentlich, wenn es Abend wird, an unser Fenster tritt und eine Weile plaudert, ein Einheimischer. Allein es gab in dieser Gegend und zu der Zeit, als dies geschah, durchaus keine Einheimischen mehr, die so umhergehen konnten; es war ja Krieg. Es gab die Soldaten, die eigenen, die feindlichen, und was allenfalls sonst noch lebte, das arbeitete in Lagern. Einen Augenblick – der namhafte Marschall ertappte sich über einem Augenblick persönlichen Schreckens – hatte er an einen Attentäter gedacht. Wir haben vergessen, es gab auch noch die Partisanen. Auf jeden Fall hatte die Wache ihn nicht gestellt. Indessen erwies sich der Unvermutete in keiner Weise als ein Täter, er kratzte nur das Moos vom Fen-

stersims, indem er seinen Fingern zuschaute, tat, als gäbe
es nichts Dringenderes in dieser Stunde. Nach einer Weile,
als sich das Auge an das Dunkel gewöhnt hatte und man
sich besser erkannte, redete er sogar mit dem Marschall.
Oh, nichts Unerhörtes! Er redete in der Muttersprache unseres immerhin betroffenen Marschalls; es hätte auch jede
andere Muttersprache sein können. Nachdem er die erlo-
schene Pfeife an seinen Absatz geklopft, blickte er abermals in die offene Nacht hinaus, und der Mond saß ihm wie
eine gelbe Katze auf der Schulter; er blickte einfach hinaus:
die Grillen, die reifenden Felder, die Liebenden, die Vögel
im finstern Gezweig, die schlafenden Rehe ... denn der
Marschall war auch ein leidenschaftlicher Jäger – Offenbar
aus bloßer Wut auf die Wache, die versagt hatte, schellte
er plötzlich. Licht, Lärm, Leute! Natürlich umsonst. Sogar
ein Schuß fiel einsam in die offene Nacht unter Sternen.
Dann wieder war alles beim alten: die Stille, die Grillen,
die Sterne, die Schritte der Wache. Aber gefunden hatten
sie nichts, auch als der Morgen graute, nicht einen toten
Partisanen, nicht einmal Spuren von Blut. (Der Marschall
hingegen, der zu den namhaften dieses gräßlichen Krieges
gehörte, ist seither schon lange gefallen.)
    Soviel über Bin.

Es war ein Abend im März. Wir hatten in der ledernen
Nische eines Kaffeehauses gesessen wie all die Abende,
wenn man vom Geschäft kommt, einen Kirsch trinkt, eine
Zeitung liest. Auf einmal, nach Jahren des Wartens, sieht
man sich von der Frage betroffen, was wir an diesem Ort
eigentlich erwarten. Mindestens die Hälfte des Lebens ist
nun vorüber, und insgeheim fangen wir an, uns vor dem
Jüngling zu schämen, dessen Erwartungen sich nicht erfüllen. Das ist natürlich kein Zustand. Ich winkte dem Kellner, zahlte und ging. Den Mantel, den er mir halten wollte,
nahm ich auf den Arm, ebenso die Rolle –

Draußen war es ein unsäglicher Abend.

Ich ging. Ich ging in der Richtung einer Sehnsucht, die weiter nicht nennenswert ist, da sie doch, wir wissen es und lächeln, alljährlich wiederkommt, eine Sache der Jahreszeit, ein märzliches Heimweh nach neuen Menschen, denen man selber noch einmal neu wäre, so, daß es sich auf eine wohlige Weise lohnte zu reden, zu denken über viele Dinge, ja, sich zu begeistern, Heimweh nach ersten langen Gesprächen mit einer fremden Frau. Oh, so hinauszuwandern in eine Nacht, um keine Grenzen bekümmert! Wir werden schon keine, die in uns liegt, je überspringen ...

Natürlich traf ich niemanden. Ich schlenderte. Oder es konnte auch sein, daß ich stehenblieb, etwa vor einem Schaufenster. Frauen anzusprechen ist eine besondere Gabe; man hat sie oder hat sie nicht. Schön fand ich es dennoch, draußen der abendliche Perlmuttersee, das Spröde der Luft, das Laue eines solchen Abends im März, das sonderbar Offene und Blaue, das Laute eines klimpernden Klaviers, das sich unter der gläsernen Glocke einer himmlischen Stille verfing, lächerlich, ergreifend lächerlich oder feierlich, zum Weinen feierlich und geschmacklos, schlagerhaft, selig. Dennoch schlenderte ich weiter, traurig an Gärten vorbei, die ich nicht haben wollte. Eine Köchin führte den Hund ihrer Herrschaft spazieren, er schnupperte an allen Ecken, und da und dort lag noch ein letzter Schattenschnee, ein Häuflein von verstaubtem Winter. Die Vögel piepsten aus der Dämmerung. Und die Köchin entschwand in ein Gartentor.

Später stapfte ich durch Wald.

Später war auch der Mond aufgegangen, wie ein Gong aus Messing hing er über dem Schilf eines unerwarteten und nie gekannten Riedes, über dem Quaken der Frösche, und ich war, so wollte mir scheinen, durchaus nicht lange gegangen, als ich unversehens vor der chinesischen Mauer stand.

»Bin«, sagte ich, »das ist doch sonderbar, – das muß eine Täuschung sein –«

Bin lächelte.

Der Gedanke, daß ich zum Nachtessen erwartet würde, war das erste, was der unglaubliche Anblick mir eingab, und auch für lange das einzige, was außer Zweifel stand. Bin lächelte. Er rauchte aus seiner Pfeife wie eh, seine Ellbogen auf die chinesische Mauer gestützt, die anzusehen war, wie man sie von Bildern eben kennt, eine steinerne Schlange, die sich weit in ein weites, ein wüstes und hügelwogendes Land zog, und manchmal, während wir redeten, kratzte er mit dem Daumen das Moos von der Mauer, Moos, Sand, Gebröckel von verwittertem Stein, Staub der Jahrtausende. Er weiß es gar nicht, daß er das tut, glaube ich. Dann wieder bläst er es weg, fährt mit dem Ärmel darüber – Ich hatte Bin nach dem weiteren Weg gefragt.

»Es kommt darauf an«, sagte er, »wohin du willst.«

Nicht einmal das wußte ich . . .

Es war eine Art von Fußweg, der jenseits hinunterführte, immer wieder einmal im Gestrüpp versickerte; man mußte ordentlich aufpassen, daß man nicht über Wurzeln stolperte, das Mondlicht rieselte in einer gläsernen Quelle nebenher . . . Einmal fragte Bin, wie es denn ginge? was wir so trieben? Ich hatte die Rolle unter dem Arm, Zeichen des Alltags; ich zuckte die Achseln und sagte:

»Nicht eben viel.«

Man arbeitet, man ißt, man verdient.

»Drüben ist immer noch Krieg«, sagte ich später, »niemand weiß, wann er aufhören wird, und wie?« Wir redeten lang über den Krieg –

So unerhört anders und fremd, wie man vermuten möchte, war die Landschaft auch wieder nicht. In den einsamen Bergen des Karstes hatten wir ähnliches schon einmal erlebt. Wir gingen am Rand einer steilen Schlucht, unter uns rauschten die Wasser einer Tiefe, die man nicht sah, und wir sahen auch nicht, ob wir eigentlich weiterkamen auf diesem steinernen Gestirn, das wir kaum noch für unsere liebe Erde halten konnten, so groß und ohne Zeit, ohne Pflanzen, ohne Dorf, so einsam und grausam und ohne Verhältnis zum Menschen lag es da, eine Wüste aus Kalk, ein Meer von versteinerten Wogen. Im Schatten der Wolken, die über uns zogen, silbern und schäumig wie ein Gestade der spielenden Götter, lag alles noch härter und toter, ein Gebirge von Schlacken, wir gingen und gingen – plötzlich, nie werde ich es vergessen, standen wir am Ende der Schlucht: vor uns ein fremdes und liebliches Tal, ein See voll blühender Seerosen, nichts anderes, ein Wunder von blühendem See ...

Das gibt es.

In den einsamen Bergen des Karstes hatten wir all dies schon einmal erlebt ... Bin konnte es hinter seiner schelmischen Pfeife nicht mehr verbergen, daß ihn das Erstaunen, das mich auch diesmal wieder stehen ließ, ein wenig freute..

»Ja«, sagte er, »das ist es nun.«

»Peking?«

»Das ist es nun ...«

Wir blickten hinab in den Frühling, wir blickten in eine Weite voll sanfter und gelassener Hügel, voll lieblicher Bäume, voll Straßen und Sonne, Bäche glitzerten in silbernen Schleifen, fernhin die Städte der Menschen, Dächer, Brükken, Buchten voll kräuselnder Bläue, Türme, Vögel darüber, die kreisen –

Nach einer Weile fragte Bin:

»Gehen wir?«

Noch einmal dachte ich an das Abendessen.

»Sobald wir in Peking sind«, sagte ich später im Gehen, »werde ich Rapunzel, meiner Frau, eine Karte schreiben! eine Karte mit all diesen Dächern und Türmen und Brükken und Segeln darauf, mit blühendem Lotos, mit blauen Vögeln darüber, die kreisen.«

Ich sah es, das Unverhoffte, mit bestürzendem Glück: weit konnte es nach Peking nicht sein, eine Stunde vielleicht oder zwei oder drei ...

Seither sind Jahre vergangen.

Das einzige, was immer wieder stört, das ist natürlich die Rolle unter dem Arm. Zwar schwer ist sie nicht. Man schlenkert sie. Man hält sie bald so oder so. Dann wieder, leicht, wie sie ist, klemmt man sie einfach unter den Arm. Was mich stört, das ist anderes. Irgendwo in Peking, sagt man sich, wirst du sie liegen lassen! Man kennt sich wenigstens in seinen Mißgeschicken. Und dann, wenn man sie eines alltäglichen Tages wieder braucht, werde ich mich bestenfalls erinnern, wo ich sie zuletzt in den Händen gehalten, und eben diese leeren Hände betrachten ... denn niemals werde ich wieder dahin gelangen ... Was man in solchen Augenblicken erlebt, das ist nicht mehr und nicht weniger als ein Wunder, Gott verzeih mir, aber darüber täusche ich mich nicht, sooft ich an eine Schleife unseres Weges komme und wieder hinunterschaue auf die blinkenden Dächer von Peking, die Türme, die uralten, die Menschlein in ihren gelben und flachen Hüten, Wasserträger, die in den wirren Gassen umherstehen und schwatzen, ihr tägliches Joch auf den Schultern, dahinter die Buchten mit kräuselndem Silber, mit Brücken und Segeln, mit blühendem Lotos, mit blauen Vögeln darüber, die kreisen ...

Eine Rolle, die man in Peking stehen ließe, wäre für immer verloren. Kein Stift kann sie uns holen. Ich hielt sie auch diesmal, daß sie mir fast in den Händen zerknüllte. Ohne sie, glaube ich immer, wäre ich selig gewesen.

Der erste, der uns jenseits der chinesischen Mauer begegnete, war ein kleines Männlein aus braunem Sandstein. Mit verflochtenen Beinen hockte es da, lächelte mit beinahe geschlossenen Lidern, und obschon ich nicht allzu genau weiß, worin ein Heiliger besteht, sagte ich sofort zu Bin:

»Sieh da! ein Heiliger.«

Bin nickte. Er nahm es platterdings an, man wüßte, was ein Heiliger ist, und nickte, wie wenn man sagen würde: Sieh da, ein Regenbogen! Hierzulande gab es viele Heilige, mag sein, bei uns aber gibt es keine ... Das einzige, was mir bisher an Heiligen begegnete, ist eine freundliche Leihgabe, die zu Hause auf der tannenen Truhe steht, ein kleiner Buddha, genauer gesprochen, ein Lokeshvara, auch er mit verflochtenen Beinen, mit jener steinernen Geduld und einer heimlichen Milde und immer wieder mit einem befremdenden, bald mütterlichen, bald geisterhaften Lächeln, unerschütterlich, noch wo ihm die Arme zerschmettert sind. –

»Wenn sie so dasitzen«, fragte ich Bin, »was machen sie eigentlich?«

(Oh, diese westliche Frage!)

Bin sagte:

»Sie sitzen so da – zum Beispiel, wenn die Sonne untergeht über den violetten Hügeln der Wüste, und schauen die Sonne, nichts weiter. Sie schauen. Sie denken nichts anderes als eben die Sonne, so sehr, so innig, so ganz und gar, daß sie die Sonne noch immer und immer sehen, wenn jene, die wir die wirkliche nennen, lange schon untergegangen ist. Sie sitzen so da: sie können sie jederzeit wieder aufgehen lassen.«

Wir gingen weiter.

Da ich, wie vielleicht auch der Leser, nicht eigentlich wußte, was ich nun glauben oder auch nur denken sollte, die Arbeit des Heiligen betreffend, lag es mir nahe, ein wenig zu pfeifen, auf eine verlegene Weise bereit, mich andern Dingen hinzuwenden. Oft blickte ich zurück, ob man die chinesische Mauer noch immer sähe, oder ich knüpfte wieder einmal meine Schuhnestel, oder ich knickte einen Zweig, steckte eine Blüte in den Mund ...

Ja, hier war es schon Frühling.

Manchmal bleibt Bin wieder stehen, pflückt Beeren unter einem Wegsaum hervor, und natürlich hätte man auch lebhafte Lust darauf, allein ich sehe sie nie – immer erst dann, wenn Bin sie bereits in der Hand hat. Es überzeugt mich, daß es so sein muß. Bin ist mir stets um eine Gnade voraus, und dennoch, oder gerade darum, schlendere ich unsäglich gerne mit Bin.

Eines Mittags, als ich erwachte, war es schon Sommer, und wir lagen an einem Fluß, einem Strom. Der Himmel war grau oder weißlich, und die Sonne, hinter Wolken verschimmelt, flimmerte nur matt und verhalten über dem unerhört breiten, immerzu murmelnden und gurgelnden Ziehen der braunen Wellen. So lagen wir lang, und in den Stauden ringsum, in den endlosen Wäldern rauschte der Wind. Es toste. Dann wieder, plötzlich, verebbte es, so daß man meinte, das Wasser würde nun lauter. Näher und heller, muntrer, lauter plauderte es um das Schweigen der Steine.

»Bin«, sagte ich, »ich habe dir immer einmal schreiben wollen. Ach, in den letzten Jahren ist so vieles geschehen ... Das heißt«, fuhr ich fort, »eigentlich ist mir, als wäre überhaupt nichts geschehen.«

Bin schwieg.

Ich höre eine Libelle wie damals, da wir die Schule schwänzten, in den Wiesen lagen, Halme um uns. Ich höre den Wind, der in den Wipfeln spielt, ganz droben, ganz ferne von hier, wo es heiß ist und schwül und still, als schlafe die Luft.

Nur die Erde, die ich unter den offenen flachen Händen fühle, nur die Erde ist mulmig und freundlich und feucht ... Wenn ich nicht weiß, wo in meinem Leben ich bin, wann ich bin, lege ich mich am besten auf den Rücken, die Hände unter den Nacken: man spürt seine Schwere. Droben das leichte und lichte und lautlose Ziehen der Wolken, Sonne darüber, sie als einziges bleibt, eine glimmende Insel im fliehenden Strom der Gewölke. Und doch, auf einmal, wird es Abend, und auch sie ist gesunken.

»Bin«, sagte ich, »zuzeiten umflattert mich die Erinnerung an Dinge, die man erlebt haben muß – wie könnte man sich sonst erinnern! – eine Art von Glück, blau, nüchtern, rauschlos, ein Glück der morgendlichen Frühe, Erinnerung an ein götterhaftes oder kindliches Jungsein. Aber ich weiß nicht, wo es war.«

Bin lächelte.

»Ich kenne das«, meinte er. »Man hat das. Man dichtet es immer in seine Jugend zurück, was jetzt, da wir es für Erinnerung halten, Gegenwart ist: jetzt, in diesem Atemzug, und zum erstenmal –«

»Jetzt?«

»Glück!« meinte er nach einer Weile. »Es machte mich immer so hilflos, im Augenblick wußte ich nie, was anfangen, ich trieb durch die Gassen, ich landete bei Frauen, ich ging und besoff mich. Vor Glück! Verkleidet aber – im Gewande der Erinnerung, im Schleier der Wehmut, im Glanze des Verlorenen – erschreckt es uns weniger.«

So lagen wir lange und plauderten.

Der Abend war schön. Auf einmal war der Abend über den violetten Bergen so schön, so lauter und golden, so heiter, daß ich mich nicht erinnere, einen schöneren schon erlebt zu haben, nicht einmal einen gleichen.

Bin lachte:

»Das ist die Jugend!«

»Was?«

»Wenn man sich nicht erinnert, daß man ein Schöneres schon einmal erlebt hat, nicht einmal ein Gleiches –.«

Ich hatte mich auf die Ellbogen gestützt, um über den

Fluß hinauszuschauen, und sah, was mich nicht gleichgültig ließ: ich sah die Ruhe, die bleibende Ruhe der fließenden Wellen, sah, daß die Ufer es sind, welche gleiten, die Steine am Ufer, sie stehen nicht, sie fahren wie spitze Schiffe, die sich durch die Wellen pflügen, und fahren stromaufwärts. Mit der ganzen rauschenden und kräuselnden Schleppe ihres Wellenkleides fahren sie stromaufwärts. Und die Bäume, die knorrigen, die abendliche Wiese mit den weidenden Büffeln, das Moos, wo wir liegen und rasten, sie fahren stromaufwärts – und endlich, da ich all dies gewahrte und faßte, schreckte ich auf, sprang auf die Füße.

»Bin!« rief ich, »Bin?«

Er streichelte drüben einen Büffel...

»Bin«, sagte ich, »ich glaube, es treibt uns ab. Indem wir meinen, wir bleiben am Ort, indem wir rasten und reden und weilen, treibt es uns ab –«

Bin lächelte.

»Ja«, sagte er wie aus alter Erfahrung...

Die schwarzen Büffel – in der Ferne das offene Meer, und hier, wo wir auf unserem Floße fuhren, war es eine Ebene mit endlosem Schilf, eine Wildnis mit Tümpeln und Büschen darin, mit Mücken, mit sirrenden Libellen und blühenden Seerosen – vor allem aber die schwarzen Büffel, die in den braunen Tümpeln lagen oder standen und uns anglotzten, unberechenbar in ihrer sturen Ruhe und Gewalt: auch das hatte ich schon einmal erlebt.

Wir glitten vorbei –

Zuzeiten ist mir, der Strom würde breiter und breiter, stiller auch wie reifendes Alter. Einmal müssen wir ans Meer kommen ... Störche steigen empor aus dem Schilf, rauschen über unsere Köpfe und fliegen fortan in die Weite des dämmernden Abends. Und hinter uns, immer wieder, erhebt sich ein Mond, schwebt über den Wellen seiner silbernen Spiegelung. Nahe und groß, lautlos glotzt er über das klingelnde Röhricht.

Einmal müssen wir ans Meer kommen.

Wir kamen nun an den Ort, wo die Felsen aus dem Wasser steigen, bleich wie Kreide, und das Wasser grün, das spiegelnde Kloster darin, und wo der Mönch in seiner winzig kleinen Barke stand und fischte –

Es war an einem Freitag.

»Fürwahr«, sagte ich zu Bin, »er ist es!«

»Wer?«

»Ich kenne ihn an seinem lahmen Arm, an seinem schwarzen Bart. Er trägt die schwarze Kutte, die schwarze Röhre eines griechischen Popen; aber seine Füße, du wirst sehen, sie sind in Lumpen gewickelt, und es ist das Tuch von Storen, wie man sie auf noblen Fremdenschiffen hat!... Das ist der Mönch, der mir Oliven gab, lange ist's her, und dem ich nie geschrieben habe.«

Als wir näher traten, schlug mir das Herz in den Hals. O Engel, dachte ich, laß jenen Morgen noch einmal geschehen, jenen Morgen mit den Oliven!... Es war ein Freitag, fügte ich für den Engel noch einmal hinzu, und der Engel, der ja von altersher gern in der Nähe von Fischern und Hirten weilt, mußte mich wirklich erhört haben, der Fischer hatte den Fremdling bereits bemerkt –

»So oft«, sagte ich zu Bin, »habe ich später an ihn denken müssen, aber geschrieben, wie gesagt, habe ich ihm nie.«

Er läßt seine Netze zurück, um sich des Fremdlings anzunehmen, und stochert seine kleine und auch schiefe Barke ans Ufer. Erst rührend, dann komisch und auf die Dauer schon ärgerlich ist seine Sorge, ich könnte frieren. Denn es ist die Stunde des ersten Morgengrauens. Er kann nicht verstehen, was ein Fremdling an diesem einsamen Orte

sucht; es fehlt uns die gemeinsame Sprache, damit ich mich
erklären könnte, und auch dann wäre es schwer. So will
er mir immerfort seine schmutzige Kutte geben, damit ich
nicht friere, und das einzige, was ich sonst noch begreife:
Trank und Speise wolle er mir geben. Eigentlich habe ich
ein ganz anderes Ziel. Aber wenn ich den Kopf schüttle,
so kränke ich ihn, und schließlich sage ich mir: Die Tempel, die heiligen, stehen jeden Tag, aber nicht an jedem Tag
begegnet uns ein Mensch. So trotte ich denn hinter ihm
her, halb dankbar, halb ärgerlich. Nun führt er mich wieder zurück, schaut alle paar Schritte, ob ich auch folge; es
geht über Felsen hinauf. Er hat ein Liebeslächeln, wie wir
es hinter Männern nicht kennen, nicht glauben ohne gemei-
nen Verdacht. Später sitzen wir vor seinem Kloster, denn
er ist der einzige Mönch in diesen zerfallenen Mauern; die
Sonne geht auf, und noch einmal, wie einst, kauen wir die
ranzigen Oliven, die ihm so sichtbar munden. Es sind seine
Leckerbissen; wer möchte den Kopf schütteln vor soviel
Güte? Wir reden nichts, wir sitzen an der Mauer und kau-
en, und die Sonne steigt höher und höher, und noch einmal, wie einst, zeigt er mir die Bilder, die er in seiner Kutte
verborgen hat, das verblichene Lichtbild von seiner Frau
oder Braut, einer jungen und breiten Bäuerin; das andre:
die schwarze Nonne, bleich, ungreifbar, byzantinisch. Er
war im letzten Krieg verschollen, so vermute ich; seine
Braut, treu noch im Schmerz, ging ins Kloster, und als
er nach Jahren zurückkehrte, da konnte sie nicht mehr zu
ihm, wollte auch nicht mehr. So ging auch er ins Kloster;
man gab ihm dieses Gemäuer. Einfache Geschichte ... Immer mehr Oliven mußte ich essen.

»Wer weiß«, sagte ich zu Bin, »vielleicht hat der neue
Krieg ihn getötet. Bomber sind gekommen, die er sich heute überhaupt nicht vorstellen kann, Granaten, die teurer
sind als seine ganze Habe, jede einzelne von ihnen. Oder
er ist einfach verhungert. Sie haben seine Ziege gebraucht,

zum Beispiel, und eine Granate schlug ins Wasser, nachher schwammen die Fische obenauf mit silbrigen Bäuchen. Man kann sich auch denken, wie er da droben als Partisan kämpft, eines Tages ertappt wird und erschossen, wenn er Glück hat, oder wie eine Vogelscheuche erhängt. Mitsamt seinem unwahrscheinlichen Liebeslächeln. Wer kann es wissen! Da sitzen wir an der einsamen Morgensonne, und vielleicht ist er heute ein Gefangener, arbeitet in einem grauen Lager, in einem Land, das es für ihn gar nicht gibt.«

Erst im Augenblick, da ich wieder aufbrechen will und ihm danke, verrät es ein Zufall, daß er Französisch kann, nicht viel, und auf einmal ist es möglich, daß wir sprechen. Fast ist es schade um unser Schweigen. Er ist Russe. Er hat Rußland seit dem letzten Krieg nicht mehr betreten; von Vater und Mutter, von Brüdern und Schwestern und Freunden weiß er nichts, keine Ahnung. Mit den Jahrzehnten, nur so viel weiß er, werden sie jedenfalls sterben. So lebt er einsam in diesem Gemäuer, und mehr, als ich vermuten konnte, erfahre ich auch aus seinen Worten nicht. Eine Zeitlang reiste er mit den Donkosaken, mit jenem Chor, der in den Weltstädten sang. Er erzählte es, während wir in den dunklen und feuchten Gewölben seines Klosters stehen; mit einer Kerze, die er vom Altar genommen, zeigt er mir die alten Fresken. Sie müssen wirklich sehr alt sein; sie zeigen ein Jüngstes Gericht, und wir sehen nicht allein Christus, auch Nestor, einen griechischen Poseidon mit Dreizack, die munter dabei sind. Hier unterhalten wir uns lange, und noch einmal, als ich ihn am Tor verlasse, schwöre ich im stillen, daß ich ihm später, wenn ich wieder zu Hause bin, schreiben werde … Ich schwöre es mir, während ich nachher unter dem braunen Tempel sitze, glücklich über die verzögernde Begegnung, stolz, daß ich nun endlich am Ziel bin. Ich weiß, wie schön es wäre, wenn nicht der Magen mich quälte, die Oliven, die einfach ranzig waren. Und wieder ist es im Augenblick, da ich das antike Theater betrachte, seine schwindelnden Stufen – es kommt: ich knie in die staubigen Disteln, erbreche, daß mir für eine Weile fast Sehen und Hören vergehen. Dann wische ich mich mit dem Taschentuch.

»Siehst du«, sagte ich zu Bin, »genau so war es auch damals.«

»Und das ist alles?« fragte lächelnd der Engel, der nun ebenfalls daneben stand, eher enttäuscht über die Szene, über den Aufwand an heiligen Stätten und das Ergebnis.

»Ja«, nickte ich, »das ist alles.«

»Und das hast du noch einmal erleben wollen, dafür noch einmal deine Zeit gegeben, die kurz und kürzer wird?«

»Ja.«

Bin blickte den Engel an.

»Sehen Sie«, sagte er und zuckte die Achseln, »wir haben so Erinnerungen, wir Menschen. Sie halten uns immer wieder auf; all die Jahre denkt man an irgendeinen Morgen, einen Freitag, einen Morgen mit Oliven . . . Sie müssen das verstehen.«

Ja, die Jugend ist schön.

Man war noch ein Jüngling . . . Auf einmal stand sie in der flachen Brandung einer Bucht, ihre Waden im tintenblauen Wasser. Vögel über den Felsen, Wind in den Pinien. Eine Weile blickte ich ihr zu, betroffen, beglückt, vielleicht auch ein wenig enttäuscht; all die Jahre hatte ich noch nie eine Frau gesehen, und dann, auf einmal, stand sie in einer namenlosen Bucht. Oft hielt sie ihre Hände aufs Wasser, so, als stützte sie sich, schritt wie eine Seiltänzerin gegen die schäumigen Wellen. Man hörte, wie sie auf dem Sande des flachen Ufers verklatschten. Ich wußte nicht, ob sie mich bemerkt hatte; ich ließ mich von Fels zu Fels, da und dort konnte man sich an Sträuchern halten, Disteln waren auch dabei, ich blutete, in weißen Fahnen wirbelte der

Staub. Dann teilte ich die letzten Agaven: ein Sprung – bis über die Knöchel stand ich im heißen Sand, in einem weichen und trockenen Glühen, es war ein Gehen wie in bösen Träumen; um nichts in der Welt hätte man schneller laufen können. Endlich aber, als ich um den letzten Felsen trat, ebenso schüchtern wie neugierig, stand niemand mehr draußen in der grünen Brandung. Die Bucht war leer. Indessen entdeckte ich eine große eiserne Tonne, die hier auf dem einsamen Strand lag, Gott weiß woher, wieso, wozu. Sie schimmerte rostig; meerwärts war sie offen. Aber man mußte über die Knie ins Wasser, wenn man hineinwollte, und das wollte ich natürlich. Schon draußen hörte man, wie das Meer mit seinen Wellen hineinlallte, gegen die Wandungen platschte. Ich zweifelte nicht daran, daß die nackte Frau nur in dieser Tonne sein konnte, und mir schlug natürlich, jung wie ich war, das Herz in den Hals, als ich endlich vor der runden Öffnung stand. Hinter mir rauschte das offene Meer; es tönte wie eine Muschel am Ohr, wo man das eigene Blut hört. Man mußte sich ducken, wenn man in die rostige Tonne eintreten wollte; es war wohl ein Tank für Benzin, stammte von einem Schiff. Und vor mir war es nun dunkel, so daß man, eben noch von der Sonne und tausend Wellen geblendet, kaum etwas sehen konnte. Wie ein gefangenes Tier stand sie zuhinterst in ihrem Versteck, blickte gegen die grüne Helle, gegen den ebenso frechen wie verdutzten Eindringling. Ihr Haar war schwarz wie Pech, offen, naß, so daß es glänzte; sie grinste mit weißen Zähnen. Auch sie stand im lallenden Wasser, barfuß. Ihre Arme, ihre Schultern waren bloß, glänzend vor Nässe, sonst hatte sie ihr Kleid bereits wieder umgenommen, ein lumpiges und fetziges Zeug, so gut es in der Angst und Eile gelungen war ... Natürlich fand ich es schade, jedesmal, sooft ich jene rostige Tonne, die nun einmal am Strande der Erinnerung liegt, auch in späteren Jahren wieder betrat. Man weiß, wie es war, und dennoch kann man es nicht lassen, jedesmal wieder hineinzugucken –

Bin wartete drüben an der Straße, als wäre nichts geschehen. Es war ja auch nichts geschehen. Er hockte auf einem
Meilenstein, futterte Beeren aus der kleinen Schüssel seiner
hohlen Hand, und es war Morgen, die Sonne stand wie eine
goldene Garbe über dem braunen Land.

Ich sagte:

»Hast du den Adler gesehen – vorhin?«

Bin, wortlos, schüttete sich den letzten Segen in den
Mund, indem er nach Bubenart unter den Handrücken
schlug, so daß ihm die Beeren in den offenen Gaumen flo-
gen; dann klatschte er sich die Hände, erhob sich und sagte:

»Gehen wir?«

Noch immer habe ich Rapunzel, meiner Frau, keine Karte
geschrieben ... Gewiß: noch sind wir auch nicht in Peking.

Einmal sitzen wir in einer Pinte am Gassenrand.

»Es ist komisch«, sagte ich –

»Was?«

»Wenn wir nicht wissen, wie die Dinge des Lebens zusam-
menhängen, so sagen wir immer: zuerst, dann, später. Der
Ort im Kalender! Ein anderes wäre natürlich der Ort in
unserem Herzen, und dort können Dinge, die Jahrtausende
auseinanderliegen, zusammengehören, sich gar am nächsten sein, während vielleicht ein Gestern und Heute, ja
sogar die Ereignisse eines gleichen Atemzuges einander
nie begegnen. Jeder weiß das. Jeder erfährt das. Ein ganzes
Weltall von Leere ist zwischen ihnen. Man müßte erzählen können, so wie man wirklich erlebt.«

»Und wie erlebt man?«

»Du hast es selber gesagt: daß Dinge, die wir für Erinnerung halten, Gegenwart sind. Ich hatte noch nie darüber
gedacht, ich fühlte nur öfter und öfter, daß die Zeit, die
unser Erleben nach Stunden erfaßt, nicht stimmt; sie ist
eine ordnende Täuschung des Verstandes, ein zwanghaftes

Bild, dem durchaus keine seelische Wirklichkeit entspricht. Wer es wüßte, wie die Träume ineinander wurzeln, auseinander wachsen!«

»Was, meinst du, hätte er gewonnen?«

»Er hätte noch viel zu erzählen, denke ich, fast alles –«

Wir saßen in einer Pinte am Gassenrand, wie gesagt ... Noch war das nicht Peking, wir fanden die Häuser aus der Nähe so klein, so winzig und spielzeughaft, daß man sich an der Dachtraufe, was es in diesen Landen allerdings nicht gibt, hätte halten können und Mühe hatte, sie ernst zu nehmen.

»Hergott«, murrte Bin, »ihr Lebenden mit eurem Ernst ohne Maßstab!...«

Ein Mädchen brachte uns Wein.

Wie anders ist die Luft hier! Sie tönt. Sie tönt wie ein Spinett, so drahtig, so kindlich spröde, und die Töne laufen auf gläsernen Stelzen; ein Windstoß scherbelt sie weg – dann, hinten herum, kichert es wie Mädchenlachen.

»Trinken wir!« meinte Bin.

»Die Zeit ist ein sonderbar Ding!« sagte ich. »Einmal habe ich eine Liebe verloren. Lange ist's her. Aber es hört nicht auf, daß ich sie verloren habe.«

»Was ist denn Schlimmes dabei?«

»Schlimm?« versetzte ich, besann mich und nahm einen Schluck. »Seit ich eine von ihnen verloren habe, dünkt es mich, ich liebe sie alle. Ich möchte sie immer noch einmal verlieren, verstehst du? Maja hieß sie, ein liebes Mädchen. Lange ist's her! Aber es hört nicht auf, daß ich sie verloren habe –«

Trinken wir!

Ein wenig reute mich stets die Zeit. Ich hatte in der Folge dieser inneren Unrast auch schon ein zweites, drittes oder viertes Glas gekippt, während Bin noch immer über seinem ersten saß. Vielleicht war es eine Spelunke, wo wir uns befanden. Goldfische schwammen in einem grünen Glas, und wenn man mit dem Finger daran klopfte, schossen sie weg; dann wieder schwebten sie über einem winzigen Urwald, schnauften mit ihren lautlosen Kiemen, ließen hin und wieder ein Bläschen an die Oberfläche steigen, eine Perle, die einen Augenblick auf dem Wasser schwamm und dann verging. So verbrachten sie den Tag. Manchmal zuckten sie auch mit dem Schwanz, der so dünn war, daß das Licht ihn durchschimmerte, und stießen in die Tiefe, wo es Sand und leere Muscheln gab, oder sie drückten wieder ihre roten Nasen ans Glas und schauten sich die Leute an. Diese hockten auf einer Art von Matten, hielten ihre langen irdenen Pfeifen am Mund und träumten in die bläuliche Dämmerung, lächelnd, oder sie schauten auch ihrerseits wieder den Goldfischen zu. Sicher war das eine Spelunke.

Mit dem Witz eines Mannes, der seine paar Bücher gelesen, vermutete ich sofort das Falsche; es waren nicht Päpste, nicht einmal Pfarrer, die wir an diesem dämmerigen Orte ertappten, keine Biedermänner und Staatsräte, nicht einmal Lehrer, die hier, jenseits der chinesischen Mauer, ihrem unterdrückten Triebe frönten ... Ich kannte nur einen, und ich kannte ihn als Jüngling, der sich rühmen durfte, daß er noch nie einen solchen Ort betreten hatte. Nunmehr ein Mann, der seinen Bart hatte wie graue Flechten an einer Bergföhre, saß er drüben in der Nische; er schien im Gespräch mit dem Heiligen, den wir schon einmal getroffen hatten. Der Heilige aus braunem Sandstein, der eben das Mädchen namens Pfirsichblüte auf den Knien trug, lächelte wie immer und sagte: »Da haben Sie nicht wohl getan, mein Freund. Da haben Sie nicht wohl getan.«

Das Mädchen namens Pfirsichblüte lachte ebenfalls, legte ihre schmalen und duftenden Hände in den Schoß und ließ sich die Glocke ihres kupfernen Haares in den Nacken hängen. Natürlich war das eine Kurtisane.

»Ich verstehe nicht«, sagte unser Freund, »ich verstehe nicht: Ihr nennt es einen Tempel, ich aber sehe an allen

Wänden die unverschämtesten Bilder der Unzucht, die Lok-
kung der Sinne –«

»Warum nicht?«

Die Pfirsichblüte lachte.

»Es ist ein Tempel für die Dummen«, sagte der Heilige
mit dem Lächeln, »aus der Erde sind wir gemacht. Wie
aber, wenn wir die irdische Dummheit nicht leben, sondern
aufsparen und aufsparen, wie wollen Sie denn jemals ein
Weiser werden? Wer seine Erde nicht dem Feuer gibt, das
sie verbrennt, wie sollte jemals ein Geist aus ihm werden?
Passen Sie auf, mein Freund: Sie sterben als Erde.«

So redete der Heilige, wie wir ihn nun einmal nannten,
und wieder scherzte er mit dem Mädchen namens Pfirsichblüte, das eine Kurtisane war und nackt auf seinen Knien
saß. »Mir scheint«, sagte ich zu Bin, »das ist ein merkwürdiger Ort. Kennst du den Mann, der in der Nische hinter
uns sitzt?«

»Hinter uns –«

»Aber schau nicht hin. Es ist Anastasius Holder, der Ma-
ler, der vor kurzem gestorben ist ...«

Ich hatte ihn einmal in einer Berghütte getroffen. Er stand
am Hüttenherd, damals, zerquetschte die Suppenwürfel
zwischen den Fingern, als ich ihn plötzlich erkannte, und
schon hatte ich mich erheben wollen, ihn zu begrüßen. Gott
weiß, warum ich es damals nicht tat. Einen Augenblick
zögerte ich, dann wurde es immer heikler, bewußter. Hem-
mungen, Zweifel! Ich hätte ja sagen können: Herr Holder,
ich nehme es wenigstens an, daß Sie es sind, Sie haben
einmal ein kleines Aquarell gemacht, das hat mir über die
Maßen gefallen; vielleicht freut es Sie, das zu hören –

Und da er mich anblicken würde:

Später habe ich es sogar gekauft, das einzige übrigens,
was ich je von einem Lebenden gekauft habe. Nämlich: es
hatte einen Knick bekommen in der Mappe, wo es auf-
lag, ich bekam es für dreißig Franken. Heute noch hängt

es in meiner Bude, denken Sie, es ist mir noch immer nicht verleidet!

Anastasius Holder, so dürfen wir annehmen, hätte darüber seine Suppe nicht anbrennen lassen; ein wenig hätte es ihn gefreut, ein wenig geärgert, ein wenig hätte er gelacht, und dann, glaube ich, hätten wir über den Neuschnee geplaudert und zusammen verzehrt, was jeder in seinem Rucksack hatte. Er hätte natürlich bald gemerkt, daß ich nichts von Malerei verstehe. Ein anderes ist die Mitfreude, wenn wir vor einem Bilde stehen und etwa sagen: Ja, so habe ich es auch schon erlebt! Wir loben, aber wir loben die Schöpfung schlechthin, nicht ihn, sondern die Wolken am wirklichen Himmel, das Leben in den eigenen Adern, das Meer, die Frauen, den lieben Gott. Das ist die Mitfreude, vielleicht das Beste, was einem Künstler begegnen kann. Denn da erst, wo wir so Unmittelbares nicht empfinden, rühmen wir ihn selber, seine Art, die Farbe aufzutragen ...

Indessen geschah überhaupt nichts, damals in der Berghütte, denn ich brachte es nicht über mich, ihn anzusprechen, ungewiß, wie er es aufnehmen möchte, und weil man immer Angst hat, es könnte peinlich sein. Nichts zu sagen, das war sicherer. Und so saß man denn da, jeder gabelte in seiner Büchse herum, und Holder, der das Aquarell gemalt hat, brockte Brot in seine dampfende Suppe, schmatzte, daß ich in der Folge nichts anderes mehr hören oder denken konnte. Am folgenden Tag schneite es. Auch Holder blieb den ganzen Tag in der Hütte, einmal redeten wir über das Wetter, er spaltete Holz, ich holte das Wasser am Gletscher. Er war, aus der sogenannten Nähe gesehen, ein ziemlich grober Mensch, der sich mit dem Handrücken schneuzte, und ein wenig schämte ich mich vor ihm selber über sein zartes, innig verträumtes, beinahe frommes und kindliches Aquarell; ich glaubte es ihm immer weniger. Er roch aus dem Mund. Fast aus Teufelei sagte ich einmal, als wir an den Pfosten der offenen Türe lehnten und die abendlichen Wolken sich röteten: Das sollte man malen! Es war Kitsch, und ich blickte nun Holder von der Seite an. Er stocherte mit einem Span zwischen den Zähnen. Malen? sagte er, indem er ausspuckte: Berge und Weiber sind da, damit man sie genießt, Malen ist sowieso ein Blödsinn! Am anderen Tag war er aufgebrochen, obschon der Nebel nicht nachlassen wollte, und unweit der Hütte, wie ich später aus der Zeitung erfuhr, zu Tode gestürzt.

Seither habe ich ihn natürlich nie wieder gesehen ... Jetzt, als ich mich endlich erhebe und auf ihn zutrete, fühle ich eine Erregung, eine Schwäche in den Knien, als gehe es um das Ungeheuerste; ich sage ihm, was ich ihm schon damals, zu Lebzeiten, hätte sagen können:

»Ich habe eine Skizze von Ihnen sehr gern, ein Aquarell, nichts Großes –«

Holder sitzt in der Nische, so, als höre er nichts, obschon ich es mehr als einmal sage, jedesmal lauter; er sieht den stummen Fischlein zu, die an der grünen Scheibe schweben, mit ihren Kiemen atmen.

»Er ist tot«, sagt Bin.

»Ich weiß.«

»Er hört dich nicht.«

»Warum hören sich denn alle andern?«

Holder hockte so grenzenlos allein an diesem Ort; ich habe ihn immer für ziemlich berühmt gehalten, Anastasius Holder, und wäre es auch nur, weil ich seinen Namen auf einem Plakat gesehen habe.

»Wahrscheinlich sind es Freunde gewesen«, sagte Bin, »darum hören sie einander – die haben sich schon im Leben drüben gehört.«

Ich kniete vor Holder.

»Komm jetzt!« sagte Bin.

Ich redete zu Holder:

»Deine Bestattung, verehrter Freund, war scheußlich.

Wir waren gekommen, in Trauer erschrocken, wir sahen einen Sarg und wußten nicht, was wir tun sollten. Überhaupt nichts. Wir waren nur Zuhörer, verstehst du, Zaungäste, wir standen da und blickten uns um, zu sehen, wer alles gekommen wäre, die meisten in schwarz, und ein Pfarrer, der gerade das Amt hatte, hielt einen Vortrag, einen möglichst passenden Vortrag, einen sehr menschlichen Vortrag. Man konnte ihn gut finden oder nicht. Es waren Meinungen eines Menschen, unserem Urteil unterworfen. Und nachher haben sie dich verbrannt, aber es gab keine Flamme, die zum Himmel schlug. Sie machten es mit bloßer Hitze, unsichtbar und sauber, ganz ohne Rauch, und auch dazu konnten wir nichts handeln, nichts tun, nichts beitragen. Unsere Trauer war an diesem Ort, der eine Kirche vorstellte, überflüssig. Ich sehe noch das hilflose Muster an der Decke, das ich die ganze Zeit ansah, während ich dachte: Unter Negern wäre das anders, ganz zu schweigen von alten Griechen, von Chinesen! Unter wirklichen Menschen, unter schöpferischen Völkern wäre das anders –«

Später, als wir die sonderbare Spelunke mit Kurtisanen und Goldfischen, mit Heiligen und Toten verlassen wollten, erschien noch ein ganzes Rudel von Matrosen. Die Nähe des Meeres! Ich sagte mir, das sei nicht verwunderlich. Sie setzten sich rittlings über die Sessel, laut, jugendlich, übermütig, tranken über die Lehne, und andere tanzten, bald war es ein tolles Gewimmel. Der Heilige lächelte wie immer. Man hat ihn nie anders gesehen. Schon weil er aus Stein ist.

»Bin«, flüsterte ich, »ich glaube, das ist sie.«

»Wer so?«

Ich konnte meinen Blick nicht wieder von ihr lösen. Ihre liebe Gestalt, ihre wirbelnden Füße, ihr seliges Lachen. Sie tanzte mit fliegendem Haar, jung, ganz erstaunlich jung;

sie flog wie ein Kreisel. Und bald war es das einzige Paar, das noch tanzte. Denn alle schauten zu, so herrlich konnten sie es, die beiden. Der blaue Matrose, lang wie er war, mußte auf eine possierliche Weise sich ducken, um sie mit Anstand halten zu können; so klein war sie, so jung. Sein Bändel flog in der Luft, und zwischen den beiden war Raum, um den sie tanzten, das Mädchen mit flatterndem Röcklein, aber sie blickte den Matrosen nicht an, sie kreiselte und tanzte und wirbelte wie eine Bacchantin; auf ihrem Antlitz – mitten im Taumel und Lärm, denn der Matrose stampfte nun mit seinem Stiefel, und alle anderen sangen mit erhobenen Bechern – lag eine kindliche, eine trunkene, eine strahlende Ruhe.

»Nun glaube ich wirklich«, sagte ich abermals, »das ist sie!«

»Aber wer denn?«

»Maja –«

Ohne von ihr wegzublicken, indem ich redete, erzählte ich die Geschichte, die keine war. Oh, es war mehr! Es war das erstemal. Ich suche sie seit Jahr und Tag, und solange ein Gedächtnis in mir lebt, und einst, wenn ich auf dem Totenbett liege –

»Herr«, sagte sie, trat auf mich zu, und die Matrosen brüllten vor Lachen, denn ich wurde wohl rot, »warum sehen der Herr mich so an?«

Ich hörte mich sagen:

»Weil du wohl schön bist.«

»So tanzen wir!«

Sie hatte recht. Und wir tanzten, und es wurde mir, als hätte ich noch nie eine Mädchenhand in der meinen gespürt, noch nie geküßt. Was für ein Reich lag also noch vor mir! Ich hielt sie gar weit von mir. Um nicht zu küssen. Es mußte ein Schauer sein, ein Anfang, ein Ende, ein Meer von Wonne, ja, ich hatte füglich Angst, mir käme das Heulen, wenn ich sie küßte, und nachher würde ich hinausgehen und mich erhängen. Weil es das nie wieder gab. Sie tanzte wie vorher; ihr Kleidchen stieg wie eine Scheibe um sie, flog, alles flog und alles drehte, auf ihrem Antlitz aber lag eine strahlende Ruhe. Ich glaube, die Musik war lange schon zu Ende; ich aber stand noch immer ... Ja, denke ich, das ist ihre Wange. Das ist der Flaum ihrer Schläfe. Ich sah auch die kindliche Feuchte ihrer Lippen. Ihre Augen! sie waren wie ein früher Morgen, man ging wie in die Stille eines Waldes hinein. Ihre Zähne, denke ich, man möchte sie noch einmal haben, um in einen saftenden Apfel zu beißen, so daß es knallt, und nachher sterben ... Endlich, wie am Ärmel gezupft von meinem eigenen Verstande, verbeugte ich mich, sagte Dank, und auch sie machte einen höflichen Knicks, und die Matrosen lachten.

»Nun«, fragte Bin, »ist sie es?«

Ich zuckte die Achseln:

»Sie nannte mich – Sie.«

»Hm«, meinte Bin, »vielleicht ist sie es trotzdem; sie kennt dich nur nicht mehr – du bist ein Herr geworden.«

So verging die Zeit.

Die Nacht war lau. Ich hatte noch eine Zigarette geraucht, draußen auf dem winzigen Balkönlein. Dann zog ich die Vorhänge, langsam, und Bin, der auf dem Rande meines Bettes saß, stellte den Wecker, gähnte.

»Teufel nochmal!« sagte er, »es ist wieder spät geworden. Morgen müssen wir in aller Herrgottsfrühe aufstehen.«

»Warum?«

»Damit wir weiterkommen, denke ich. Und auch sonst ... Es ist ein Mittel gegen die Melancholie.«

Bin hatte natürlich recht.

Noch haben wir Peking nicht erreicht.

Mag sein, man ist ein Herr geworden.

Manchmal geschah es, daß ich Bin einfach wieder vergessen hatte, wochenlang, vielleicht auch jahrelang. Wer könnte es wissen, da er die Zeit nicht wirklich lebt? Man stellt seinen Wecker, man wäscht sich, man schneidet die Fingernägel, man arbeitet, man ißt, man verdient. Es gibt zu vieles, was man immerfort muß, immerfort sollte ... Bin ist ein Geist. Ein Geist hat es leicht. Er muß nicht jeden Morgen sich anziehen, nicht jeden Morgen muß er die Klinge schleifen. Während ich schleife, höre ich manchmal die Vögel: sie erwachen und – singen! Er muß nicht zum Zahnarzt, zum Schneider, er muß nicht ausrechnen, wieviel er verdient, damit er weiß, wieviel er dem Staate schuldet. Er muß nicht immerfort die Zeitung lesen, beim Haarschneider sitzen, in einer Straßenbahn fahren. Er muß nicht immerfort einen Zettel unterschreiben, nicht immerfort in eine Tasche greifen und zahlen. Er muß nicht seine Hosen in den Bügel hängen. Abend für Abend ... Es gibt zu vieles, was man immerfort muß! ... Ich habe einen Menschen gekannt, der aus keinem anderen Grunde dazu kam, daß er sich das Leben nehmen wollte. Er saß in einer Wirtschaft, und wer ihn gesehen hatte, wie er stundenlang vor sich hinschwieg, beinahe lächelnd, konnte nicht daran zweifeln, daß es sein Ernst war. Einmal entschlossen, trank er sein letztes Bier und bezahlte, gab ein Trinkgeld, nicht zu klein, nicht zu groß; er ließ auch seinen Hut nicht in der Wirtschaft zurück, obschon er auch dieses Hutes nun nicht mehr bedurfte, all dies, damit ihm keinerlei Aufsehen folgte. Als man ihm die Türe hielt, sagte er sogar: Auf Wiedersehen. Das war noch einmal die Lüge eines Weltmannes, eine mehr oder weniger, darauf kam es nun nicht mehr an. Eine Weile, draußen auf der Straße, stand er unschlüssig. Freilich, er hatte sich auch das Erhängen überlegt; wahrscheinlich widerte es ihn an, begreiflicherweise. Es war an einem Samstag. Jedenfalls nahm er den Weg zum näch-

sten Fluß, wenn auch nicht den nächsten Weg, denn er kaufte sich noch einmal Zigaretten, eine ganze Schachtel voll,
weniger bekommt man ja nicht, und die Verschwendung,
die er somit beging, mutete ihn merkwürdig an, nachdem
er ein Leben lang hatte sparen müssen. Es gab der Stunde
seines Todes, ob er wollte oder nicht, eine gewisse Fest-
lichkeit. Es wäre dann zu schildern, wie er an einer Kirmes
vorbeikam, was den Tatsachen entspricht. Es war Abend.
In den Bäumen zwitscherten die Vögel, ein junger Mann
schlug auf den Herkules, so, daß man jedesmal das silberne
Glöcklein hörte, wenn seine Kraft schon wieder den Gip-
fel erreichte; ein Karussell drehte, ein Kreis von hölzernen
Rößlein, sämtliche leer, denn die Kinder schauten nur zu,
und der Eigentümer hatte Zank mit einem Weib, das sichtlich im Unrecht war, und die Orgel tönte, und ob niemand
es wußte, es war Verdi und Strauß, nicht mehr und nicht
weniger. Eine Weile, als er so stand und schaute und hörte
und rauchte, unser Selbstmörder, überlegte er sich, ob er
nicht als einziger das leere Karussell besteigen sollte. Er
überlegte es lange. Was immer es sein mochte, das ihn dazu
lockte, eine Art von Galgenwitz, eine Art von Mitleid, sei
es zu den leeren Rossen oder zu dem Eigentümer, der sichtlich im Recht war, er tat es nicht. Vielmehr erwog er, wie
es wäre, wenn er den Rest seines Geldes, das er nun nicht
mehr brauchte, unter die Kinder verteilte. Eine schöne Tat,
eine rührende Tat. Die Kinder würden auf das Karussell
stürmen, er aber ginge zum Fluß, den Pappeln entlang, und
man müßte das alles in einer Weise schildern, daß uns fast
die Tränen kämen, und eben das ekelte unseren Selbstmörder, er tat es nicht. Natürlich war es eine Gegend, wo die
Leute arm sind, die Kinder barfuß, und in den Pappeln,
die auf dem staubigen Platze standen, rieselte der Abend.
Wieder würde es Frühling. Es war durchaus nicht wolkenlos, eher sah es nach Regen aus, und der Selbstmörder wun-
derte sich, daß er noch immer auf solche Dinge, die nicht

mehr in sein Leben reichten, achtete. Er sagte sich: Es sind Zuckungen. Man kennt es von toten Fischen, es gab schon solche, die noch in der Pfanne herumschnellten, als könnte die Hitze sie kümmern. Mittlerweile war er weitergeschlendert; die Kirmes, schien ihm, war größer als früher, da er selber noch ein Bub gewesen war, barfuß, und er ließ es sich nicht nehmen, noch einmal alles anzusehen. Ohnehin war es noch beinahe Tag. Die städtischen Lampen, die einer Uhr gehorchten, waren zwar erhellt, ohne zu leuchten; der westliche Himmel war heller als sie, und die Vögel zwitscherten nach wie vor, denn die Tage wurden nun zusehends länger. Bald kämen die Dienstmädchen, die Burschen, die tagsüber in der Zwirnerei arbeiteten; sie würden in Gruppen umherstehen, einzelne auf ihrem Fahrrad hocken, und später würden sie auf das silberne Kügelchen schießen, das auf einem Wasserstrahl tanzt, oder auf die tückischen Nägel hämmern, die man mit einem einzigen Schlag in das Brett hauen sollte; ein Schreiner, oder ein junger Zimmermann, würde es den Leuten zeigen, wie man das macht. Sein Geschick, sein Erfolg, sein beharrliches Weitermachen, es bringt den Budenmann zur offnen Verzweiflung. Es gibt einen kleinen Auflauf; der Budenmann weigert sich. Alles das kennt man. Wie die Melodie der Vögel; sie fällt in ein taubes Herz, es sagt: Ich kenne das, ja, es ist lieblich, ich kenne das. Das ist die graue Asche der Erfahrung. Sie legt sich auf alles, noch auf das Glitzern der Wellen. Man sieht die Pappeln, die Birken, die Mädchen im Wind; aber wie vieles an Freude, an Neugier, an sinnlichem Zauber, an Süße der Wehmut und Hoffnung, an Allgegenwart, einer Hoffnung, die von keinem Mädchen und keinem Augenblick wußte, ob es nicht Anfang eines Abenteuers, eines ganz neuen und anderen und unvermuteten Lebens bedeutete, wie vieles ist hin! Einst, wenn man im Überschwang nicht halten, nicht fassen konnte, und man meinte: wenn wir erst älter sind. Nimmer wird es gelingen, denn der Jubel, er ist aus den Dingen verflogen, nur die Erfahrung bleibt, nur die Asche der Erfahrung nimmt zu. Das einzige, was unseren Selbstmörder an diesem Abend noch locken konnte, das war die Bahn mit den kleinen Rennwagen, die man eigenhändig steuern durfte. Er hatte sein Leben lang noch nie gesteuert. Als er die sieben Runden nicht ohne Vergnügen gefahren hatte, stand er vor einer Bude, wo man Ballen werfen konnte; das hinwiederum kannte er. Und er ging weiter. Inzwischen war es dunkler geworden; eine Weile saß er nun draußen auf einer Bank, und überhaupt wäre es ein Irrtum, die Stimmung eines wirklichen Selbstmörders allzu düster anzunehmen; Schwermut ist ein großer Raum, ganze Karusselle haben Platz darin. Man hörte den Klimbim noch hier, die dröhnende Orgel, das Glöcklein des Herkules, das Hupen der kleinen Rennwagen, und was die Tat, die nun fällig wurde, ein wenig verzögerte, war einzig und allein die unerwartete Gegenwart eines Knaben, der sich in den Uferbüschen umhertrieb. Auch diese Störung würde vorübergehen; unser Mann, der peinlich besorgt war, nicht aufzufallen, stellte sich an einen dicken Baum, tarnte sich mit der Gebärde eines alltäglichen Bedürfnisses, wobei ihm nicht entging, daß der störende Knabe, der eben noch auf den Ufersteinen gestanden hatte, plötzlich verschwunden war. Natürlich hätten wir diesen Knaben schon früher erwähnen sollen, denn er war schon den ganzen Abend, als noch die Vögel zwitscherten, um die Fahrräder gestrichen; er schien uns damals nicht bemerkenswert. Inzwischen hatte er, wie sich später herausstellte, eine Pumpe gestohlen, die er zwischen den nächtlichen Ufersteinen verstecken wollte; er schlipfte aus, nichts leichter als das, und niemand würde es wundern, wenn unser Mann, der ohnehin ins Wasser hatte gehen wollen, den Augenblick erfaßt hätte; man könnte denken: da er keine Angst hatte umzukommen, mußte es für ihn nicht eben schwer sein, sich in eine Tat des Mutes einzulassen, und in der Tat, obschon dieser Ge-

danke natürlich nicht stimmte, er hatte den kleinen Lüm-
mel schon bald an der Jacke, stellte ihn ans Ufer, das heißt,
auch er war wieder ans Ufer getreten. Nun war er allein,
naß wie ein Hund, der das Stecklein seines Herrn aus den
Wellen geholt hat, und daß ihm sein Vorhaben, nachdem
er eben ein Leben gerettet, einigermaßen verdorben war,
wenigstens für diesen Abend, lag auf der Hand. Ebenso
waren ihm die Zigaretten verdorben. Es blieb aber nicht dabei. Er hatte es an anderen Abenden, an anderen Orten
noch zwei- oder dreimal versucht, wie er mir erzählte, allerdings mit immer weniger Glauben. Es zeigte sich, daß er
sich vor dem Wasser, und zwar vor jeglichem Wasser, Fluß
oder See, in einer Art und Weise, die zu erläutern nicht
leicht sein würde, schämte. Man verstehe es recht: an seiner Schwermut änderte sich nichts, denn sie war echt. Dennoch lebte er weiter ...

So dieser Mann.

Immer öfter sehen wir ihn, wie er es eines Tages, eines
ganz gewöhnlichen Alltages, als die letzte Hoffnung empfindet, die ihn vor dem Grauen schützen kann, die Hoffnung, daß ihn zu Hause ein Brief erwarte. Durchaus nicht
ein bestimmter, nicht ein vermutbarer Brief. Sondern irgendein Brief: Jemand schreibt ihm, er schreibe Erfreu-
liches oder Trauriges, aber er schreibt, er teilt sich mit. Und
dabei müßte man wissen, daß er schon viele Briefe bekommen hat, kluge und schöne und erlesene Briefe, die man
ohne Zögern drucken dürfte, um ihre Verfasser zu ehren,
aber auch beglückende Briefe. Was hilft es! Heute soll einer
kommen. Heute braucht er ihn. Er trüge ihn auf Händen der
Ehrfurcht. Er ginge in jedes Wort hinein, nicht anders als
die Biene, die sich in jede Blüte taucht. Er träte in das Schicksal des andern, so meint er, wie in einen Tempel ... Natürlich nichts. Eine Broschüre vielleicht, eine Zeitschrift,
das käufliche Wort, nicht einmal eine Todesanzeige. Das
ist alles. Er sitzt an diesem Abend wie ein Gefäß, das aus-

läuft, einfach ausläuft, und das Leben, das ihm ausläuft, verdunstet – Ja, das ist alles.

Eine mehr alltägliche Geschichte.

Manchmal, wie gesagt, geschah es, daß ich Bin einfach vergessen hatte, wochenlang, vielleicht auch jahrelang –

Eines Morgens, als ich wieder erwachte, sah ich mich auf
einer Brücke, die Rolle unter dem Arm, ich stand, und da
ich die Brosamen eines alten Semmels in der Manteltasche
spürte, zog ich die Handschuhe aus und fütterte die Möwen. So gleichgültig war mir alles. Ich fütterte die Möwen.
Bis ich nichts mehr hatte ... Sie kreisten noch immer über
meinem Kopf, ihr weißes Geflatter, ihr heiseres Kreischen,
die morgendliche Sonne über den Wellen, ein Hauch von
goldener Sonne, das alles ist schön, und als ich die Hände
wieder sauber geklatscht hatte, sah ich, daß Bin, kein andrer als Bin, neben mir stand.

»Gehen wir?« fragte er.

Er war es wirklich.

Ich hatte mich daran gewöhnen lassen, Bin für einen
Traum zu halten, alles andere aber für wirklich ... Ein wenig schrecke ich zusammen, jedesmal, lächle unsicher, ob
er meiner nicht spotten wolle. Er aber, sehe ich, meinte es
ganz ernst mit unsrer Reise nach Peking und jedesmal tut
er, als hätte ich ihn überhaupt nie vergessen, verraten, verlassen. Er steht da, raucht seine Pfeife oder stopft sie, und
wie zu einem, der hinter einen Busch getreten ist und wiederkommt, sagt er:

»Gehen wir?«

Hier war es schon Herbst.

Wie liebe ich den Herbst! Eines Morgens hängt er wie
Rauch vor den Bäumen, sie stehen noch sommerlich prall,

aber sie stehen hinter einer Seide von bläulicher Kühle, die alles verzaubert, alles vergeistert. Die Luft, sie schimmert wie der Hauch um eine süße Pflaume, und ein holder Schrecken befällt uns jedesmal, da wir es sehen, es wiedersehen. Auch um die schweren Sterne der Dahlie, die auf den langen wanken Stielen nicken, leuchten in Sonne und Tau, im feuchten Gefunkel des gläsernen Morgens – um ihr trunkenes Dunkel von Blut: ein silberner Hauch, ein Schleier von Asche umweht sie ...

Einmal sagte ich zu Bin:

»Unser Leben ist kurz!«

Bin lachte:

»Woher kommst du, daß du so traurig in die Welt redest? Wer hat dich so weise gemacht?«

Ich zuckte die Achsel

Indessen gingen wir am Ufer entlang.

Ja, auch die Schwäne haben es leichter ... Oder wir standen, wir lehnten an das Geländer, und es läuteten die Glocken aus der Stadt, ganze Chöre von Glocken; es summte – man kann nicht sagen, daß es klang; es brummte die Stille über dem silbernen Wasser. Wie oft schon, dachte ich, wie oft schon! Und draußen die leeren Bojen, wie weiße Zipfelmützen schwimmen sie aus dem sonnigen Dunst. Die letzten Segelschiffe sind aufs Trockene genommen. Ein wenig blinzelt man: das Glimmern der Wellen, das bläuliche Fehlen der Berge, Möwen darin, die immer noch zankten ...

»Es ist schade«, sagte ich zu Bin, »daß du ein Geist bist – wir haben nun endlich eine Wohnung gefunden, die ich dir so gerne zeigen möchte. Sogar Garten haben wir nun, nicht viel, Blumen, Ausblick in die Bäume der Nachbarn, in Kirschen und Birnen, die nicht uns gehören, und im Herbst, mitten in der blauen Stille, hört man sie plumpsen. Nun haben wir auch bald ein Kind. Wir sind in einer Weise glücklich, die uns kaum noch ein Recht läßt auf Sehnsucht; das ist das einzig Schwere ...«

Ich schwatzte viel zu viel.

Bin gab mir Feuer.

»Es ist schade«, sagte ich rauchend, »daß du ein Geist bist. Du solltest am Abend manchmal herüberkommen –«

Manchmal kommen sie am Abend herüber, Freunde, nicht viele, nicht eigentlich oft, wir trinken einen Wein, spannen die verflochtenen Hände ums Knie – und draußen steigt langsam der Mond über die Obstbäume.

Oder man geht in die Stadt: –

Wen verlangt es nicht einmal, jählings, nach anderen Stimmen. Man redet dann über das Ereignis, die Welt, oder man schwätzt über Leute, die der andere auch kennt, vielleicht sogar näher und besser kennt, und immer ist es mindestens einer, der den Genannten, sei es ein Staatsmann oder ein Künstler oder ein Forscher, nicht schätzt. Oh, man schimpft nicht über ihn. Ein Lächeln, ein Mundwinkel, ein ganz kleiner und fast harmloser Witz kann genügen, oder auch nur eine gewisse Art des Schweigens, sobald sein Name gefallen ist. Immer das Schmerzliche, daß einer, den du schätzest oder gar liebst, nicht ernst genommen wird von anderen, die du schätzest. Schließlich, da keiner mehr vorhanden ist, der unsere Achtung auf sich vereinen könnte, gibt man sich einen inneren Ruck, nimmt einen Salzstengel und fragt: Kennen Sie Bin?

Sie tun, als kennten sie ihn nicht. Und jemand winkt schon dem Kellner. Auch ihre Nichtkenntnis, die allerdings selten auftritt, ist immer noch ein wenig abschätzig – so: wäre er etwas, würden wir ihn schon kennen.

Im Augenblick sind solche Abende, die man nicht missen möchte, immer sehr anregend, unterhaltsam, es gibt soviel gescheite Leute, und nachher auf dem Heimweg kommt das fade Gefühl, Regen im See, der sonst die Sterne spiegelt, die marmorne Stille der schlafenden Schwäne schaukelt. Zu Hause dann, wortkarg und unschlüssig noch dem Schlaf gegenüber, der an der Zeit wäre, trinkt man einen Kirsch oder zwei, als läge es etwa im Gaumen ...

»Bin«, sage ich dann, »woher kommt es, daß wir alle einen Knacks haben, fast alle?«

»Knacks?«

»Knacks«, wiederhole ich, »man kann es anders kaum nennen ... Eben denke ich an den lieben alten Herrn, der uns zu einer Flasche einlud. Ein Mann mit weißen Haaren, den es drängt, seine vergangenen Verdienste abzustauben. Meine jungen Freunde, sagt er, auch ich habe einmal! Ein Mann mit weißen Haaren, so nahe vor der Schwelle des Todes und immer noch, immer noch das Bedürfnis, verehrt zu werden. Wann, fragt man sich, wann werden wir denn reif und frei? Es war ein melancholischer Anblick ... Ich kenne einen andern; der erzählt uns oft, wie schön es gewesen sei, dies und das, er redet von der Jagd, vom Krieg, der ihn in fremde Länder gebracht, oder von Pferden; er erzählt nicht, wo er rühmlich, sondern wo er glücklich gewesen ist. Und Glücklichsein, das gilt ja nicht als Leistung, die uns Ehre einträgt. Du spürst es: der Mann, der so erzählt, er ruht in seinem Gelebten, im Vollen eines Tuns, das voll genug war, das keiner Ehren bedarf, um ihn zu stillen – seine Haare, wenn er solche noch hätte, wären auch weiß, aber nicht melancholisch.«

»Gewiß nicht.«

»Oft schon, nach einer Gesellschaft wie heute, sagte das Gewissen zu mir: Suche den Freund, der Leute schätzen kann, die ihn – und er weiß darum – ihrerseits durchaus nicht schätzen. Das wäre ein Mensch ohne Knacks, zum Beispiel.«

»Verstehe –«

»Ich habe ihn gesucht! Aber umsonst, auch in mir selber umsonst. So plump, daß wir jeden, der uns seine Achtung versagt, einfach an den Pranger reißen, so einfach und plump sind wir ja nicht, oder nur selten, nur in den reineren Stunden der Leidenschaft. Was ist es im Grunde schon anderes, daß wir stets die Leute suchen, deren Achtung uns gewiß scheint? Es ist derselbe Kniff, nur feiner; ihm danken wir Zirkel und Zünfte . . .«

Bin hörte zu.

»Das fade Gefühl auf dem Heimweg«, fuhr ich fort, »schon manchmal habe ich versucht, darüber nachzudenken. Noch der größte Narr wird eines solchen Abends erleben, daß sich einer an seinen Tisch setzt, ihm eine gewisse Verehrung anträgt, ganz schlicht und auf eine bestechende Weise verlegen; nämlich er möchte selber geschätzt sein, der andere. Er weiß, wie schwer wir werden widerstehen können, es wird uns schon ordentlich leid tun, ihn klein zu finden oder gar blöd, und es mag sein, daß wir uns jahrelang gegen das Mißtrauen sträuben, das uns über die Schulter grinst: Der Mann, sagt das Gewissen, er schätzt dich zwar nicht aus Kenntnis deiner Person, leider nicht, sondern aus Bedürfnis, zu schätzen und geschätzt zu werden, aus einem sehr ehrlichen Bedürfnis, – der Arme.«

Bin hörte zu, immer noch.

»Oder ist es nicht so?« fragte ich, »alle möchten geschätzt sein.«

Bin sagt:

»Ich glaube fast, es fehlt euch allesamt ein wenig der liebe Gott, nichts weiter. Nirgends aufgehoben, sehnt jeder sich nach der sicheren Achtung von seiten der Menschen – so sehr, so dringlich und aufdringlich, daß er alles darüber vergißt, sogar seine natürliche und vorhandene Liebe zu ihnen, das, was ihn allein von seinem dürren Geiz befreite. Ehrgeiz ist ja auch nur ein Geiz, und nichts, da hast du recht, nichts macht uns so einsam voreinander wie unser Ehrgeiz. Es fehlt so ein Ding, das die Achtung wohl aller besäße, eine zweifellose und gemeinsame Achtung für jeden Fall. Dann erst könnten wir wie Männer und freie Geister, nämlich sachlich und liebend, über die Dinge sprechen, sogar über die eigenen . . . ich glaube wirklich, es fehlt uns nur am lieben Gott.«

Er klopfte wieder einmal seine Pfeife aus, da er das sagte; hinten am rechten Absatz, indem er dazu einen Augenblick stehenblieb. Dann gingen wir weiter.

Ich will nun versuchen zu erzählen, wie es war, als wir zu den ersten Häusern von Peking kamen.

Natürlich war es auch Herbst –

Ich hatte noch einmal zurückgehen müssen. Mit Schrekken war mir eingefallen, das Wetter könnte umschlagen, und die Rolle, die ich hinter einem moosigen Stein versteckt hatte, würde naß. Es war immerhin eine sehr wichtige Rolle, wenn man weiß, was für eine Arbeit dahinter steckt!...

Auf jeden Fall mußte ich die Rolle wiederhaben. Am Ende, fiel mir ein, kämen noch die Ziegen dazu. – Bin wartete.

Leute kamen des Weges, Gesichter, als wüßten sie nicht, wie nahe am Glück sie wohnen, wie offen die Tore uns stehen. Man hätte stutzen können, wie sie des Weges kamen, Krämer, die eben auf dem Markte waren, Kulis, die ihre Lasten trugen, die auf den Boden blickten, damit sie nicht stolperten und das Genick nicht brachen unter ihren Lasten, Herren auch, die sich in einer Sänfte tragen ließen, lächelnd, fächelnd. Man hätte stutzen können. Sie gafften mich an, die Träger, die Herren – man hätte sie packen mögen, den ersten besten, einen Wasserträger zum Beispiel:

»Mensch, Freund, wissen Sie es denn nicht?«

»Was?«

»Wie selig, wie herrlich, wie wunderlich das Leben sein kann, sehen Sie es denn nicht? Ein solcher Morgen ...«

Er glotzte mich an. Sie wohnen in Peking, dachte ich, und wissen es nicht!

»Nur einen Augenblick!« sagte ich zu Bin, »ich werde fragen, ob ich meine Rolle nicht einstellen darf –«

In diesem Sinne trat ich vor das nächste beste Haus; bereits hatte ich an den schönen chinesischen Gong geschlagen und wartete, wartete . . . Das Wesen, das mich mit höflichen Gebärden zum Eintreten gewissermaßen gezwungen hatte, war verschwunden; ich stand mit der Rolle in der Hand, wie man eben in einer fremden Halle steht, scheinbar gelassen, im Grunde ein wenig bekümmert um die Zeit, die nun wieder verlorenging. Vor allem das Gefühl, daß Bin draußen wartete, war mir peinlich, erfüllte mich mit einer gelinden Unrast, mit einem gewissen Aberwillen, der mir verbot, mich weiter in dem fremden Hause umzusehen, wie es einer von unserer Gilde sonst tut. Ich hatte gehofft, man würde mir die Rolle einfach abnehmen, begreifen und nicken, drei Worte und weiter. Nach und nach, da niemand kam, fing ich doch an, mich umzusehen. Es war eine schöne, sogar sehr schöne Halle, wenn man so sagen darf, denn sie war von der Art, wie ich sie schon oft hätte bauen mögen, und wie sie, das war der Witz, in meiner leidigen Rolle ganz ähnlich entworfen war. Ein wenig zwar, bemerkte ich, war alles doch anders. Das Fenster zum Beispiel, jener lockere Durchblick in den Garten und in die Ferne, den ich mir immer als einen Schleier von Sprossen, ein zierliches Gitter vor der Erwartung gedacht, hier war er groß und leer, geheimnislos, zu offen, zu wenig sparsam, geistlos. Ach nein, so war das nicht gemeint! Und auch die Pflanze, die mit ihren grünen Arabesken vor einer stillen Wand steht, vor der Helle eines rauhen Putzes: wie aus der Skizze geschnitten, nur viel zu klein, lächerlich, peinlich. Überhaupt befiel mich ein heimliches Entsetzen, obschon jedes einzelne Ding getreulich stimmte, so, als hätte es ein Fremder ganz schamlos aus deinen Plänen genommen, nur nicht aus deinem Sinn. Es fehlt der Maßstab, das Verhältnis, nichts anderes als dies, worauf es ankommt. Man trocknet sich Stirne und Nacken. Auch das, schien mir, hatte ich schon einmal erlebt, diesen Hohn der Verwirklichung, dieser feindselige und bösartige Eigensinn alles Fertigen. Die Treppe in meinem Rücken, sie wollte überhaupt nicht mehr aufhören und kletterte und kletterte, so gut gefiel sie sich selber, kletterte in immer weiteren und höheren Spiralen, lange schon sinnlos, eitel auf ihr Geländer –

Endlich kam jemand zurück.

»Verzeihen Sie!« sprach ich, »vor Ihnen steht und verbeugt sich ein Fremdling, der nicht weiß, was hierzulande Sitte ist. Allein ich hoffe sehr, daß meine Frage, die vorzubringen eine ebenso wunderliche wie glückliche Lage mich drängt, in Ihrem Lande nicht ein Frevel sei –«

Noch einmal hielt ich die ganze, ziemlich lange Rede, Wort für Wort, wie ich sie schon einmal dem weiblichen Dienstboten gehalten hatte. Zum Schluß sagte ich etwa:

»In diesem Sinne, Herr, verbeuge ich mich zum drittenmal, so gut ich es vermag. Drüben verbeugen wir uns nie. Drum haben wir auch Angst, ach, vor so vielem. Noch vor dem eigenen Traum, den wir nicht verstehen. Hier, weiß ich, bin ich im alten Lande des Traums; man lacht mich nicht aus, wenn ich sage, daß ich nur durch die Mittel des Traumes an diesem ersehnten Ort bin. O Herr, wo wären wir wirklicher! Zu lange haben wir den Traum aus uns verstoßen; er lebt ohne uns, wir ohne ihn. So sind wir niemals ganz. Ich weiß nur, unter wirklichen Menschen, unter schöpferischen Völkern ist alles das anders . . .«

Nachdem ich diese Worte gesprochen, erhob ich mich aus der Verbeugung, die mir wohlgetan hatte. Es war ein Diener, diesmal. Er blickte mich an, dann führte er mich die entsetzliche Treppe hinan.

»Es ist«, sagte ich in einem anderen Tone zu ihm, »wirklich eine sehr wichtige Rolle –«

Was kümmert das den Chinesen!

Als nächstes wusch ich nun die Hände. Hergott! denke ich, dieweil ich so die Hände seife, am Quietschen des Schaumes mich freue und dann, da es soweit ist, die Gelenke unter einem schmalen Strahl von Wasser drehe: Herrgott! denke ich und trockne die Hände an einem langen Tuch, das mir die wortlose Dienerschaft reicht: Herrgott – wozu das alles?

Und wieder das nächste:

Wir sitzen in einem Zimmer.

»Eigentlich«, sagte ich, nachdem wir eine ganze Weile gesessen hatten, »eigentlich wollte ich nur meine Rolle hier einstellen, im Vorübergehen . . . Auch habe ich, wenn ich so sagen darf, sehr wenig Zeit.«

Die Tochter des Hauses, die so viel Güte oder Sitte hatte, mit dem Fremdling zu warten, langweilte sich deutlich, spielte mit ihrem Fächer, während wir warteten; aber sie hatte die königliche Ruhe ihrer Jugend, deren Reich noch so groß, so unabsehbar ist: sie bangt nicht, geizt nicht mit jeder Provinz ihrer Zeit . . . Draußen war es ein betörender Abend. In den herbstlichen Gärten lag eine Wärme, die nur das Auge noch wahrnimmt und kostet. Die Blumen der Nähe, die letzten im Garten, Astern, welche die sinkende Sonne durchglomm, sie standen wie Sterne aus Blut. Das alles war schön. Es dämpfte mein Warten. Die Luft solcher Abende, sie ist wie ein blinkendes Gespinst, ein Glitzern von goldenen Fäden; geisterhaft rinnt es. Nichts ist zu halten, Wärme und Licht, o alles ist da, irgendwo rinnt es wie durch ein Sieb dieser Zeit. Es sickert in Schwärze der offenen Erde; es sammelt sich nirgends zur Hitze. Umsonst auch ist die Schale unsrer kleinen Hand; immerzu rinnt es . . . Ich rauchte; ich verschränkte meine Beine, bis ich jedesmal wieder gewahrte, wie schmutzig meine Schuhe waren; dann aber, jedesmal, schob ich die Füße zurück unter den Sessel, klopfte Asche ab, versuchte ein Gespräch:

»Die Zeit ist ein sonderbar Ding«, sagte ich einmal, »es gibt sie, und gibt sie auch wieder nicht – «

»Wie meinen Sie das?«

Ich mußte nachdenken. Sie nimmt mich zu ernst, dachte ich, und ein wenig ärgerte es mich. Ich mußte wirklich nachdenken.

»Es gibt sie: ja – und es gibt sie auch nicht: ja – und doch sind wir alle, das ist der Wahnsinn, Sklaven der Zeit!«

Später fragte ich:

»Haben Sie auch schon Erinnerungen?«

Die kleine Chinesin errötete.

»Oh«, sagte ich, »so war das nicht gemeint ... Jemand sagte mir, daß Dinge, die wir für Erinnerung halten, Gegenwart sind. Es überzeugt. Dann wieder verwirrt es. Denn es nimmt den Dingen, die uns begegnen, schlechterdings die Zeit, und oft weiß ich nicht mehr, wo in meinem Leben ich mich eigentlich befinde. Das ist sehr abenteuerlich. Ich treffe Leute, die gar nicht mehr sind, und rede mit ihnen, liebe sie zum erstenmal. Es ist wie das Licht, das immer noch wandernde Licht von Sternen, die vor Jahrtausenden erloschen sind. Immer wieder begegne ich dem Mädchen, so, wie wir uns damals verloren haben; ein Mädchen wie Sie; aber damals, sage ich mir, waren Sie noch kaum auf der Welt. Das alles ist verwirrend. Dabei bin ich, soweit es jedem verliehen ist, bei lichterlohem Verstande; zum Beispiel denke ich oft und sage es mir auch: Offenbar sind es Erinnerungen, was du erlebst, nichts weiter, ein neckischer Anfall von Erinnerung, wir reisen durchaus nicht in einem Gefilde mit Seerosen und schwarzen Büffeln, mit Kurtisanen und Goldfischen und Hirten, mit Engeln und Matrosen, und was uns sonst schon alles begegnet ist, sogar Heilige, sogar Tote, sondern ich erinnere mich nur, während ich nebenher ein ganz alltägliches Leben führe, und lange ist's her, und dennoch, indem wir uns eines Hirten erinnern, ist er im Augenblick da. Wer leugnet es? Ich bin glücklich, ich habe keinerlei Anlaß und kann nicht umhin wahrzunehmen, daß ich auf einmal sehr glücklich bin. Zum Beispiel. Oder auch melancholisch, je nachdem. Man weiß nur nicht, wo in seinem Leben man sich befindet.«

Das Mädchen zog die Brauen:

»Auch in diesem Augenblick nicht?«

»Nun«, sagte ich, »in diesem Augenblick –« Ich mußte mich erheben, die Mutter war eingetreten, eine Dame von warmer Würde. Man sah, sie hatte sich gekämmt und uns wohl darum lange warten lassen.

»Nehmen Sie Platz«, lächelte sie, »mein Mann wird jeden Augenblick kommen. Er ist auf die Jagd geritten.«

»Eigentlich«, sagte ich –

Sie lächelte noch einmal:

»Nehmen Sie Platz.«

Ich gehorchte.

Man setzte sich, ein Diener ging hin und her. Ich dachte an Bin, der draußen wartete, während wir nun, als wäre ich dazu gekommen, einen Tee tranken ... übrigens blieb es nicht der einzige Tee, natürlich war es ein sehr guter Tee, und jedesmal bestaunte ich wieder die feinen Tassen, durchsichtig wie ein Abendhimmel schimmerten sie in deiner scheuen Hand, chinesisches Porzellan, echtes, daran war nicht zu zweifeln. Auch der Tee war echt, eine Wolke von goldener Helle und Duft, blumig, heiter und herb, im Hintergrund herb. Ich war nun offenbar ihr Gast, konnte haben, was mich lockte, und alles war sehr schön, so schön, daß man zu denken gar keinen ehrlichen Anlaß hatte, zu fragen, woher und wieso und wohin. Ich genoß es. Auch waren es, wie man von Chinesen erwartet, sehr höfliche Leute, die immerfort taten, als hätten sie schnurgerade auf deinen Besuch gewartet; ich wagte schon kaum mehr zu sagen, daß ich nur die Rolle unter ihrem Dach hatte einstellen wollen und so weiter, denn der Herr, der in ganz auffallender Weise ein Herr war, blieb meinetwegen von jeder weiteren Jagerei fern, und da ich also niemand kränken oder auch nur mit einer Enttäuschung beschatten wollte, erwähnte ich mit keinem Wörtlein mehr das nahe Peking, das wirkliche Ziel. Im Herzen vergaß ich es ja nicht –

Eines Tages sagte der Herr:

»Verehrter und edler Freund, der Sie uns ebenso ehren wie beglücken, indem Sie unser Gast sind, von unserer Tafel speisen und unsere Muße mit uns teilen, den Duft unsrer bescheidenen Blumen atmen, den Schmetterling loben, der sich auf Ihrem Fuße niederläßt, und nicht minder den Fisch in unseren bescheidenen Gewässern und Teichen, – ich habe mit Schrecken vernommen, was unsere Seele, der Ihre Muße teuer ist, nicht glauben mag! Meine Tochter, das erschrockene Kind, hat mir unter Tränen erzählt, Sie wären ein Sklave. Sie hätten es selber gesagt.«

»Wir sind es alle.«

Wir saßen bei einem Frühstück, das die herbstliche Sonne beglänzte, so lieblich und appetitlich, daß einem das Herz jubelte über soviel leckeren Dingen, die es in diesem Lande oder wenigstens in diesem Hause noch gab. Hatte uns das Märchen schon einmal entführt, so ließ es sich nicht lumpen; es schickte den Diener mit Fischen und Früchten, mit feinen Likören, aber auch mit einfachen Dingen, mit Butter und weichen Eiern, mit Schinken und Lachs, mit Zwieback und englischer Marmelade, mit Zukker, mit Kaffee. Ich glaube, ich futterte ohne Stil und Sitte durcheinander, und der Herr, mein Gönner, tat mir nun leid, denn er blickte mit Entsetzen auf seinen Gast und teuren Freund, der sich, wie ich mich wohl erinnerte, selber einen Sklaven genannt hatte. Bald war ich der einzige, der trank, schnitt und strich und unverdrossen aß und wieder trank ...

»Wir sind es alle, fast alle«, sagte ich milder, als ich ein nächstes Mal nichts im Munde hatte, »wir leben wie die Ameisen, drüben im Abendland. Und wir könnten Menschen sein, so herrlich wie ihr ... Einst, denken Sie, waren wir schon Kinder! Wir sahen Schmetterlinge auch bei uns, wir standen unter einem silbernen Wasserfall, nicht anders als die beiden Weisen auf eurem edlen Bilde. Wir

hatten Zeit wie sie, Muße, wir tauchten den Arm in den
munteren Strahl, genau so. Heute ist es ein Bild an der
Wand, bestenfalls. Wir sahen den huschenden Glanz im Innern der Muschel. Wir sahen alles. Wir hielten die Muschel
ans Ohr; wir hörten das Meer. Wir hatten Zeit! Ich weiß
nicht, wer sie uns genommen hat. Ich weiß nicht, wessen
Sklaven wir sind. Wir leben wie die Ameisen, drüben im
Abendland.«

Ich erzählte von drüben.

»Wir nennen es die Wochentage. Das heißt, jeder Tag
hat seine Nummer und seinen Namen, und am siebenten
Tage, plötzlich, läuten die Glocken; dann muß man spazieren und ausruhen, damit man wieder von vorne beginnen
kann, denn immer wieder ist es Montag –«

»Wie entsetzlich!« meinte die Dame.

»Ja«, nickte ich, »so darf man es nennen.«

»Wer zwingt sie denn dazu?«

»Wer ... ?«

»Wird es den Menschen nicht schwindlig dabei?«

»Schwindlig?« sagte ich, »Gewöhnung ist alles. Wir können uns ein Dasein ohne Wochentage gar nicht vorstellen.
Sie werden nun denken: Das ist ja ein Dasein, das sich nicht
lohnt ... und doch weinen sie, wenn einer stirbt. Überhaupt
ist alles voll Widerspruch und Widersinn, ganz komisch.
Unsere Seele gleicht einem Schneeschaufler, sie schiebt
einen immer wachsenden, immer größeren und mühsame-
ren Haufen von ungestilltem Leben vor sich her, macht sich
müde und alt, das Ergebnis besteht darin, daß man dagewesen ist, und dennoch setzen wir alles daran, daß wir möglichst lange nicht sterben. Wir erfinden Mittel um Mittel,
denn bei alledem sind wir klug, fleißig, wir arbeiten wie
die Ameisen –«

Hierzulande, sah ich, lächelte sogar der Diener über ein
solches Dasein; er räumte ab, stopfte uns die Pfeife.

Oder wir ritten –

Oft, wenn wir so morgendlich ritten, hielt ich Umschau mit heimlichen Blicken, denn ich spähte nach Bin, und ich tat es halb mit dem Wunsch, ihm sagen zu können, wie es mir mit meiner leidigen Rolle, die ich hatte einstellen wollen, ergangen war. Und daß ich nun, sowie es die chinesische Höflichkeit zuließe, bald wiederkäme. Halb war es mir lieber, wenn Bin mir nicht begegnete. Im Gedanken an Bin, der sich durch Gestrüppe futterte, schämte ich mich plötzlich der seidenen Gewänder, und jedesmal, wenn einer uns grüßte – sie beugten sich so tief, daß man ihr Gesicht nicht mehr sah, beugten sich vor den reitenden Herren, vor unseren seidenen Gewändern – jedesmal hatte ich den traurigen Schrecken, das könnte Bin gewesen sein!

Eines herbstlichen Morgens, als wir wie immer auf einer milden Anhöhe hielten, die noch zum Gut meines vermöglichen Gönners gehörte, lag wieder der Nebel vor uns, der die Weite verhängte, wie immer, ein Dunst wie über den heimatlichen Seen, ein Puder von kupfernem Herbst. Ich hoffte stets, daß es endlich einmal aufreißen möchte, und das Meer, das wirkliche, läge vor uns, das grenzenlose, das die schwebende Kugel unserer Erde umspült ... Im stillen hoffte ich es stets, sooft wir auf dieser freundlichen Anhöhe weilten, die lassen Zügel in den Händen hielten und schwiegen, oder wir tätschelten das brave Pferd. Vor uns stieg sein edler Hals, der Scheitel seiner Mähne, und man saß wie auf einem schnaufenden Berg. Manchmal girrte der Sattel, das Lederzeug. Aber wir schwiegen. Denn ich mochte nicht unhöflich sein und ihm, meinem Gastgeber, von meiner Sehnsucht reden, das Meer betreffend, das wirkliche, das schrankenlose, das in den Buchten brandet, das um die letzten Inseln gischtet, das draußen in den Himmel mündet. Auf einmal sagte der Herr:

»Der Fürst wird dieser Tage kommen. Ich hatte ihn auf unsrer Jagd getroffen –«

Der Fürst? Da wir am Vorabend von Peking wohnten,

konnte es nur der Fürst von Peking sein, sagte ich mir. Eigentlich war ich in dieses Haus getreten, um meine Rolle einzustellen.

Wir ritten zurück.

»Keine Sorge!« lächelte ich nicht unverbindlich, als ich die Bedenken meines freundlichen Gönners erriet, »wohl bin ich ein Demokrat – wir sind es allzumal in der schmerzlichen Einsicht, daß es bei uns drüben keinen wirklichen Fürsten gibt! So muß das Volk zum Guten sehen. Ob es das Beste ist, wer weiß es! Bei euch ist alles anders: ein wirklicher Fürst, ein wirkliches Volk ... Wir drüben, wir haben nur das Volk und seine Reichen; das macht das Volk gemein.«

»Wieso?«

Nichts mehr davon ... Am Vorabend von Peking laßt uns an anderes denken. Wir dürfen es! In Peking, denke ich, können all solche Dinge nicht vorkommen, die jeder von uns kennt, so, daß sie ihm in der Galle liegen. Hier ist alles anders. Wolkenlos, wie ein Abend in südlicher Fremde, leuchtet unsere Freude über den Gärten, die schön sind, denn sie gehören den Rechten; unsere Gewissen sind ferne und still wie die Sterne, unsere Herzen aber plätschern und plaudern wie das Spiel einer zierlichen Wasserkunst. Wir kommen an Teichen vorbei, Arm in Arm, wir schauen die rötlichen Fische, die schlafen, Wipfel im Spiegel der wässernen Tiefe. Das alles ist schön. Abend in windlosen Lachen ...

Ich nenne sie Maja, die junge Chinesin, die in meinen Träumen so weit geht, zu küssen. Allein im Garten, als unversehens die Dämmerung sank, kamen wir einmal zu einem schmalen Steglein von geflochtenem Bambus; ich bot ihr die Hand, führte ihre siebzehn Jahre herüber, und sie war zierlich wie auf einem Holzdruck von Hiroshige. Überhaupt gefiel uns der Augenblick sehr, so, daß unsere Hände sich lange noch hielten. Ich glaube, ich liebe sie auch im Wa-

chen, und es wäre ebenso verlockend wie dumm, ihre jugendlichen Reize zu schildern. Wir standen nun vor dem
mondenen Weizen, sie spaltete das Korn zwischen dem Elfenbein ihrer Zähne. Ihr schwarzes Haar um den Nacken,
und der Mondschein dazu – ein Glanz von Mondschein lag
wie eine schmale, kühle Spange darauf – da zweifelte ich
nicht mehr, daß sie es war, heute wie je, daß wir uns kannten.

Maja sagte:

»Sie haben wohl schon viel erlebt?«

»Warum?«

»Sie sind mir gut«, sagte sie –

»Oh!« antwortete ich.

»So sagen Sie mir eines: –«

Es wäre nicht schön, nicht edel, wenn man die Worte,
die das Mädchen mir schenkte, wenn man die Frage, die sie
mir stellte, noch einmal verschenkte. Genug, wir standen
vor dem mondenen Weizen, da sie es wissen wollte. Und
wir knackten das unreife Korn zwischen den Zähnen, beide. Es waren Fragen, wie nur die Jugend sie stellt; ihr Mut
ist ein wenig beschämend. Man lächelt. Sie weiß nicht einmal das, die Jugend, daß ihre Fragen ja das schönste sind,
tiefer als alles, was sich jemals für eine Antwort hält, leben-
diger, wahrer ... Maja stellte mich plötzlich in ihre großen
Augen, ausweglos, als müßte man, nur weil man älter war,
die Antwort wissen.

»Sagen Sie es offen«, bat sie, »gibt es ein Land, wo all
dies möglich ist? Sie sind gereist. Oder sagen Sie es mir,
wenn meine Sehnsucht dumm ist –«

»O nein!«

»Gibt es das?«

»Die Sehnsucht ist unser bestes –«

»Reden Sie offen!«

»Die Sehnsucht«, sagte ich, »kenne ich wohl –«

»Ich frage nach dem Land.«

»Sehen Sie«, sagte ich, »für mich ist es Peking. Sie lachen vielleicht. Am Ende ist es ein Wort, nichts weiter, eine
goldene Ahnung, und man sagt mir, die Ahnung sei vollkommen falsch. Peking liege überhaupt nicht am Meer, erstens. Meilen lägen dazwischen, sagt man, und dennoch
erschrecken sie mich wenig, diese paar Meilen. Vor kurzem
traf ich einen Mann, der schon einmal in Peking gewesen sein will, ich hörte ihm einen Abend lang zu, wie auf
die Folter gespannt, denn ich mochte mich nicht verraten, nicht fragen. Er erzählte von Waren, von Seuchen, von
Handel und Sitten, von Preisen und Göttern, von Bahnen,
von Speisen. Von blauen Vögeln, die darüber kreisen, sagte
er kein Wort ... Sie lachen vielleicht! Sie sind hier zu
Hause, so nahe den Toren und Türmen von Peking, und
sicher sind Sie schon öfter in Peking gewesen. Unsereiner
aber – «

»Peking?« sagte sie, und sie lachte wirklich.

»Wissen Sie, bester Freund, wie weit es nach Peking
wäre?«

Ich starrte sie an:

»Weit?« fragte ich –

Ein Diener, der sich mit pendelndem Zopfe verbeugte,
bat uns zum Tanze, und in der Tat, das Fest war schon
munter im Gange ... Der Fürst lächelte aus dem bleichen
Mond seines fetten Gesichtes ... In chinesischen Landen,
das wußte ich wohl, galt es durchaus nicht als Schande,
wenn einer fett war, im Gegenteil, es war das Zeichen eines
vornehmen Mannes schlechthin und war es offenbar ohne
Herausforderung, ohne Hohn gegenüber dem Volk, das sich
gerne und mit dem Genusse der Überzeugung davor verbeugte; denn fett sein konnte nur, wer reich war, und reich
sein, das war der Punkt, konnte hierzulande nur der Vor-
nehme, der Edle ... Der Fürst also lächelte aus dem vollen Mond seines fetten Gesichtes. Es entschwand meinen
Blicken indessen sehr bald, indem ich mich, der Sitte nicht

ungern gehorchend, ebenfalls verbeugte und in eben dieser Verbeugung, als ich den Gutsherrn reden hörte, beinah erstarrte.

»Dieser da«, sagte der Gastherr, »ist der Erbauer unseres schlichten Hauses, das die unverdiente Ehre hat – «

Mir nachtete es vor den Augen.

Das geistlose Fenster, das vor seiner eigenen Leere gähnte, immerzu, die Pflanze, die einfach zu klein war, die entsetzliche Treppe mit dem eitlen Geländer, das nicht aufhören wollte ...

»Maja«, sagte ich, »ich muß dich verlassen.«

»Warum?«

»Noch bin ich nicht am Ziel – «

»Aber ich denn?«

»Fliehen wir, liebes Mädchen, fliehen wir!«

»Wann?«

»Es ist entsetzlich – «

Es ließ sich, so sehr ich es im ersten Schrecken versuchte, nicht leugnen: es war das Haus, wie es in der Rolle stand, die ich hatte einstellen wollen. Man tanzte darin, man aß darin, man lachte und lächelte, man schlief darin ... Alles Fertige, sagt man, alles Fertige hört auf, Behausung unsres Geistes zu sein. Man könnte auch sagen: Ein weises Wort, eine bessere Ausrede ... Draußen, als es dämmerte, saß ich noch lange im Mantel einer grauen Enttäuschung, die Hände in den Taschen. So steht es denn da, unser Werk, so steinern und fremd, so eigenmächtig, so ein für allemal. Es sieht dich an, ohne zu nicken, ohne zu lächeln, so, als hätte man sich nie gekannt; ohne zu danken und ohne zu verzeihen. Nachdem man es lange betrachtet und auch die ersten Schrecken überwunden hat, sagt man sogar: Es ist nicht schlecht, man kann nicht sagen, es ist schlecht! Es erinnert an dieses und jenes, was uns im Entwerfen, da es noch ein Einfall war, erfreut und beglückt hat. Und dennoch ist es trostlos ...

Ein alter Gärtner, der eben die Hecke geschnitten hatte, wischte das scherblige Laub zusammen; ich wartete, bis er näher käme, ich hockte auf der Mauer und wartete, betrachtete den Gang seiner herbstlichen Arbeit. Über den Wiesen stieg Nebel wie eine leise Sintflut, Gerippe von Bäumen schwammen darin; ich blieb, ich hockte auf dem nassen Laub, fröstelnd, die Hände in den Taschen.

»Hm«, sagte ich zu dem Gärtner, »ein schönes Haus, ein sehr schönes Haus!«

»Gewiß, Herr.«

»Das heißt«, sagte ich, »das Dach ist zu groß, will mich dünken. Das Dach ist lächerlich. So ein kleines Haus und so ein großes Dach, ich finde das läppisch.«

Er blickte hinauf.

»Sie finden das schön?« fragte ich.

»Man findet das schön, gewiß, Herr.«

Er wischte das Laub, sammelte es in seine grüne Schürze, verbeugte sich und ging, seinen Pflichten hörig, und ließ den Fremdling allein. Es roch nach Abend, nach Herbst der Felder, nach Fäulnis von Früchten, die lange schon gefallen und verdorben sind. Ich spielte mit der braunen Mumie von einer Birne, die gerade auf der Mauer gelegen hatte, und sagte:

»Bin, du hast recht –«

»Womit?«

»Wir sollten sehen, daß wir weiterkommen.«

Natürlich war Bin durchaus bereit ...

Aber drinnen im Haus war das Fest, wo ich ja ebenfalls saß, ein Umstand übrigens, der mich durchaus nicht verwunderte; man sah es ganz deutlich durch die erleuchteten und großen, viel zu großen Fenster, ich saß neben dem chinesischen Fürsten, dort drinnen; er lächelte aus dem vollen Mond seines fetten Gesichtes, und das Fest konnte noch lange dauern. Der Fürst erhob sein Glas, alle erhoben es, man trank.

Bin fragte:

»Worauf warten wir?«

»Worauf?« lachte ich bitter, »auf mich –«

Ich trat noch näher ans Fenster, um besser zu sehen, und es mochte ja sein, daß es einen Augenblick gab, wo ich mir winken konnte. Gerade jetzt schien es allerdings nicht günstig; der Fürst redete längere Zeit mit mir, und ich sah nur, wie ich öfter nickte. Der Fürst, zeigte es sich, hatte großes Gefallen an dem Haus. Vor allem das Dach, ja, das gefiel ihm ganz besonders. Später redete er von einem neuen Palast; der alte wäre ihm schon lange verleidet und würde ohnehin, gemessen an seinen Bedürfnissen, immer kleiner . . .

Draußen, zu Bin, flüsterte ich:

»Wie ich es als Bub mir gedacht habe!«

»Was?«

»Eines Tages käme ein Fürst und sagte, bauen Sie mir einen Palast, aber möglichst groß!«

Wir lächelten . . .

Drinnen stießen sie abermals an, und es konnte kein Zweifel sein, die Sache mit dem Palast war in Ordnung; man sah, wie der Fürst noch einmal mit verbindlichem Gönnertum nickte, ich aber hatte Ohren wie ein roter Krebs, und mir zur anderen Seite saß ein freundlicher Kanzler des Fürsten, ein kleiner Dicker mit einem pfiffigen Zwicker, den er manchmal an seinem Zopfe abrieb und putzte; dieser nette Kanzler hatte das Gespräch vernommen, hellhörig wie er von Amtes wegen war, er hob sein Glas, um anzustoßen, und sagte mit einem unerwarteten Verständnis:

»Nimm es nicht schwer!«

Beide tranken –

»Nimm es wirklich nicht schwer«, sagte er freundschaftlich, indem er seinen Schnurrbart trocknete: »Es ist gerade kein andrer vorhanden, wie so oft in der Geschichte – so kommen wir alle, sind wir erst alt genug, zu Würden und Wirkung, im stillen verblüfft, wie leicht es ist, wie lächerlich billig, was unsrer Jugend so groß und so schwer schien, im stillen benommen, wie viele Aufgaben in der Welt und wie wenig Männer es offenbar gibt, daß man unsrer bedarf.«

Sie stießen noch einmal an, der Kanzler und ich. Das Mahl ging weiter, und der Fürst, als die ersten Platten kamen, zog eben seine Maske ab, legte sie wie ein verbrauchtes Mundtuch neben den Teller und trocknete sich die Stirne, denn er schwitzte. »Heiß«, sagte er, »heiß.«

»Gewiß, Durchlaucht.«

Man brachte nun ein Gehügel von Reis, gelb wie die Wüste, und dann, als die Reihe an mich kam und ich eben meine liebe Not hatte, nichts Dummes anzurichten, wo nun die Maske des Fürsten so nahe neben meinem Teller lag, wandte der Fürst sich abermals zu mir, sichtbar erleichtert, nunmehr von anderen Dingen plaudern zu können.

»So«, sagte er, »Sie stammen also aus Weggiswil?«

»Gewiß, Durchlaucht.«

»Da war ich auch einmal –«

Nun kam das Fleisch.

»Kennen Sie«, fragte der Fürst, »einen gewissen Hühnerwadel?«

Man sah von draußen, wie ich stutzte.

»Wir haben, Durchlaucht, der Hühnerwadel viele.«

Der Fürst nahm Fleisch.

»Isidor hieß er –«

Platte folgte auf Platte, man mußte ordentlich aufpassen, und mehr als einmal sahen wir von draußen, wie ich mit dem Reis schon hatte beginnen wollen; jedesmal konnte ich die Stäbchen gerade noch zurücklegen, wenn die nächste Platte nahte ... Isidor Hühnerwadel, so einen gab es allerdings in Weggiswil, leider Gottes, ein Schürzenjäger, dem nichts zu schmutzig war, jedenfalls prahlte er in allen Wirtschaften mit seinen Abenteuern, und offenbar war es mir drinnen ein wenig peinlich, daß sich der Fürst, dessen Palast ich vielleicht würde bauen dürfen, gerade an diesen Hühnerwadel erinnern mußte, der ein Saukerl war, ja, ich sah mir eine ganze Weile zu, wie ich Unkenntnis heuchelte, auch immer wieder auf höfliche Weise versuchte, von chinesischen Belangen zu reden.

»Herrgott!« sagte der Fürst, »Sie müssen ihn kennen, so ein fideler Kerl! Haben Sie niemals von der Geschichte gehört ...«

Da es sich indessen nicht schickte, daß der Fürst nur immer mit seinem Nachbarn redete, geschah es, daß er die Geschichte von dem fidelen Hühnerwadel, wie er ihn zu nennen geruhte, dem ganzen Bankett erzählte, oder wie man etwa sagen würde, zum besten gab.

»Eines späten Abends«, sagte der Fürst, »als alles schon schlief und auch die Magd in ihre Kammer ging, ein blutjunges Ding, keusch wie ein Märchen – sie riegelte ihre Tür zu, als wäre sie allein in der Kammer, dann suchte sie die Kerze ...«

Draußen hörte man die Geschichte nicht, sah aber, daß es eine Zote sein mußte; die Leute am Tisch, sogar die Damen, die anfänglich verletzt und errötet erscheinen mochten, wieherten vor Lachen, legten ihr Mundtuch ab, wie vorher der Fürst seine chinesische Maske, sie schoben sich von ihren vollen Tellern ein wenig zurück und krümmten sich, wieherten vor Lachen. Der Fürst aber, ermuntert von seinem Erfolg, erzählte weiter ...

Draußen biß ich auf die Lippe:

»Merkst du denn immer noch nichts?« sagte ich zu mir, »merkst du denn immer noch nichts?«

An Peking zu denken, bald wag ich es nicht mehr. Unser Dasein ist kurz und Peking so weit! Am ersten Abend, als ich Bin an der chinesischen Mauer getroffen, schien es ganz nahe, eine Stunde vielleicht oder zwei oder drei, man sah doch die blinkenden Türme, die Dächer, die Brücken und kräuselnden Buchten, die Segel im Winde, die blauen Vögel darüber, die kreisen – wir gingen den Fußweg hinab, den nächsten, Bin futterte Beeren, und man sah, daß es Tagreisen sein würden. Noch oft, nicht minder klar und wunderbar, sehe ich die Nähe seiner uralten Türme, seine Sonne über dem Meer, seinen blühenden Lotos! Plötzlich zweifle ich, ob mein Leben noch hinreicht.

Das nächste Mal, als wir aufgebrochen, war es ein kühler Morgen; Bin hockte vorne am Bug, seine Beine pendelten über die Barke, und wir warteten lange auf den Wind, der uns hinübersegeln sollte; der morgendliche Nebel war verschwunden, und das Wasser, das ich so lange für ein Meer hatte halten wollen, lag wie ein glattes Glas, und keine Welle raschelte um unsere Barke. Immer noch oder schon wieder, wer weiß es, war es Herbst; sein Licht versank wie eine blinkende Münze in die grünliche Kühle der Seen, und das Netz seiner Spiegelung, noch geistert und zuckt es über unser besonntes Segel, aber seine Gluten sind lange verloren.

»Sie sind so still?« sagte Maja, »und ich bin so jubelvoll glücklich! Denken Sie, nun ist es ja wirklich, o Freund, wir fliehen – ich bin noch nie, solang ich lebe, noch nie an jenem anderen Ufer gewesen, nie!«

»Wirklich?«

Bin rauchte seine Pfeife, er ließ es über seine Schulter räucheln, und Maja, die auf dem Rande der Barke saß und nach dem Wimpel blickte, der uns den Wind anzeigen sollte, sie saß und blickte, stumm, jubelvoll in Erwartung, ergriffen vom Abenteuer ihrer ersten Flucht: Maja mit der Zeit ihrer kindlichen Jugend, Bin mit der Zeit eines Geistes . . .

So fahren wir hin.

Denn ein wenig windete es nun wirklich.

Was wird uns das andere Ufer schon bringen! dachte ich im stillen; hinter jedem Ufer, das aus dem Nebel tritt, schwebt ein nächstes. Ich glaube, ich werde älter; so jung schon fängt das an.

Einmal saßen sie auf einer abendlichen Terrasse, Maja und der Mann, dem wir die Rolle eines erzählenden Ich überbürdet haben, um keine Namen nennen zu müssen, und es war schön, es war ein Ufer mit Bänken und Geländern, mit Laternen, mit Tafeln und Verboten, mit öffentlichen Blumen und Platanen und geschlungenen Weglein, mit Plakaten, mit langsam gleitenden Schwänen, mit einem Paradies von Teestuben, Sonnenstoren und bunten Sesseln aus geflochtenem Stroh; Kellner lehnten im Krähenschwanz ihrer Fräcke –

Jemand nahm auch schon die Mäntel ab.

Der Mann oder Herr – wir hätten ihn auch Kilian nennen können – benahm sich für Augenblicke ein wenig hilflos, so, indem er die Hände rieb, die Hände in seine Rocktaschen schob: man mußte nun, und wäre es auch nur dem beflissenen Ober zuliebe, einen Platz finden. Inmitten der vielen Leute. Maja überließ es ganz ihm. Auch in der unmittelbar folgenden Frage, was man bestellen sollte. Er hatte durchaus das Gefühl, es könnte Leute geben an diesem Ort, die ihn kennen. Das machte ihn zerstreut, so daß er immer wieder einmal das Gespräch unterbrach, sich umblickte, dann wieder lächelte … Maja ist schön, sie ist es in einer fast übermenschlichen Weise, wie jeder glückliche oder auch nur erwartende, ohne Zweifel erwartende Mensch … Man brachte ein Getränk, das Maja nicht kennen mochte; man sog es durch neckische Halme, und Maja, obschon sie schwieg und sich nur immerfort umblickte, fand alles sehr köstlich. War es das Land, das sie gemeint hatte? In

den Palmen raschelte es gläsern. Ihre haarigen Stämme kamen aus Töpfen; dennoch waren es für Maja die ersten
Palmen, und der Mann kaufte sich nebenbei eine Zeitung,
ohne sie allerdings in der lieben Gegenwart eines Mäd-
chens aufzuschlagen. Kaum daß er die ersten Titel über-
flog. Was mochte in der Welt geschehen? Er steckte es,
was immer es sein mochte, in die Tasche. Maja spitzte
ihren Mund, steckte den Halm in das Glas, und über die
Hüpen hinweg, die sie knabberte, forschten ihre Augen
nach allem, was sich an dem Orte begab, und blickte man
in den Spiegel ihrer jugendlichen Miene, gab es fast keinen, der ihrem vergnüglichen Spotte entging. Ein Jüngling,
der Zigaretten verkaufte, war der einzige, den sie nicht
wieder anschaute, nachdem sie ihn einmal erblickt hatte;
ihre Miene war kein Spiegel mehr, eine Weile lang, sondern
Haut, warm und trocken, Wangen mit Flaum, Elfenbein
über Blut ... Um über die Ereignisse in der Welt zu sprechen, dachte der Mann, dazu fehlte ihrer Jugend nicht der
Verstand, aber das erwachsene Bedürfnis, sich an einem
größeren und allgemeinen Schicksal zu trösten, das uns die
eigene Person ein wenig belangloser, die eigenen Versäum-
nisse ein wenig nichtiger macht. Er nutzte die Zeitung als
willkommenen Fächer. Maja meinte:

»Sicher sind Sie hier schon einmal gewesen, oder ist es
nicht so?«

»Warum?«

»Mich verwundert hier alles und jedes –«

»Gewiß«, kam er zuvor, »es erinnert mich an dieses und
jenes. Die Erde ist so groß nicht, wie man meint; auch sie
macht es mit Wiederholungen. Aber es ist doch immer anders, Maja – nichts kehrt uns wieder.«

Maja nickte:

»Sehen Sie, das glaube ich auch schon.«

Und sie nickte gerade noch einmal.

»Ja!« sagte sie entschieden, »das ist eigentlich das Schöne an allem, nicht wahr? Das macht es so aufregend, meine ich, so abenteuerlich, alles und jedes, nichts kehrt uns wieder, wie Sie sagen, noch diese Stunde, ein dummes Mädchen und Sie, ein erwachsener Mann, der alles schon einmal erfahren hat ... Ach«, lachte sie plötzlich, »Sie sind ja so rührend, wissen Sie.«

Er schwieg.

»Was mögen Sie nur denken von mir!« sagte Maja, »ich stehle Ihnen den ganzen langen Tag, und Sie hätten sicher ganz andres zu tun, ernste und gescheite Dinge, was weiß ich ... manchmal sind Sie so schauderhaft ernst.«

»Finden Sie?«

»Sie sagen so oft: Seither sind Jahre vergangen, und ich möchte so gerne einmal wissen, woran Sie das eigentlich merken.«

»Woran?«

»Es muß doch komisch sein –«

»Sehr. Man hat keine Ahnung, womit sie vergangen sind und was man eigentlich die ganze Zeit getan hat –«

»Vielleicht geht es mir auch so, einmal.«

»Vielleicht –«

»Aber was ich wissen möchte: woran man es denn merkt, wenn man älter wird?«

»Woran?«

Er besann sich.

»Zuerst an den andern«, meinte er, »das zuerst. Die Jugend wird immer jünger. Das ist das eine ...«

Sie bestellten noch einmal ein Getränk.

»Und das andere?«

Er lächelte –

Bald nach jenem Abend, was niemand überraschen wird, hatte Maja ihn verlassen. Es überraschte auch ihn nicht. Sie geht, so dürfen wir annehmen, mit einem anderen weiter, und wir werden natürlich den Verdacht nicht los, daß es der Jüngling ist, der die Zigaretten verkauft hat. Gleichviel!

Seine Rolle hatte sie an den Rand des Weges gestellt, damit er sie nicht vergesse, all die ernsten und gescheiten Dinge.

»Freund«, schrieb sie darauf, »es tut mir leid.«

Bin betrachtete den Zettel lange, drehte ihn wie ein Schriftdeuter, las ihn noch einmal, dann sagte er:

»Sie hat dich geliebt, – weißt du das?«

Kilian wußte es durchaus.

(Das war das andere.)

O Wein, man trinkt dich wie Sonne und prickelnden Schaum, Funken von Laune, nichts weiter, und nachher, unversehens, sind wir trunken, heiter vom Tiefsinn deiner lächelnden Schwermut; wir wanken, wir singen durch Gassen, laut, daß es hallt, oder wir zanken. Immerzu, leise wie eine Glocke aus Glas, weint es in uns. Lange noch, lange noch! Man trinkt dich, o Wein, nichts leichter als das ...

Mit anderen Worten:

Ein wenig soff er wohl auch.

Oder es begab sich das Folgende:

Kilian saß im Konzert. Obschon er von der Musik nicht viel begriff, wie ihn dünkte, tat er es oft. Immer wieder geschieht es, daß er denkt. Er denkt an Menschen, deren Wege man gekreuzt hat, kürzer oder länger, an Landschaften, an Bilder aus verschütteten Träumen; aber er hört nicht. Er sitzt wie die Hörenden ringsum; aber er sieht ... Wasserfälle, zum Beispiel, ganz märchenhafte Wasserfälle, wie sie langsam über die endlosen Felsen schleiern, Muster eines Stoffes, Zweige in einem runden Glas, das Glänzen von nassen Geleisen, die sich verschleifen, dann wieder sind es Drähte mit wandernden Tropfen daran, Wiesen im Wind, ein immerzu und unaufhaltsam wachsendes Schneckenhaus. Vorbei! Es folgen ganz alltägliche Sachen, vergessene Rechnungen, woran er denken muß, während eine Flut von Bläsern auf ihn zukommt – plötzlich branden sie an ein Schweigen, eine Stille, die sich wie eine Wand emporbaut, höher und höher wird dieses Schweigen, man konnte immer länger daran emporschauen und schwindlig werden: dann, ganz oben erst, begann eine Geige, dünn und wie ein silberner Griffel auf einer marmornen Tafel, der ein Gebet schrieb, langsam und gelassen, kindlich, fast spielerisch, einsame Zeichen einer unfaßlichen Wonne ... Schon eine Weile hatte Kilian gespürt, daß ihm jemand auf die linke Schulter klopfte, links, wo man das Herz hat. Er wollte sich aber nicht stören lassen. Es mußte ein Knöchel sein, der, beharrlich wie nur ein Knöchel, ihn wecken wollte. Er stand in Mantel und Hut, der Fremde, mitten im Konzert. Aber die Leute, welche die Musik begriffen, lauschten alle und waren voll Genuß oder Andacht, achteten ihn nicht, und obschon er einen gewöhnlichen Regenmantel trug, wie er gerade der Mode entsprach, dazu ein Halstuch und einen alltäglichen Hut, der sein knöchernes Antlitz beschattete, wußte Kilian sofort, daß das nun der Tod war, der viel besprochene, der oft schon bedachte. Man kann nicht sagen, daß Kilian ihn erwartet hätte. Jetzt noch nicht. Kilian war nicht mehr jung, gewiß, das wußte er nach und nach; das war noch kein Grund, fand er, um schon zu sterben. Aus Scheu, die andern Leute aufzustören, machte er keine großen Umstände, so entsetzt er natürlich war, sondern nickte.

»Ich?« fragte er kurz.

»Oder ein andrer!« sagte der Fremde, und er fügte hinzu: »Wenn du einen andern findest.«

Er grinste unverständlich ... Kilian nickte, fürs erste erleichtert, daß er allenfalls einen andern schicken könnte, einen, dem es weniger ausmachte. Dachte er doch, daß es noch nicht ihm selber gelten würde! Erschrocken war er immerhin; Kilian hatte das Gefühl, ein zweites Mal dürfte er keinen andern mehr schicken ... Das Konzert ging weiter.

Der Mann auf dem Podium, der mit den Knien wippte und mit einem Stäblein durch die Lüfte zitterte, so daß die Schwänze seines Frackes wedelten, und der natürlich als erster ins Auge fiel, kam nicht in Frage. Von wegen des Aufsehens. Eine Weile sah Kilian sich die Musikanten an, einen zum Beispiel, der die Baßgeige strich; es war rührend, wie ernst und aufmerksam er auf die Noten blickte, auch wo er lange Zeiten gar nicht spielen mußte. Der war nicht unersetzlich, gewiß nicht. Und eigentlich war Kilian schon entschlossen; sie spielten im dritten Satz, in einem Scherzo, als der Mann, der die Baßgeige hielt, mit neuer Hingabe über seine dicken Saiten sägte, so, als wollte er zeigen, wie unentbehrlich auch er war. Man hörte ihn deutlich heraus. Von der andern Musik hörte Kilian natürlich nichts mehr; er sah nur, wie die Menschen blasen und geigen, in Sesseln sitzen, lauschen, während sie jeden Augenblick der Tod treffen kann. Für Kilian war es ein wahnwitziger Anblick. All die geigenden Bogen, die auf und nieder gingen, einmal steiler, einmal flacher, alle miteinander, eine Weile rasten sie wie Weberschifflein, und dann, plötzlich, hörten alle auf, die Arme senkten sich aufs Knie, die Bogen ruhten. Vom Orchester, das spürte Kilian bald, kam keiner in Frage; denn jene sah er alle von Angesicht ... Indessen verging die Zeit, wie sie das immer tut, und draußen lehnte der Tod an der Türe, wartete wie ein Kutscher ... Gerade vor Kilian saß eine Dame, ein kostbarer Pelz. Noch ehe er sie zeichnete, wollte es der Zufall, daß sie sich schneuzte; sie nahm ihr Täschlein, einen Augenblick sah man, daß auch sie ein Gesicht hatte. Ein Mann mit Glatze, der in der vordersten Reihe saß, war die Rettung; auf Zehen, rücksichtsvoll, ging Kilian durch den langen und spiegelglatten Gang, klopfte ihm auf die runde Schulter, so, daß er sich erschrocken umdrehte. Verzeihung! sagte Kilian, klopfte einem andern auf die Schulter, das heißt, es war ein junges Mädchen, fast noch ein Kind, eine Schülerin, die brav und aufmerksam die Noten verfolgte. Verzeihung! sagte er …

Unterdessen begannen sie den letzten Satz.

Kilian fühlte, daß er es nicht über sich bringen würde; ein ganzer Saal voll Leute, er hatte wirklich gedacht, da wirst du schon einen finden, wo du es über dich bringst, und nun war die Flucht seine letzte Hoffnung, Flucht, List oder eine alte Jungfer, die draußen in der Garderobe säße und strickte und gähnte. Kilian stand im Treppenhaus, wo man die Musik schon fast nicht mehr hörte. Eine Jungfer sah er nicht; aber am Geländer lehnte wirklich der Herr mit dem gewöhnlichen Regenmantel, mit dem Halstuch und mit dem alltäglichen Hut, der sein knöchernes Gesicht beschattete, er stützte seine Ellbogen auf das Geländer, blickte aus Langeweile zwischen den Treppen hinab und rauchte, so stand er da und fragte:

»Wohin willst du?«

»Ich?« sagte Kilian, »auf die Galerie.«

Es nützte ihm nichts, dem listigen Kilian, der wirklich auf die Galerie ging; dann aber war er durch das obere Foyer gelaufen, so schnell er auf den Zehen nur konnte – auch im anderen Treppenhaus lehnte der Herr, wie ein Pendant, und lächelte:

»Du kommst also selber?«

Drinnen konnte nun die schöne Musik jeden Augenblick zu Ende sein, und es blieb Kilian, wie man begreifen mag, nichts anderes übrig: Es mußte vollzogen sein, er hielt seine linke Hand vor die Augen, trat in den erleuchteten Saal und klopfte auf eine Schulter:

»Stirb«, sagte er, »ich bitte dich –«

Als Kilian die eigene Hand wieder von den Augen nahm, waren sie naß, und er sah seinen toten Vater, der allerdings sehr alt war, noch viel älter als Kilian, und es dauerte eine Weile, bis Kilian begriff, was eigentlich geschehen war.

»Ich weiß«, sagte der Tote, »ich weiß –.«

»Was?«

»Das Kind, in dieser Stunde ist es gekommen, euer Kind –.«

»Vater«, sagte Kilian –

»Ja, nun bist du es auch.«

Es mag sein, daß Kilian weinte, obschon er nun sehr glücklich war; er war in die Nacht hinausgegangen, er stapfte durch Wald, und es funkelte von herbstlichen Sternen ... Noch lange hielt er es für einen Traum ...

In Wirklichkeit war es das Kind.

Manchmal noch schreibe ich an Bin. Nicht immer, wenn etwas geschieht, gibt es Freunde; eine Feder, ein Papier, eine Wirtschaft gibt es fast immer ...

Die Wirklichkeit?

Sie begegnete mir eben in der flotten Gestalt eines jungen Offiziers, wie es sie zuzeiten überall gibt. Ich hatte ihr Kommen wirklich nicht bemerkt; ich war also nicht aufgestanden, wie es von einem Soldaten verlangt wird. Ein Blick auf mein Gewand oder auf die Offiziere, die am andern Tisch drüben jaßten, oder auch nur auf die Salzstengel, die in einem Glase vor mir standen, und es konnte kein Zweifel mehr sein, wo ich mich befand. In einer halben Stunde fuhr der Zug. Später hatte man mich zum Tisch der jassenden Offiziere gerufen, so daß ich mich erheben mußte, um Stellung anzunehmen, wo es der spärliche Platz zwischen den Tischen erlaubte.

»Machen Sie«, sagte der junge und durchaus flotte Leutnant, »Ihren obersten Knopf zu.«

Er sagte es nicht ohne Wohlwollen.

Ich gehorchte. Es war mir blitzhaft klar: das schwarze Heftlein, das ich aus der Brusttasche gezogen, um wieder einmal an Bin zu schreiben, daher der offene Knopf, daher ... Ich gehorchte ... Immerhin hatte ich das Gefühl, man hätte mich nicht darum allein gerufen; ich wartete also auf das Eigentliche. Ein wenig verlegen sah ich zu, wie der Hauptmann trumpfte, und der junge Leutnant, der den offenen Knopf bemerkt und mich gerufen hatte, mußte seinerseits aufpassen. Trumpf schlug auf Trumpf. Als das Eigentliche nicht eintrat, so daß mir Bedenken kamen, man könnte als unliebsamer Gaffer empfunden werden, machte ich zum Abschied gerade noch einmal eine solche Stellung.

»Halt!« brummte der Hauptmann mit dem erloschenen Stumpen, indem er die Karten schon für eine nächste Runde mischte, »rufen Sie uns das Fräulein, wir möchten zahlen.«

Ich gehorchte.

»Fräulein«, sagte ich draußen in der Küche, »die Herren möchten zahlen.«

Am andern Morgen war ich wieder daheim. Rapunzel, die schon am Zug gewartet hatte, empfing mich mit einem entzückenden Frühstück, was man heutzutage durchaus erwähnen darf; es gab Butter und Ei, Schinken und Lachs, Kaffee, Marmelade wie im Märchen. Es war, als hätte Rapunzel schon um alles gewußt, und die Zimmer waren voll Blumen wie immer. Mein Zeug stellte ich sofort in die Ecke, Gewehr, Sack, Helm –

»Da bist du ja wieder!«

Wir gaben uns einen Kuß.

»Und?« fragte ich.

»Und?«

Dann fragte ich nach dem Kind. Es schläft. Und Rapunzel erinnerte mich daran, daß ich wohl Hunger hätte.

»Ja, und wie!«

Allein im Zimmer, jedesmal ein wenig benommen, daß man alles das kannte, stand ich da: die Bücher, die wenigen

Bilder, die Linde, die immer wieder verdirbt und grünt, und drüben die Truhe, der Heilige aus braunem Sandstein, sein unerschütterliches Lächeln noch immer ...

Rapunzel summte draußen in der Küche.

»Du«, rief sie, »ich habe immer auf die Karte gehofft, die du mir versprochen hast –«

Ich steckte eine Zigarette an:

»Es war ein elendes Kaff.«

Sonne schien morgendlich durch die Vorhänge. Draußen standen die braunen Astern, in der Wiese lag Laub, der kleine Hügel war gepflügt, die Wälder waren braun wie das Reh, und die Saaten, die man nicht sah, warteten auf den kommenden Schnee. Aber an den Bäumen hing noch das Obst in den silbernen Himmel hinein. Dann löschte ich die Zigarette wieder und nahm das Kind, das erwacht war; ich nahm es auf die Knie, die noch nach Stroh, nach Schweiß und rauchigen Wirtschaften rochen ...

Wem es gleicht?

Am ehesten, so will mich immer wieder dünken, gleicht es Bin, der uns nach Peking führt – Peking, das ich nie erreichen werde.

Der andorranische Jude

In Andorra lebte ein junger Mann, den man für einen Juden hielt. Zu erzählen wäre die vermeintliche Geschichte seiner Herkunft, sein täglicher Umgang mit den Andorranern, die in ihm den Juden sehen: das fertige Bildnis, das ihn überall erwartet. Beispielsweise ihr Mißtrauen gegenüber seinem Gemüt, das ein Jude, wie auch die Andorraner wissen, nicht haben kann. Er wird auf die Schärfe seines Intellektes verwiesen, der sich eben dadurch schärft, notgedrungen. Oder sein Verhältnis zum Geld, das in Andorra auch eine große Rolle spielt: er wußte, er spürte, was alle wortlos dachten; er prüfte sich, ob es wirklich so war, daß er stets an das Geld denke, er prüfte sich, bis er entdeckte, daß es stimmte, es war so, in der Tat, er dachte stets an das Geld. Er gestand es; er stand dazu, und die Andorraner blickten sich an, wortlos, fast ohne ein Zucken der Mundwinkel. Auch in Dingen des Vaterlandes wußte er genau, was sie dachten; sooft er das Wort in den Mund genommen, ließen sie es liegen wie eine Münze, die in den Schmutz gefallen ist. Denn der Jude, auch das wußten die Andorraner, hat Vaterländer, die er wählt, die er kauft, aber nicht ein Vaterland wie wir, nicht ein zugeborenes, und wiewohl er es meinte, wenn es um andorranische Belange ging, er redete in ein Schweigen hinein, wie in Watte. Später begriff er, daß es ihm offenbar an Takt fehlte, ja, man sagte es ihm einmal rundheraus, als er, verzagt über ihr Verhalten, geradezu leidenschaftlich wurde. Das Vaterland gehörte den andern, ein für allemal, und daß er es lieben könnte, wurde von ihm nicht erwartet, im Gegenteil, seine beharrlichen Versuche und Werbungen öffneten nur eine Kluft des Verdachtes; er buhlte um eine Gunst, um einen Vorteil, um eine Anbiederung, die man als Mittel zum Zweck empfand auch dann, wenn man selber keinen möglichen Zweck erkannte. So wiederum ging es, bis er eines Tages entdeckte, mit seinem rastlosen und alles zergliedernden Scharfsinn entdeckte, daß er das Vaterland wirklich nicht liebte, schon das bloße Wort nicht, das jedesmal, wenn er es brauchte, ins Peinliche führte. Offenbar hatten sie recht. Offenbar konnte er überhaupt nicht lieben, nicht im andorranischen Sinn; er hatte die Hitze der Leidenschaft, gewiß, dazu die Kälte seines Verstandes, und diesen empfand man als eine immer bereite Geheimwaffe seiner Rachsucht; es fehlte ihm das Gemüt, das Verbindende; es fehlte ihm, und das war unverkennbar, die Wärme des Vertrauens. Der Umgang mit ihm war anregend, ja, aber nicht angenehm, nicht gemütlich. Es gelang ihm nicht, zu sein wie alle andern, und nachdem er es umsonst versucht hatte, nicht aufzufallen, trug er sein Anderssein sogar mit einer Art von Trotz, von Stolz und lauernder Feindschaft dahinter, die er, da sie ihm selber nicht gemütlich war, hinwiederum mit einer geschäftigen Höflichkeit überzuckerte; noch wenn er sich verbeugte, war es eine Art von Vorwurf, als wäre die Umwelt daran schuld, daß er ein Jude ist –

Die meisten Andorraner taten ihm nichts.

Also auch nichts Gutes.

Auf der andern Seite gab es auch Andorraner eines freieren und fortschrittlichen Geistes, wie sie es nannten, eines Geistes, der sich der Menschlichkeit verpflichtet fühlte: sie achteten den Juden, wie sie betonten, gerade um seiner jüdischen Eigenschaften willen, Schärfe des Verstandes und so weiter. Sie standen zu ihm bis zu seinem Tode, der grausam gewesen ist, so grausam und ekelhaft, daß sich auch jene Andorraner entsetzten, die es nicht berührt hatte, daß schon das ganze Leben grausam war. Das heißt, sie beklagten ihn eigentlich nicht, oder ganz offen gesprochen: sie vermißten ihn nicht – sie empörten sich nur über jene, die ihn getötet hatten, und über die Art, wie das geschehen war, vor allem die Art.

Man redete lange davon.

Bis es sich eines Tages zeigt, was er selber nicht hat wissen können, der Verstorbene: daß er ein Findelkind gewesen, dessen Eltern man später entdeckt hat, ein Andorraner wie unsereiner –

Man redete nicht mehr davon.

Die Andorraner aber, sooft sie in den Spiegel blickten, sahen mit Entsetzen, daß sie selber die Züge des Judas tragen, jeder von ihnen.

Burleske

Eines Morgens kommt ein Mann, ein Unbekannter, und du kannst nicht umhin, du gibst ihm eine Suppe und ein Brot dazu. Denn das Unrecht, das er seiner Erzählung nach erfahren hat, ist unleugbar, und du möchtest nicht, daß es an dir gerächt werde. Und daß es eines Tages gerächt wird, daran gebe es keinen Zweifel, sagt der Mann. Jedenfalls kannst du ihn nicht wegschicken, du gibst ihm Suppe und Brot dazu, wie gesagt, und sogar mehr als das: du gibst ihm recht. Zuerst nur durch dein Schweigen, später mit Nicken, schließlich mit Worten. Du bist einverstanden mit ihm, denn wärest du es nicht, müßtest du sozusagen zugeben, daß du selber Unrecht tust, und dann würdest du ihn vielleicht fürchten. Du willst dich aber nicht fürchten. Du willst auch nicht dein Unrecht ändern, denn das hätte zu viele Folgen. Du willst Ruhe und Frieden, und damit basta! Du willst das Gefühl, ein guter und anständiger Mensch zu sein, und also kommst du nicht umhin, ihm auch ein Bett anzubieten, da er das seine, wie du eben vernommen, durch Unrecht verloren hat. Er will aber kein Bett, sagt er, kein Zimmer, nur ein Dach über dem Kopf; er würde sich, sagt er, auch mit deinem Estrich begnügen. Du lachst. Er liebe die Estriche, sagt er. Ein wenig, noch während du lachst, kommt es dir unheimlich vor, mindestens sonderbar, beunruhigend, man hat in letzter Zeit gar viel von Brandstiftung gelesen; aber du willst Ruhe, wie gesagt, und also bleibt dir nichts anderes übrig, als keinen Verdacht aufkommen zu lassen in deiner Brust. Warum soll er, wenn er will, nicht auf dem Estrich schlafen? Du zeigst ihm den Weg, den Riegel, die Vorrichtung mit der Leiter und auch den Schalter, wo man Licht machen kann. Allein in deiner schönen Wohnung, eine Zigarette rauchend, denkst du meh-

rere Male genau das gleiche, und es hilft dir nichts, die
Zeitung zu lesen, zwischen den Zeilen liest du immer das
gleiche: Man muß Vertrauen haben, man soll nicht immer
gleich das Schlimmste annehmen, wenn man einen Menschen nicht kennt, und warum soll der gerade ein Brandstifter sein? Immerhin nimmst du dir vor, ihn morgen wieder
auf den Weg zu schicken, freundlich, ohne daß ein Verdacht
ihn kränken soll. Du nimmst dir nicht vor, kein Unrecht zu
tun; das hätte, wie gesagt, zu viele Folgen. Du nimmst dir
nur vor, freundlich zu sein und ihn auf freundliche Weise
wegzuschicken. Du schläfst nicht immer in dieser Nacht;
es ist schwül, und die Geschichten von wirklichen Brand-
stiftern, die dir so beharrlich einfallen, sind zu läppisch,
ein Schlafpulver gibt dir die verdiente Ruhe ... Und am andern Morgen, siehe da, steht das Haus noch immer! –
Deine Zuversicht, dein Glaube an den Menschen, selbst
wenn er im Estrich wohnt, hat sich bewährt. Es drängt
dich nicht wenig, edel zu sein, hilfreich und gut; beispielsweise mit einem Frühstück. Von Angesicht zu Angesicht,
so während ihr einen gemeinsamen Kaffee trinkt und jeder
sein Ei löffelt, schämst du dich deines Verdachtes, kommst
dir schäbig vor, und jedenfalls ist es unmöglich, ihn wegzuschicken. Wozu solltest du! Nach einer Woche, wie er
noch immer in deinem Estrich wohnt, hast du vollends das
Gefühl, jede Angst überwunden zu haben, und auch als er
eines Tages einen Freund bringt, der ebenfalls in deinem
Estrich schlafen möchte, kannst du zwar zögern, aber nicht
widersprechen. Zögern; denn es ist einer, der schon einmal, Gott weiß warum, im Gefängnis gesessen hat und
eben erst entlassen worden ist. Ihn allein hättest du nie
in deinen Estrich gelassen, das ist selbstverständlich. Er ist
auch viel frecher als der erste, das macht vielleicht das Gefängnis, und ganz geheuer ist es dir nicht, zumal er, wie er
ganz offen gesteht, wegen Brandstiftung gesessen hat. Aber
gerade diese Offenheit, diese unverblümte, gibt dir das Ver-

trauen, das du gerne haben möchtest, um Ruhe und Frieden
zu haben; am Abend, da du trotz ehrlichem Gähnen nicht
schlafen kannst, liest du wieder einmal das Apostelspiel
von Max Mell, jene Legende, die uns die Kraft des rechten Glaubens zeigt, ein Stück schöner Poesie; mit einer Befriedigung, die das Schlafpulver fast überflüssig macht,
schläfst du ein ... Und am andern Morgen, siehe da, steht
das Haus noch immer! – Deine Bekannten greifen sich an
den Kopf, können dich nicht verstehen, fragen jedesmal,
was die beiden Gesellen denn in deinem Estrich machen,
und liegen dir auf den Nerven, so daß du immer seltener
an den Stammtisch gehst; sie wollen dich einfach beunruhi-
gen. Und ein wenig, unter uns gesagt, ist es ihnen auch gelungen; jedenfalls hast du den beiden Gesellen etwas auf-
gelauert und nicht ohne Erfolg; allein die Tatsache, daß
sie kleine Fäßlein auf deinen Estrich tragen, kann deinen
Menschenglauben nicht erschüttern, zumal sie es in aller
Offenheit machen und auf deine eher scherzhafte Frage,
was sie denn mit diesen Fäßlein wollten, sagen sie ganz natürlich, sie hätten Durst. In der Tat, es ist Sommer, und im
Estrich, sagst du dir, muß es sehr heiß sein. Einmal, als du
ihnen im Wege gestanden, ist ihnen ein Fäßlein von der
Leiter gefallen, und es stank plötzlich nach Benzin. Einen
Atemzug lang, gib es zu, warst du erschrocken. Ob das
Benzin sei? hast du gefragt. Die beiden, ohne ihre Arbeit
einzustellen, leugneten es auch in keiner Weise, und auf
deine eher scherzhafte Frage, ob sie Benzin trinken, antworteten sie mit einer so unglaublichen Geschichte, daß
du, um nicht als Esel dazustehen, wirklich nur lachen konn-
test. Später jedoch, allein in deiner Wohnung, lauschend
auf das Rollen der munteren Fäßlein, die nach Benzin stin-
ken, weißt du allen Ernstes nicht mehr, was du denken
sollst. Ob sie deine edle Zuversicht wirklich mißbrauchen?
Eine Weile, dein Feuerzeug in der Hand, die feuerlose Zigarette zwischen den trockenen Lippen, bist du entschlos-

sen, die beiden Gesellen hinauszuwerfen, einfach hinauszuwerfen. Und zwar noch heute! Oder spätestens morgen.
Wenn sie nicht von selber gehen. Ganz einfach ist es nämlich nicht, im Gegenteil; wenn sie keine Brandstifter sind,
tust du ihnen sehr unrecht, und das Unrecht macht sie zu
bösen Menschen. Böse gegen dich. Das willst du nicht. Das
auf keinen Fall. Alles, nur kein schlechtes Gewissen. Und
dann ist es immer so schwierig, die Zukunft vorauszusehen; wer keine Tatsachen sehen kann, ohne Schlüsse zu ziehen, und wer sich alles bewußt macht, was er im Grunde
weiß, mag sein, daß er manches voraussieht, aber er wird
keinen Augenblick der Ruhe haben; ganz zu schweigen
von den Ahnungen. Die Tatsache, daß sie Benzin in deinen
Estrich tragen, was heißt das schon? Der eine, der Freund,
hat nur gelacht und gesagt, sie wollen die ganze Stadt anzünden. Das kann ein Scherz sein oder eine Aufschneiderei.
Wenn sie es ernst meinten, würden sie es niemals sagen.
Dieser Gedanke, je öfter du ihn wiederholst, überzeugt
dich vollkommen; das heißt: er beruhigt dich. Und der andere sagte sogar: Wir warten nur auf den günstigen Wind!
Es ist läppisch, sich von solchen Reden einschüchtern zu
lassen; zu unwürdig. Einen Augenblick denkst du an Polizei. Aber wie du, um dich nicht durch falschen Alarm
lächerlich zu machen, dein Ohr an die Zimmerdecke legst,
was keine ganz einfache Veranstaltung gekostet hat, ist es
vollkommen still. Du hörst sogar, wie einer schnarcht. Und
überhaupt kommt die Polizei nicht in Frage; schon weil
du selber strafbar wärest, daß du solche Leute in deinem
Hause hast, wochenlang, ohne sie anzumelden. Aber vor
allem sind es natürlich die menschlichen Gründe, die dich
von solchen Schritten abhalten. Warum sagst du den beiden Gesellen nicht einfach und offen, du möchtest kein
Benzin in deinem Estrich haben? Offenheit ist immer das
beste. Und dann, plötzlich, mußt du selber lachen, daß dir
dieser Einfall jetzt erst kommt: sie werden doch dein Haus

nicht anzünden, wenn sie selber im Estrich sind! Immerhin kletterst du, schon im Pyjama, noch einmal auf den Sessel, auf die Kommode und den Schrank. Er schnarcht wirklich. Eine halbe Stunde später ruhest auch du . . . Und am andern Morgen, siehe da, steht dein Haus noch immer! – Die Sonne scheint, der Wind hat gedreht, die Wolken ziehen über die Dächer der Stadt, und gesetzt den Fall, es wären wirklich böse Gesellen, gerade dann ist es nicht einfach, sie einfach hinauszuwerfen; nicht ratsam; denn solange du ihr Freund bist, werden sie wenigstens dich verschonen. Freundschaft ist immer das beste! Und wenn du an diesem Morgen hinaufgehst und sie zum Frühstück bitten willst, so ist das nicht Tücke, nicht Berechnung, sondern eines jener herzlichen Bedürfnisse, die man plötzlich hat und die man, wie du mit Recht sagst, nicht immer unterdrücken soll. Die Leiter zum Estrich ist bereits gezogen, die Türe offen, du mußt nicht einmal klopfen. Der Estrich, den du aus Rücksicht schon lange nicht mehr besucht hast, ist voll von den kleinen Fäßlein, und der eine, der Freund, der aus dem Gefängnis, steht eben an der Dachluke, hält den nassen Finger hinaus, um die Windrichtung festzustellen; der andere ist leider schon ausgegangen, komme aber wieder. Mit deinem Frühstück ist es also nichts. Er komme aber bestimmt im Laufe des Tages, sobald er, wie der Freund in seiner immer etwas scherzhaften Art sagt, die erforderliche Holzwolle beisammen habe. Holzwolle? Es fehlte nur noch, daß er von einer Zündschnur redete. Einen Augenblick bist du wieder etwas verwirrt, etwas betreten, was du allerdings nicht zeigen willst. Im Grunde, das weißt du, kann kein Mensch so frech sein, wie dieser sich den Anschein gibt, nur weil er meint, du fürchtest ihn. Ein für allemal entschlossen, dich nicht zu fürchten, entschlossen, deine Ruhe und deinen Frieden zu erhalten, tust du, als hättest du nichts gehört, und im übrigen, was das Frühstück betrifft, kann das ja auch ein andermal sein. Deine freundschaftliche Geste ist schon als solche nicht wertlos. Vielleicht zum Abendbrot? Mit Vergnügen, sagt der Kauz, sofern sie Zeit hätten und nicht arbeiten müßten; das hänge vom Wind ab. Er ist wirklich ein Kauz. Und natürlich bist du nun nicht wenig neugierig, ob sie tatsächlich zum Abendessen kommen, ob sie deine Freundschaft überhaupt wollen. Vielleicht hättest du deine Freundschaft schon früher bekunden sollen. Aber lieber jetzt, sagst du, als zu spät! Mit Recht vermeidest du ein allzu besonderes, ein auffälliges Abendessen; immerhin holst du einen Wein aus dem Keller, um ihn für alle Fälle kühlzustellen. Leider kann man am Abend, als sie gegen neun Uhr endlich kommen, nicht mehr auf der Terrasse sitzen; es ist zu windig. Ob er Holzwolle gefunden habe? fragst du, um dem Gespräch bald eine persönliche Note zu geben. Holzwolle? sagt er und schaut den Freund an, wie man einen Verräter anschaut. Dann, Gott weiß warum, mußt du selber lachen, und schließlich lachen sie auch. Holzwolle, nein, Holzwolle habe er nicht gefunden, aber etwas anderes, Putzfäden aus einer Garage. Gefunden; daß das nichts anderes heißt als gestohlen, daran kannst du nicht zweifeln. Überhaupt haben sie sehr eigene Ansichten betreffend Recht und Unrecht. Nach der ersten Flasche, du hast den Wein nicht umsonst gekühlt, erzählst du, daß auch du schon Unrecht begangen hast. Da sie schweigen, erzählst du mehr und mehr, indem du, ihre Freundschaft ist es dir wert, die zweite Flasche entkorkst. Offensichtlich fühlen sie sich wie zu Hause; der Freund, der Frechere, dreht deinen Rundfunk an, um den Wetterbericht zu hören. Dann wünschen sie nur noch eines: Streichhölzer. Nichts wäre verfehlter, als wenn du jetzt wieder zusammenzucktest: auf Verdacht ist keine Freundschaft aufzubauen. Wozu Streichhölzer? Es gelingt dir, jedes beleidigende Zittern zu vermeiden und Zigaretten anzubieten, als ginge dir nichts durch den Kopf, und dann, das ist kein schlechter Einfall, bietest du Feuer mit

deinem eignen Feuerzeug, das du nachher wieder in die Tasche steckst. Das Gespräch geht weiter, das heißt, sie hören zu, sehen dich an und trinken Wein. Dein ehrliches Geständnis, wieviel Unrecht du begangen hast, rührt sie nicht
mehr, als es die Höflichkeit verlangt; überhaupt wirken
sie sehr geistesabwesend. Eine dritte Flasche, die du schon
zwischen den Knien hast, lehnen sie ab. Da du sie trotzdem öffnest, wirst du sie allein trinken müssen. Nur beim
Abschied, als du gewisse Hoffnungen ausdrückst, daß die
Menschen einander näherkommen und einander helfen,
bitten sie dich nochmals um Streichhölzer. Ohne Zigaretten. Du sagst dir mit Recht, daß ein Brandstifter, ein wirklicher, besser ausgerüstet wäre, und gibst auch das, ein
Heftlein mit gelben Streichhölzern, und am andern Morgen, siehe da, bist du verkohlt und kannst dich nicht einmal über deine Geschichte verwundern ...

Schinz. Skizze

Heinrich Gottlieb Schinz, Rechtsanwalt, Vater von vier gesunden Kindern, deren ältestes sich bald verheiratet, ist
sechsundfünfzig Jahre alt, als ihm eines Tages, wie er es
nennt, der Geist begegnet ... Schinz, wie der Name schon
sagt, ist Sohn aus gutem Haus; das Verlangen, dem Geist
zu begegnen, hat er schon als Jüngling; er spielt Klavier
und macht mehrere Reisen als Student. Paris, Rom, Florenz, Sizilien. Später London, Berlin, München, wo er ein
Jahr verbringt. Er schwankt zwischen Kunstgeschichte
und Naturwissenschaft; sein Beruf als Rechtsanwalt, teilweise eine Entscheidung seines Vaters, der ebenfalls ein
namhafter Rechtsanwalt gewesen ist, bringt ihm bald die
üblichen Erfolge, Ehe und Ehrenämter, darunter auch solche von wirklicher, von mehr als gesellschaftlicher Bedeutung: Winterhilfe, Denkmalpflege, Umschulung für Flücht-
linge, Kunstverein und so weiter ... Seine Begegnung mit
dem Geist ist keineswegs unbemerkt geblieben, einige Wochen gehört sie sogar zum Gespräch in den Straßenbahnen;
die Außenwelt, sofern man eine mittelgroße Stadt so bezeichnen will, sieht es allerdings als klinischen Fall, rätsel-
haft auch so, aufsehenerregend auch so, erschütternd auch
so, aber für die Außenwelt ohne jede Folge.

Eines Sonntagmorgens, es schneit, ist Schinz, wie er das seit
Jahren zu tun pflegt, in den Wald gegangen, begleitet von
seinem Hund, gesundheitshalber. Aufgewachsen in dieser
Gegend, wo schon das großväterliche Haus gestanden hat,
kennt er den Wald wie sein Leben. Auch der Hund kennt
ihn; eine Dogge. Sein Erstaunen, als die vertraute Lichtung
sich nicht einstellt, ist nicht gering, aber durchaus gelassen.
Eine Weile bleibt er einfach stehen, ebenso der Hund mit

schwitzender Zunge; es schneit, aber nicht so mächtig, daß Schinz deswegen den Weg verfehlt hat. Der Weg ist durchaus sichtbar, nur die Lichtung nicht. Die Dogge muß sich gedulden, bis Schinz sich ein Zigarillo angezündet hat; wie er das gerne macht in Augenblicken, wo er nicht weiter weiß, sei es als Rechtsanwalt oder früher als Major. Ein Zigarillo gibt Ruhe. Es ist jederzeit möglich, daß Bäume verschwinden, ganze Gruppen, ein halber Wald; aber daß eine Lichtung verschwindet, ist nicht anzunehmen. Das kommt, sagt sich Schinz, allenfalls in der Poesie vor; wenn ein Dichter dartun möchte, daß auf märchenhafte Weise viel Zeit vergangen ist oder etwas dieser Art. Schinz ist belesen. Weitergehend, um die Dogge nicht länger warten zu lassen, denkt er so das eine und andere, sein Zigarillo rauchend; irgendwann wird die verdammte Lichtung schon kommen. Auch er hat sich einmal in der Poesie versucht; kein Grund, deswegen zu lächeln. Wie gesagt: das Verlangen, dem Geist zu begegnen, hat er schon als Jüngling gekannt. Dann die Zeit mit der Naturwissenschaft; eine schöne Zeit, Schinz denkt gerne daran, Mikroskop und so. Das eine und andere ist auch geblieben, nicht bloß gewisse Kenntnisse, die etwas verwischt sein mögen, aber eine gewisse Art, den Kindern zu zeigen, wie das Holz aussieht unter der Lupe, und zu erklären, wieso das Wasser von den Wurzeln emporsteigt in die Zweige. Doch all dies hören die Kinder jetzt in der Schule; Schinz hat die Lupe, auch wenn er allein ist. Und dann die Kunstgeschichte bei Wölfflin; damals in München. Auch eine gute Zeit, Schinz denkt gerne daran; im Kunstverein ist er zuweilen der einzige, der nicht faselt; das hat ihm der alte Wölfflin mit einer einzigen Blamage beigebracht, und kurz darauf hat er auch die Kunstgeschichte verlassen. Das eine und andere ist dennoch geblieben; Dürer und so. Die Welt, wenn man eine mittelgroße Stadt so bezeichnen will, hat wohl nicht unrecht, wenn sie Heinrich Gottlieb Schinz als einen geistigen Menschen betrach-

tet: obschon er seinerseits, das ist bemerkenswert, nie von
Geist redet; er meidet dieses Wort, als hasse er es, umgeht
es auf alle Arten, oft auf sehr witzige Art, als wäre es etwas
Unanständiges, mindestens ist er in seiner Gegend sehr zu-
rückhaltend, im Grunde nicht ohne Ahnung, daß der Geist,
der wirkliche, etwas durchaus Fürchterliches ist, etwas
Erdbebenhaftes, das man nicht rufen soll, etwas Katastro-
phales, das alles Vorhandene über den Haufen wirft, etwas
Tödliches, wenn man ihm nicht durch außerordentliche
Gaben gewachsen ist –.

Die Lichtung ist nicht gekommen.

Fünf Uhr abends, und Schinz ist zum Mittagessen erwartet worden, dämmert es, daß man bald überhaupt nichts
mehr sieht. Schinz sitzt auf einem gefällten Stamm, froh,
Spuren menschlicher Arbeit zu sehen; ein gewisses Bangen
hat ihn doch beschlichen. Vor ihm die Dogge, keuchend,
irgendwie entsetzt und verwirrt. Wie die Hunde vor einem
Erdbeben! denkt Schinz. Zigarillos hat er keine mehr. Es
schneit ohne Unterlaß. Stille; das Keuchen der Dogge, das
nur dazu da ist, daß die Stille zwischen den Stämmen noch
dichter wird. Einmal fällt Schnee von einer Tanne, ganz in
der Nähe, aber lautlos. So muß es sein, wenn man taub ist.
Dann macht Schinz, was bei belesenen Leuten vorkommt:
er leistet sich den Witz, seine Lage literarisch zu sehen;
die Dämmerung, die unfaßbare Zeit, die Stille zwischen
den Stämmen, die Dogge, das alles ist sehr poetisch, irgendwie bekannt, und auch die Angst, plötzlich taub zu sein,
ist nicht ohne Hintergründiges. Schinz ist sehr bewußt; er
pfeift nicht, aber der kleine Witz, seine Lage literarisch zu
nehmen, ist nichts anderes, als wenn ein Junge in den Keller gehen muß und dazu pfeift. Auch das ist ihm bewußt.
Er schlägt den nassen Schnee von seinem Hut, entschlossen, aufzustehen und weiterzugehen. Wohin? Die Dogge
sieht, wie der Herr einen gebrochenen Ast nimmt, einen
Knebel; sie winselt vor Hoffnung, der Herr werde ihn wer-

fen, sie läuft umsonst. Einmal, ganz unwillkürlich, schlägt
er mit dem Knebel gegen einen Stamm. Nicht aus Angst,
taub zu sein! Nur so. Wie es hallt: dumpf, fast ohne Ton,
obschon er immer kräftiger schlägt, bis der Knebel zer-
bricht. Einen Ton, der wirklich trägt, hat es nicht gegeben.
Das macht natürlich der Schnee. Alles wie Watte. Wieso
sollte ein Mensch plötzlich taub werden? Er nimmt die
Dogge an die Leine. Es gibt nichts als Gehen. Und vor allem
sagt sich Schinz: Nicht sich selber verrückt machen. Das
hat schon gar keinen Sinn. Jeder Wald hat irgendwo ein
Ende! Und im übrigen sind sie immer noch auf einem Weg,
Schinz und die Dogge, deren Knurren ihm anzeigt, daß
jemand kommt. Von hinten. Nur jetzt nicht denken: Das ist
der Geist. Die Dogge bellt, so daß er die Leine schon kräftiger fassen muß. Ein Mann im Lodenmantel, vielleicht ein
Förster, ein Holzfäller, ein Naturfreund und Sonntagsgän-
ger, der die Menge meidet, überholt ihn –

»Erlauben Sie«, sagt Schinz –

Obschon ihm der Schweiß auf der Stirn steht, ist er ganz
ruhig, froh, seine eigene Stimme zu hören, die nach dem
Weg in die Stadt fragt; dabei muß er die bellende Dogge halten, ist nicht imstande, den Fremden näher anzusehen.

»Sie haben sich verirrt?«

»Ja«, lacht Schinz: »das ist mir in meinem Leben noch
nicht vorgekommen –.«

Schinz hört selber, wie ungeheuerlich das tönt: ein
Mensch, der sich in seinem Leben noch nie verirrt habe!
und fügt hinzu:

»Dabei kenne ich diesen Wald wie mich selbst.«

Die Dogge kann sich nicht beruhigen.

»Wo wollen Sie denn hin?«

»In die Stadt«, sagt Schinz: »wo ich herkomme –.«

Der Förster betrachtet die Dogge.

»Wo ich herkomme«, sagt Schinz noch einmal: »Bevor es
Nacht ist.«

Die Dogge, springend wie gegen einen Einbrecher, reißt ihn fast um, so, daß Schinz kaum zum vernünftigen Sprechen kommt. Sie benimmt sich wirklich wie ein Biest, die verdammte Dogge, dann merkt man erst, was für ein Riesentier das ist. Zum Glück zeigt der Förster keine Angst, nur Interesse. Im übrigen, was den Weg in die Stadt betrifft, sagt der Förster, was Schinz sich selber hätte sagen können:

»Warum gehen Sie nicht einfach zurück?«

»Auf dem gleichen Weg –?«

Eigentlich wahr, denkt Schinz.

»Oder wenn Sie mit mir kommen wollen, ich weiß ja nicht, in der Strecke kommt es aufs gleiche heraus – so oder so ...« Schinz muß sich entscheiden.

»Sehr freundlich von Ihnen –.«

»Wie Sie wollen.«

Unterwegs, Schinz hat sich für das Vorwärts entschieden, ist die Dogge wieder ganz manierlich. Der Mann ist wirklich ein Förster. Sie sprechen über Doggen. Alles ganz alltäglich; warum sollte es anders sein! Natürlich reden sie nicht immerzu. Es gibt solche Holzwege, die im Kreis herumführen, um den Wald zu erschließen. Schinz ist zum Umsinken müde, aber zufrieden, auf Stunden kommt es ihm nicht mehr an, wenn er nur in die Stadt kommt. Das Literarische, das Hintergründige in dem Gedanken, daß er auf einem anderen Weg in die Stadt zurückkomme, Gedanken, die er in schweigsamen Viertelstunden vornimmt, das alles hat wenig Bestand, sobald der Mann im Lodenmantel, der im Dunkeln immer unsichtbarer wird, seinen Mund aufmacht; er redet wirklich nicht wie ein Geist. Einmal flucht er auf den Staat, obschon er bei diesem angestellt ist; Ärgerliches mit einem Konsortium. Es schneit immer noch. Ein andermal plaudern sie über Zellulose, wobei Schinz einige naturwissenschaftliche Kenntnisse verrät, die den Förster auf falsche Vermutungen bringen, so, daß Schinz sich genötigt fühlt, seinen wirklichen Beruf zu nennen.

»Rechtsanwalt sind Sie?«

»Ja.«

»Hm.«

»Warum nicht?«

Der Förster erzählt ihm einen Fall: so und so, etwas umständlich erzählt, so daß Schinz hin und wieder versucht, nach Art von Fachleuten einzugreifen, um allzu Bekanntes abzukürzen. Ein Fall wie tausend Fälle. Der Förster läßt sich seine umständliche Darstellung aber nicht nehmen.

»Nein«, widerspricht er: »der Mann hat nicht gestohlen, das sage ich nicht, der Mann war in schwerer Not, denn eines Tages –«

»Und dann hat er gestohlen.«

»Nein.«

»Aber Sie sagen doch –«

»Nein«, wiederholt er mit der zähen Beharrlichkeit gewisser einfacher Leute, die keine Nerven haben und etwas langsam denken: »Ich sage, der Mann war in schwerer Not, denn eines Tages –«

Schinz ist nicht an seinem Schreibtisch, sondern im Wald; er hat keine andere Wahl, als zuzuhören, seine große Dogge an der Leine. Kein Telefon, das ihr Gespräch unterbricht, keine Mamsell, die hereinkommt und dem Doktor einen deutlichen Vorwand bringt, um aufzustehen, nichts von alledem; Schinz muß zuhören. Von städtischen Lichtern ist noch immer nichts zu sehen. Der Fall ist nicht blöd, zugegeben, aber keineswegs ungewöhnlich, und es ist für Schinz nicht einzusehen, warum er alles in solcher Umständlichkeit anzuhören hat. Hin und wieder, wenn sie vor einer Gabelung ihres Weges stehen, verstummt das Gespräch; Schinz ist sich bewußt, daß er den Förster braucht. Mindestens bis zu den ersten Laternen. Es bleibt ihm nichts, als die Geschichte weiter anzuhören. Nicht daß der Mann keinen fachmännischen Einwand duldete! Schinz kann jederzeit sagen, wie er die Sache ansieht; der Förster fällt ihm nicht in die Rede, aber auch nicht aus der eigenen heraus.

»Verstehe!« sagt er nicht unhöflich: »Aber so war es nicht, das können Sie natürlich nicht wissen; eines Tages nämlich –«

Einmal sagt Schinz:

»Sie entschuldigen!«

Er kann nicht mehr anders, muß auf die Seite treten, wo er an einem Stamm etwas verrichtet. Die Dogge schnuppert, der Förster wartet, der Schnee fällt lautlos zwischen den Stämmen.

»Ich komme nach!« ruft Schinz.

Stille ... Um die Pause zu verlängern, bringt er nicht nur seine Kleider in Ordnung, gelassener als sonst, er nimmt den Hut, um den Schnee abzuschütteln, sogar den Mantel, den er zum selben Zweck auszieht. Er sucht in sämtlichen Taschen, ob er nicht doch ein Zigarillo findet. Umsonst. Endlich wieder in Ordnung, bewußtermaßen mit einem neuen Gespräch gewappnet, stapft er auf den Weg zurück; der Schnee ist schon tief, die Hosenstöße platschnaß.

»Da sind Sie ja!« sagt Schinz erleichtert und aufgeräumt: »Als wir Buben waren, wissen Sie, da haben wir in diesem Wald einmal Räuber gespielt; da ist mir doch einmal das Folgende passiert –«

Der Förster hört zu.

»Im Hemd!« schließt der Erzähler: »Im Hemd stand ich da, sage und schreibe, und so mußte ich zurück in die Stadt.« Sie lachen.

»Dieser Förster«, sagt Schinz nach einigen Schritten: »vielleicht waren Sie das!«

»Vielleicht.«

Schweigen.

»Und dann«, sagt die Stimme des Försters: »dann ging diese Geschichte natürlich weiter; wie gesagt, der Mann war in schwerer Not, er hatte keine Wahl, wie Sie selber zugeben, eines Tages hat er das Fahrrad gestohlen, und jetzt ging es natürlich los, eines Tages werde ich als Zeuge gerufen –«

Das ist von Schinz der letzte Versuch gewesen, dieser Geschichte mit dem Fahrrad auszuweichen. Eine kleine, aber
umständliche, eine alltägliche, eine verzwackte, aber wirkliche Geschichte ... Es ist, als sie endlich zu den ersten
Laternen kommen, beinahe Mitternacht. In der Stadt ist
der Schnee nicht geblieben, lauter Nässe, die Flocken sinken aus den städtischen Bogenlampen, eine Limousine
fährt durch spritzende Tümpel, kein Mensch, zum Glück
gibt es noch eine Straßenbahn, eine letzte, so daß Schinz,
was der Förster hoffentlich begreift, sich nicht lange ver-
abschieden kann. Hinein mit dem Hund! Drinnen grüßt
Schinz mit dem triefenden Hut, ohne den Förster im Dunkeln zu sehen –.

»So ein Wetter!« sagt er.

Der Schaffner gibt keine Antwort, nur zwei Karten, eine
für Schinz und eine für den Riesenhund, der auf der Platt-
form steht, dieweil Schinz sich gerne gesetzt hat ... Im
Licht ist alles wie nie gewesen!...

Natürlich hat Schinz keine Schlüssel, wenn er mit dem
Hund einen Morgenbummel macht. Aber Bimba, versteht
sich, hat ohnehin nicht geschlafen; sie ist außer sich.

»Nicht einmal ein Anruf!« sagt sie.

Sein einziger Wunsch: ins Badzimmer, bevor sie fragt,
wo er gewesen sei. Sie wird es nicht glauben. Er gähnt; etwas mehr als unwillkürlich; um nicht sprechen zu müssen.

»Wo bist du denn gewesen?«

Keine Antwort; er zieht die Schuhe aus, im Grunde zufrieden, daß er wieder zu Hause ist, ärgerlich nur, um jetzt
nicht gefragt zu werden. Umsonst! Bimba kennt ihn, weiß,
daß er keine Auskunft geben will; kein Gespräch, sondern
ein heißes Bad. Bimba läßt es einlaufen, ihrerseits ärgerlich, immerhin holt sie ein frisches Frottiertuch, legt es
wortlos hin, ärgerlich über solchen Männerkniff: Ich habe
Ärger, laßt mich in Ruhe! Auch der Hund, der im Office

frißt, trieft vor Nässe. Die Kinder schlafen bereits, ebenso das Dienstmädchen.

»Wieso willst du nichts essen?« sagt Bimba: »Ich mache einen Tee, Eier, kaltes Fleisch ist auch noch da –.«

»Danke.«

Bimba sieht ihn an.

»Gottlieb, was ist mit dir?«

»Nichts«, sagt er: »Müde –.«

Das Bad ist voll.

»Danke«, sagt er –

Einmal gibt sie ihm einen Kuß, um zu wissen, ob er getrunken hat. Keine Spur. Schinz gibt den Kuß zurück, um endlich baden zu dürfen.

»Du hast ja Fieber?«

»Unsinn«, sagt er.

»Bestimmt hast du Fieber!«

»Komm«, sagt er: »Laß mich –.«

»Warum kannst du nicht sagen, wo du den ganzen Tag gewesen bist? Verstehe ich nicht. Nicht einmal ein Anruf! Ich sitze den ganzen Tag, rege mich auf wie eine Irrsinnige – und du kommst um Mitternacht, wo wir seit dem Mittagessen warten, und sagst nicht einmal, wo du gewesen bist.«

»Im Wald!« schreit er.

Türe zu!... Hoffentlich sind die Kinder nicht erwacht, es ist sehr unbeherrscht gewesen, sehr unschinzisch. Dreiviertel Stunden dauert das Bad. Als Schinz herauskommt, rosig und wie neugeboren, sitzt Bimba mit verheulten Augen.

»Was ist denn los?«

»Rühr mich nicht an!« sagt sie.

Bald zwei Uhr; es wäre wunderbar, jetzt schlafen zu können, wenn Bimba nicht weinen würde. Eine Frau von vierundvierzig Jahren, Mutter von vier gesunden Kindern, deren ältestes demnächst heiraten wird, schluchzt mit zitternden Schultern! nur weil der Gatte sich erlaubt hat, einen Sonntag lang sich im Wald zu verirren.

»Bimba«, sagt er – und streicht ihr immer noch schönes Haar: »Morgen ist Montag!«

»Bitte, geh schlafen.«

»Ich bin wirklich im Wald gewesen –«

»Wenn das wieder losgeht!« weint sie.

»Was?«

»Warum lügst du?« sagt sie plötzlich ohne Tränen: »Wenn es ein Frauenzimmer ist, warum sagst du es nicht?«

Pause.

»Es ist kein Frauenzimmer.«

Pause.

»Und wenn!« schreit er plötzlich: »Ich habe gelogen, ja, ich habe gelogen! Ein Leben lang habe ich gelogen – – –«

Bimba versteht kein Wort, eine Viertelstunde geht er hin und her, Heinrich Gottlieb Schinz, der nicht getrunken hat, das weiß sie; hin und her, schreiend, um so lauter schreiend, je mehr sie ihn dämpfen will, Dinge redend, die keinen Sinn haben, die alles auf den Kopf stellen, aber wirklich alles, kein Glaube bleibt an seinem gewohnten Ort, kein Wort, das gestern noch gegolten, ein Leben lang gegolten hat – Vielleicht hat er wirklich Fieber ... Anders kann Bimba es nicht erklären, sein wirres Geschrei, Bimba sagt fast nichts; nur einmal:

»Gottlieb, ich bin nicht taub.«

Bimba hat ihn noch nie so erlebt.

Am andern Morgen, wie gesagt, es ist Montag, Arbeitstag, die Kinder müssen ins Gymnasium, frühstücken im Stehen, die Mappe unter dem Arm, obschon Schinz diese Schlamperei nicht haben will – am andern Morgen, als Schinz und seine Bimba zusammen frühstücken, scheint alles wieder in Ordnung; kein Wort über die nächtliche Szene; Bimba im Morgenrock, der ihr besonders schmeichelt, röstet die Brote wie immer am Montag, wenn das frische Brot noch nicht da ist; Schinz überfliegt die Morgenzeitung, indem er es ganz seinen Händen überläßt, das Ei zu köpfen, kurzum, die Gewöhnung: – alle Worte stehen wieder an ihrem Ort ... Von Fieber kann nicht die Rede sein, Schinz hat sich gemessen.

»Gott sei Dank«, sagt Bimba: »du hättest dich zu Tode erkälten können.«

Sie glaubt jetzt an den Wald.

»Jedenfalls werden wir dich am Nachmittag wieder messen!« meint sie: »Die Anita hat eine wirkliche Erkältung erwischt.«

(Anita heißt die Dogge.)

Der Montag vergeht wie gewöhnlich, die laufenden Geschäfte bringen nichts Besonderes, Schinz fühlt sich durchaus in Ordnung, so daß sie die Karten für den »Rosenkavalier« nicht zurückgeben. Nach dem Theater, alles wie gewohnt, trinken sie ein Glas Wein; Bimba im schwarzen Pelz. Sie ist besonders zärtlich zu ihm, unwillkürlich, etwa wie zu einem Kranken. Schinz merkt es mehr als sie: etwas Behütendes, etwas auch von einer Mutter, welche die Leute nicht will merken lassen, daß ihr Kind ein fallendes Weh hat. Da er sich tadellos fühlt, kränkt es ihn nicht; immerhin bemerkt er es, hofft, sie werde diese etwas rührende Art bald wieder verlieren. Nicht Bimbas eigentliche Art! Doch sagen will er nichts. Mein Liebes, müßte er etwa sagen, ich bin nicht verrückt! Draußen auf der Straße kauft Schinz eine Zeitung, alles wie gewohnt; als er zum Wagen zurückkommt, sitzt Bimba bereits am Steuer. Sie möchte wieder einmal fahren! Schinz schweigt.

»Sonst verlerne ich es«, sagt sie.

Auf der Heimfahrt redet Schinz kein einziges Wort, das ist selten bei ihm, aber auch schon dagewesen. Immerhin sagt Bimba:

»Was ist mit dir, Gottlieb?«

»Was soll denn sein.«

»Bist so still!«

»Nichts«, sagt er: »Müde –.«

»Die Steinhofer war doch herrlich!«

»Sehr.«

»Sie ist reifer geworden«, sagt Bimba: »Oder findest du nicht?«

Keine Antwort.

»Ich fand sie herrlich.«

Wenn das so weitergeht, denkt Schinz, wird es eine Hölle. Wenn was weitergeht? Das weiß er nicht. Aber eine Hölle; das ist sicher ... Er schließt die Garage, während Bimba, obschon es regnet, auf der Treppe wartet.

»Geh doch schon!« ruft er.

Sie wartet. Er, plötzlich am Rande seiner Beherrschung, reißt nochmals die Garage auf, macht Licht, öffnet den Wagen.

»Was ist denn los?« ruft Bimba.

Schinz hat die Zeitung vergessen.

»Geh schon!« ruft er –

Aber Bimba wartet, sie ist sogar einige Stufen heruntergekommen, als habe sie Angst, Schinz könnte den Wagen nehmen und nochmals wegfahren. In den Wald, zu der Geliebten in den Wald! denkt er, läßt sich außerordentlich Zeit, bis er die Garage wieder geschlossen hat. Sie wartet wie eine Krankenwärterin! denkt er ...

Das ist der Montag gewesen.

Ebenso der Dienstag, der Mittwoch, der Donnerstag ... am Donnerstag hat Schinz einen neuen Fall, einen ziemlich gewöhnlichen: Anklage auf Diebstahl. Nicht Diebstahl eines Fahrrades! Auch Schinz hat sogleich daran gedacht, etwas literarisch wie er nun einmal ist; überrascht hätte es ihn nicht, wenn es die Geschichte gewesen wäre, die der Förster so umständlich erzählt hat. Aber so ist das Leben ja nicht, so witzig, so vorlaut. Gestohlen wurde nicht ein Fahrrad, sondern ein Wagen, ein Citroën. Schinz hört sich die Geschichte an, eine umständliche, aber alltägliche, eine verzwackte, aber wirkliche Geschichte. Er ist bereit, die Sache zu führen, wie er es von jeher getan hat, nämlich gewissenhaft; er tut nichts anderes als sonst; er sucht das Recht; er stellt die Sache hin, wie er sie sieht – und der Skandal ist da!

(Sein erster Skandal.)

Heinrich Gottlieb Schinz, Rechtsanwalt, Sohn eines namhaften Rechtsanwaltes, ein bekannter und überall geschätzter Mann in einer mittelgroßen Stadt, Vater von vier gesunden Kindern, die das Gymnasium besuchen oder bereits überstanden haben, Heinrich Gottlieb Schinz steht im Gericht, dem er drei Jahrzehnte lang alle Ehre gemacht hat, und sagt:

»Nein! Der Mann hat nicht gestohlen, nicht mehr gestohlen als der Herr, dem dieser Wagen gehört, der Mann war in schwerer Not, denn eines Tages –«

»Nein! der Mann hat nicht gestohlen –.«

Es ist später ein geflügeltes Wort geworden, das einzige, das Schinz auf dieser Erde hinterlassen hat ... Andere Witze, die man zur Zeit dieses ersten kleinen Skandales hören kann, sind nicht überpersönlich genug, um die Zeit zu überdauern; einer davon geht so:

»Wissen Sie das Neueste?«

»Was denn?«

»Schinz ist nicht mehr Rechtsanwalt.«

»Sondern?«

»Linksanwalt.«

Darüber hat mehr als einer gelacht, sogar Schinz – nur Bimba nicht, die das Ganze durch einen Anruf erfahren hat; etwa in dem Ton: Was ist los mit Ihrem verehrten Herrn Gemahl? Nicht umsonst ist Bimba auf alles gefaßt gewesen. Seit dem nächtlichen Ausbruch an jenem Sonntag. Die Nachricht empfindet sie fast wie eine Entspannung. Wenn es nur das ist! Peinlich genug, da es natürlich in der Zeitung steht. Schinz liest es beim Frühstück, nicht gleichgültig, aber auch nicht erregt.

»Das stimmt nicht«, sagt er nur.

Ein sehr gemeiner Bericht.

»Ich werde ihnen sofort schreiben«, sagt er, indem er seine Hauszeitung hinlegt und sich Kaffee eingießt: »das müssen sie richtigstellen.«

Nach zwei Tagen kommt seine Einsendung zurück, was ihn ordentlich betrifft. Wieder beim Frühstück. Bimba ist noch im Badezimmer, als er die Post bekommt. Er steckt das Kuvert in die Tasche seines Morgenrockes, bevor Bimba kommt.

»Weißt du«, sagt Bimba: »du solltest doch zu einem Arzt gehen –.«

Doch! sagt sie; weil sie im stillen schon seit Wochen daran gedacht hat. Schinz merkt mehr als sie. Und was sie gedacht hat: Nervenarzt. O ja! Um nicht zu sagen: Irrenarzt ... Er löffelt sein Ei; eine halbe Stunde später erbricht er es wieder, tut aber alles, daß Bimba es nicht merkt.

»Wo gehst du hin?«

Keine Antwort.

An diesem Morgen geht Schinz zu seinem Freund, der allerdings nicht vom Fach ist, aber ein wirklicher Freund, eigentlich der einzige, wenn auch die Freundschaft etwas einseitig ist; für Schinz bedeutet sie mehr als für den andern. Er ist Musiker. Ein lieber Mensch, der etwas gerne recht gibt. Schinz weiß: Es heißt nicht viel, wenn Alexis dir recht gibt! Es heißt, daß er eine Sympathie zu dir hat. Aber darum geht es jetzt nicht. Alexis ist Emigrant, das ist wichtig; ein Fremdling. Als Zeuge ohne volles Gewicht; er hat sich halt daran gewöhnt. Alexis ist froh, wenn er geduldet ist; er liebt es nicht, sich einzumischen. Aber ein feiner Mensch, einer von den wenigen. Für Schinz würde es sich nur darum handeln, daß Alexis die beiden Texte liest, den Bericht in der Zeitung und seine eigene Einsendung. Um dann zu sagen, ob er die Einsendung richtig findet oder verfehlt, anmaßend, übertrieben. Nur keine Übertreibung!

»Ich brauche deinen Rat.«

Alexis liegt noch im Bett.

»Ich habe einen kleinen Skandal –.«

»Ich weiß.«

»Nun ist folgendes –«

Telefon, Alexis nimmt es ab. Schinz wartet, erhebt sich etwas unrastig, tritt ans Fenster, um eine Zigarette zu rauchen ... Bimba will wissen, ob ihr Mann vielleicht bei Alexis ist – Eine Minute später, ohne seine Sache vorzubringen, ist Schinz wieder gegangen, unhaltbar wie ein launischer Junge; ein Mann von sechsundfünfzig Jahren, Doktor Schinz, Rechtsanwalt, Vorstand des Kunstvereins.

Alexis ruft Bimba an:

»Was habt ihr denn?« fragt er.

Bimba weint ...

So geht das weiter, alles etwas komisch, etwas kleinlich, etwas übertrieben. Schinz ist auf die Zeitung gegangen; man kennt sich gesellschaftlich, und die Leute müssen ihn empfangen, tun es auch, alles nicht unfreundlich, aber es gelingt ihnen nicht, Schinz zu überzeugen, daß seine Einsendung, um nur davon zu reden, unmöglich ist.

»Nein! der Mann hat nicht gestohlen –.«

Die Herren sehen einander nur an, schweigen, wie die arme Bimba geschwiegen hat, als Schinz damals hin und her gegangen ist, Dinge redend, die alles auf den Kopf stellen, aber wirklich alles, kein Glaube bleibt an seinem gewohnten Ort, kein Wort, das ein Leben lang gegolten hat ...

»Gut«, sagt der Schriftleiter: »bleiben wir bei der Sache! Sie beharren also darauf, daß wir Ihre Einsendung veröffentlichen –«

»Ja.«

»Herr Doktor«, sagt der Herr: »darauf kann ich Ihnen nur eines sagen: ich bin bereit, aber ich warne Sie.«

Schinz, von dem zweifellos menschlichen Ton berührt, hat seine Einsendung nochmals zur Hand genommen, obschon er ihren Text nachgerade kennt. Der Herr hält es für seine menschliche Pflicht, Schinz zu warnen; er wiederholt das noch einige Male. Schinz will natürlich nicht starrsinnig sein. Eine Pose des Mutes? Der Herr hält es gar nicht für Mut, wenn Schinz daran festhält, sondern für Irrsinn; er sagt es gelinder: Fauxpas. Auch Schinz hält es nicht für Mut; die Einsendung sagt wirklich nichts, was ihm nicht selbstverständlich ist. Nicht so: Euch will ich es einmal sagen, ich, Heinrich Gottlieb Schinz! Sondern ganz simpel: Warum soll ich verschweigen, was ich finde? Als einer von Mut redete, hat es ihm fast Angst gemacht; aber er kann nichts Mutiges daran finden.

»Wie Sie wollen«, sagt der Herr –

Seine Einsendung bleibt also da.

»Und ohne jeden Strich?«

»Ja«, sagt Schinz: »es sind ja kaum anderthalb Seiten –.«

Schinz, seine Mappe in der linken Hand, hat sich verabschiedet, wie er es gewohnt ist, höflich, Auge in Auge; sie schauen ihn an wie einen, der an die Front geht ... Am andern Morgen, wie er wieder beim Frühstück sitzt, ist die Einsendung erschienen. Oben auf der zweiten Seite, sehr sichtbar, versehen mit einem kurzen Nachwörtlein, worin die Schriftleitung, wie sie behauptet, es dem Leser überläßt, seine Meinung über einen solchen Rechtsanwalt zu bilden. Das ist das erste, was Schinz überfliegt. Dann liest er den eigenen Text, etwas bange, ob sie wirklich nichts verstümmelt haben. Das nicht; aber es ist, als würden die Lettern, gewohnt das genaue Gegenteil auszusagen, sich weigern, seinen Sinn wiederzugeben. Zum ersten Male, Schinz erbleicht von Zeile zu Zeile, zum allerersten Male merkt er, daß etwas geschehen ist, daß er sich verwandelt hat, daß das Selbstverständliche, was er zu sagen hat, im Widerspruch steht zu aller Umgebung, in einem endgültigen und unversöhnbaren Widerspruch. Darum die Warnung? Jetzt erst, gleichsam erwachend, bemerkt er auch den Titel, den sie darüber gesetzt haben:

»Nein! Der Mann hat nicht gestohlen . . .«

In diesem Augenblick weiß Schinz, daß er erledigt ist; allermindestens als Rechtsanwalt; allermindestens in dieser Stadt.

Der Rest ist wie ein böser Traum. Er ist bald erzählt, glaube ich, die Entscheidung ist gefallen damals im Wald, als er mit dem Förster gegangen ist, vorwärts statt rückwärts. Er kam aus seiner Stadt, er wollte in seine Stadt. Die Dogge, die schöne Anita, ist kurz darauf eingegangen; jeder Hund geht einmal ein; Schinz hat sich sehr gewehrt, diesem natürlichen Hundetod irgend etwas beizumessen, aber betroffen hat es ihn doch; es ist ihm, als habe er seinen letzten Zeugen verloren, seinen letzten Begleiter; eines Tages sieht Schinz sich an der Grenze, allein, anders als früher, wenn er nach Paris gereist ist, nach Rom, nach Florenz, nach London, nach München; ohne Gepäck, ziemlich unrasiert steht er in einem kleinen kahlen Raum, wo er sich ausziehen muß, ausziehen bis aufs Hemd – Schinz zögert, als könne er es nicht glauben, aber der Kommissar wiederholt es:

»Bis aufs Hemd.«

Jede Tasche wird untersucht, nicht grob, aber unbarmherzig. Schinz hat keine Ahnung, was sie suchen. Er ist nicht über einen Bach geschwommen, nicht über nächtliche Äcker gekrochen; er ist mit der Bahn gefahren. Ohne Gepäck. Vielleicht hat das ihn verdächtig gemacht. Sein Paß ist gültig, auch wenn man ihn gegen das grellste Licht hält. Waffen hat er nicht, auch keine Goldbarren, nicht einmal Schriftstücke, nichts, was aus seinen Unterhosen herausfällt. Aber verdächtig ist verdächtig. Schinz versucht, ruhig zu sein, nichts zu sagen. Die andern, die ihn betasten, sagen ebenfalls nichts. Körper eines älteren Mannes, das ist alles, was sie finden. Auch zwischen den Schuhsohlen, die trotz seiner ehrenwörtlichen Versicherung aufgetrennt worden sind, ist nichts. Schinz kann sich wieder ankleiden. Der Kommissar, seinen Paß in der Hand, verläßt die kahle Zelle; der Gendarm bleibt. Durch einen Türspalt sieht Schinz, wie die anderen Reisenden eben ihre geprüften oder ungeprüften Koffer wieder verschließen, Herren und Damen, Pelze, Hutschachteln, die Träger nehmen die bunten Colis.

»Wenn Sie so freundlich wären«, sagt Schinz: »die Türe zu schließen –.«

Der Gendarm gibt einen Fußtritt.

»Nur die Ruhe!« sagt er: »Den Zug bekommen Sie sowieso nicht mehr.«

»Wieso nicht?«

Der Gendarm trägt ein Gewehr.

»Wieso nicht?« fragt Schinz –

Der Gendarm könnte sein Sohn sein.

»Fertig?«

Das fragt nicht der Gendarm, sondern ein dritter, der die Tür wieder geöffnet hat, um sie wieder nicht ganz zu schließen; herein und hinaus – Fertig? nichts weiter als das: Fertig?... Schinz bemüht sich, nicht zu hassen; das ist ihr Dienst, sagt er sich, ein widerlicher Dienst, mitten in der Nacht eine Uniform anziehen und auf die verspäteten Züge warten, Leute sehen, die ans Meer fahren oder ins Gebirge, Leute untersuchen, die daran schuld sind, daß man solchen Dienst überhaupt machen muß. Schinz bemüht sich, seine mißhandelten Schuhe anzuziehen und nicht zu hassen. Ein älterer Mann wie er, im Augenblick nicht gerade gepflegt, Hosen mit Hosenträgern, Hemd ohne Kragen, dazu das grünliche Licht, Schinz begreift, daß er hier nicht die Formen erwarten kann, welche die Herren auf der Zeitung noch gewahrt haben, bevor sie den Titel wählten:

»Nein! Der Mann hat nicht gestohlen ...«

Man wird sehr rasch bekannt.

»Nehmen Sie Platz«, sagt der Kommissar, als Schinz, seinen Mantel auf dem Arm, vor dem Tisch steht und wieder eine Krawatte trägt: »Bitte, nehmen Sie Platz.«

Schinz bleibt stehen.

»Ich möchte Sie darauf aufmerksam machen«, sagt er: »daß mein Zug in vier Minuten weiterfährt.«

»Das geht mich nichts an.«

Pause.

»Meinetwegen bleiben Sie stehen.«

Schinz setzt sich, es hat keinen Sinn, die Leute vor den Kopf zu stoßen; das ist ihr Dienst, ein widerlicher Dienst.

»Schinz, Heinrich Gottlieb –.«

»Ja.«

»Doktor jur.«

»Ja.«

»Rechtsanwalt –.«

»Ja«, sagt Schinz; es fehlt jetzt nur noch, denkt er, daß der Hornochse mir vorliest, wieviel Zentimeter ich habe.

»Geboren –«

»Ja!«

Draußen hört man das Gepaff der Lokomotive, bereit, jeden Augenblick abzufahren; Schinz beißt auf die Lippen, der Hornochse blättert im Paß, als hätte er noch keinen gesehen.

»Wo fahren Sie hin?«

»Hinaus«, sagt Schinz.

»Ich frage, wo Sie hinfahren.«

»Ich sage: Hinaus.«

Pause.

»Ich frage Sie zum letzten Mal.«

Schinz hat Mühe, nicht zu hassen, alle zu hassen in diesem Einzigen, der da hockt, seinen Paß in der Hand, zu hassen, zu hassen ... Nicht die Nerven verlieren! denkt er: Ich muß hinaus, ich muß, ich kann es nicht aushalten, Unrecht zu sehen und zu schweigen, Zeitungen zu lesen, die das Gegenteil sagen, Menschen zu sehen, die mich wie einen armen Kranken behandeln, wie ein Kind mit einem fallenden Weh, zu fühlen, wie sie Angst haben vor meinem nächsten Fauxpas, diese mütterliche Sorge, ich könnte unseren Wagen auf ein Trottoir fahren, diesen freundschaftlichen Rat, ich solle nicht so viel rauchen und mich nicht in eine Sache hineinsteigern, das Schweigen, wenn ich mich erkläre, die unausgesprochene Hoffnung, daß ich endlich zu einem Nervenarzt gehe, ich halte es nicht mehr aus, ich muß hinaus! – und noch ist der Zug nicht abgefahren, die paffende Lokomotive, die zum Platzen voll Dampf ist ...

»Wo fahren Sie hin?«

»Das geht Sie einen Dreck an!«

Schinz ist aufgesprungen.

»Bitte«, sagt der Kommissar –

»Das geht Sie einen Dreck!« schreit Schinz: »Das geht Sie einen Dreck an!«

Schreien ist so unschinzisch, er merkt es jedesmal, bereut es jedesmal, nicht weil der Hornochse ihn jetzt strafen wird, bereut es, weil es ihm nicht liegt ... Gottlieb, hat Bimba damals gesagt, ich bin nicht taub – Und ob sie taub sind! Alle sind sie taub! Sie hören, daß man schreit, aber nicht, was man schreit. Das ist es! Natürlich sind sie taub, sonst würden sie sich selber nicht aushalten, sie würden eingehen wie die Dogge, weil sie es gehört haben und nicht sagen können, wie die Dogge! denkt er, während der Kommissar sich ebenfalls erhebt und trocken lächelt:

»Bitte. Sie können gehen.«

Den Paß hat er in die Schublade geworfen, die Schublade schließt er ab, den Schlüssel steckt er in die hintere Hosentasche, die Fülle seines Arsches zeigend – Schinz hat begriffen, nimmt seinen Mantel, geht hinaus, doch kommt er nicht weit, bis der junge Gendarm ihn einholt.

»Sie sollen zurückkommen.«

»Warum?«

»Sie sollen zurückkommen.«

Schinz geht zurück; der Kommissar steht, ein Pfeife anzündend, so daß er eine Weile nicht sprechen kann; dann sagt er:

»Schließen Sie die Türe wie ein anständiger Mensch, Herr Doktor.«

Schinz schluckt. Der Kommissar raucht, bereits anderweitig beschäftigt. Schinz schließt die Türe wie ein anständiger Mensch ... Drei Uhr morgens, es regnet wieder in Strömen, geht er schwarz über die Grenze, Heinrich Gottlieb Schinz, Rechtsanwalt, ein Mann ohne Papiere.

Bimba weint.

Die Kinder schämen sich im Gymnasium.

Einige Nächte sieht sich Schinz, wie er in Stadeln übernachtet, nie ganz schlafend, wachsam, solange er sich im Grenzgebiet befindet. So ungefähr, denkt er, ist Alexis über unsere Grenze gekommen, der Emigrant, der als Zeuge kein volles Gewicht hat; man ist sehr rasch ein Emigrant. Man ist ansässig, wie man ansässiger nicht sein kann, hat einen Stammbaum und ein Haus; plötzlich ist man ein Emigrant. Das ist schon öfter vorgekommen! Man sieht die Dinge etwas anders, als die andern sie lehren; man kann nichts dafür, daß die Zeitungen das Gegenteil schreiben ... Eines Tages melden sie, daß Schinz geschnappt worden ist, nämlich auf der andern Seite. Er soll, wie der behördliche Ausdruck lautet, abgeschoben werden. Abgeschoben! Für die Familie ein nicht ausdenkbarer Schlag. Nur Bimba hält sich großartig; sie ist alt geworden, hat fast keinen Umgang. Nicht daß die Menschen sie meiden! So sind die Menschen ja auch wieder nicht; nur Bimba hält sie nicht aus, nicht einmal ihr Schweigen. Sie verteidigt nicht alles, was Schinz gesagt und getan hat; etwa sein lächerlicher Zank mit der Zeitung; aber der Fall mit dem Wagen, ja, das findet auch Bimba, daß der Mann, je öfter sie darüber nachdenkt, und zwar allein, nicht gestohlen hat. Komisch, wie anders man sieht, wenn einmal der gewohnte Umgang etwas nachläßt! Und wie er nachläßt, wenn man anders sieht; das ist dann nicht mehr komisch, Bimba ist sehr alt geworden. –

Wieder sitzt da ein Kommissar:

»Schinz, Heinrich Gottlieb –?«

Schinz schweigt.

»Doktor jur.«

Schinz schweigt.

»Rechtsanwalt!« sagt der Kommissar, der diesmal keinen Paß hält, sondern einen Steckbrief, und fährt fort: »Warum leben Sie unter einem falschen Namen?«

Schinz schweigt.

»Sie haben die Grenze schwarz überschritten. Ihr eigenes Land hat Ihnen die Papiere entzogen –«

»Das ist nicht wahr!«

»Sie haben also die Grenze nicht überschritten?« sagt der Kommissar nicht ohne Stolz auf die zwingende Führung des Verhörs: »Sie befinden sich also nicht in diesem Land?«

»Man hat mir keine Papiere entzogen.«

»Wieso haben Sie denn keine?«

Schinz, sich fürs erste mit einem kurzen hämischen Lachen begnügend, nimmt ein Taschentuch heraus, ein sehr ungewaschenes, wie es bei einem Schinz höchstens noch in der Bubenzeit hat vorkommen können, grau und verwurstelt, feucht, widerlich; dann sagt er:

»Das ist eine lange Geschichte –«

Bald erinnert er sich selber nicht mehr!

»Damit geben Sie also zu«, sagt der Kommissar: »daß Sie nicht Bernauer heißen, sondern Schinz – Heinrich Gottlieb, Rechtsanwalt?«

»Ja.«

Schinz schneuzt sich; es brauchte keine spiegelnde Fensterscheibe, damit er weiß, wie er aussieht! Kein Geld für frische Hemden, einige Nächte in den Wartesälen dritter Klasse, Verlust der Bügelfalten, einige Nächte im Freien, kein warmes Wasser. Seife von öffentlichen Aborten, ein Mantel, der sozusagen zu deiner Wohnung geworden ist, und das Kostüm eines Verdächtigen ist da. Verlasse dich nicht auf dein Gesicht, auf die Züge deines Gesichtes! Vergiß den Rosenkavalier, vergiß den Kunstverein, vergiß die Denkmalpflege; Kenntnisse dienen nur noch dazu, dich restlos verdächtig zu machen. Ein Mann wie du, der ein Haus hat und einen Wagen, warum hast du deine Stadt verlassen? Warum hast du es nötig, Bernauer zu heißen?... Das Protokoll, das erste von vielen kommenden, kannst du unterzeichnen, wenn es fertig ist; es sind da noch einige Fragen.

»Herr Doktor«, sagt der Kommissar, das noch bescheidene Dossier öffnend, und sein Ton, wenn er Doktor sagt, ist nicht etwa höhnisch, sondern durchaus achtungsvoll, da der gewöhnliche Landstreicher nun entlarvt ist als ernsthafter Fund: »Sie haben Verbindungen zu einem gewissen Becker?«

Schinz stutzt.

»Becker, Alexis, Emigrant.«

Schinz schweigt.

»Ja oder nein?«

Schinz schweigt.

»Bitte«, lächelt der Kommissar: »vielleicht erinnern Sie sich, wenn ich Ihnen das Bild zeige –.«

Schinz hat das Gefühl, rot zu werden.

»Das Bild ist allerdings alt«, sagt der Kommissar: »Ihr Freund trägt keinen Schnurrbart mehr, soviel wir wissen.«

Schinz schweigt.

»Ich will Sie nicht überrumpeln, Herr Doktor, Sie werden Zeit genug haben, sich alles zu überlegen«, sagt der Kommissar mit dem fast kollegialen Ton von Todfeinden,

die ihre Spielregeln kennen: »Ferner kennen Sie sehr wahrscheinlich einen gewissen Marini ...«

»Marini?«

»Francesco Marini.«

»Nein –«

»Oder Stepanow.«

»Stepanow?«

»Ossip Stepanow.«

»Nein!«

»Oder Espinel.«

»Nein!« sagt Schinz.

»Roderigo Espinel.«

»Nein!« sagt Schinz.

»Seine Namen tun nichts zu Sache«, sagt der Kommissar: »Aber wenn Sie ihn kennen, erinnern Sie sich an sein
Gesicht – ein sehr markantes Gesicht, das hat noch keiner
vergessen, der ihn einmal gesehen hat.«

Und damit gibt er das Foto:

»Ein fertiger Christuskopf!«

Schinz erbleicht ...

»Sie erinnern sich, Herr Doktor?«

Schinz hält das Foto: der Förster, der Lodenmantel – Man
will mich wahnsinnig machen, denkt er, man will mich
wahnsinnig machen! – Er steht in dem Lodenmantel, ein
Förster am Sonntag, der sich vor seine Stämme stellt und
eine Aufnahme machen läßt, etwas verlegen, ein schlechtes Foto, aber deutlich, ein dilettantisches Foto. Schinz legt
es auf den Tisch zurück, unwillkürlich und etwas rasch,
so, als verbrenne es seine Finger oder als wäre es schwer
wie ein Stein ... Der Kommissar hat sich unterdessen eine
Zigarette genommen, zündet an; jetzt sagt er:

»Kennen Sie den Menschen?«

Die Zelle, die Schinz bekommt, ist ganz ordentlich. Sie
hat sogar Sonne, ein etwas hochgelegenes Fenster, so daß
man nichts von der Welt sieht, nur einen Kamin, nämlich

wenn Schinz auf seiner Pritsche steht. Die Pritsche ist hart, aber sauber, nicht unwürdig. Drei Uhr mittags verschwindet die Sonne; kurz danach hört man eine Turmuhr. Schinz findet es schon viel, daß er nicht gegen eine Mauer sieht, womöglich noch eine Schattenmauer, sondern gegen den Himmel. Seine Zelle ist offenbar im obersten Stockwerk; jedenfalls hört man oft das Geflatter der Tauben, hin und wieder schwirrt eine vor dem Gitter vorbei. Manchmal ist Schinz ganz heiter: Man muß halt nicht über die Grenze schleichen! sagt er sich. Die Zelle ist klein; es erinnert ihn an das bekannte Kloster in Fiesole. Überhaupt die Erinnerungen! Seine erste Angst, als er an dieser Stelle sitzt: Jetzt nicht den Glauben an deine Unschuld verlieren! Das Foto mit dem Förster, sagt er sich, ist eine Hysterie gewesen; er hat es ja kaum wirklich betrachtet; er ist erschrocken und hat es weggelegt. Erschrocken über einen Lodenmantel, wie es Tausende gibt! Das Gesicht, sagt Schinz sich mit Recht, hat er damals gar nicht so deutlich gesehen; es war ja schon Dämmerung, dann sogar Nacht. Laß dich nicht irrsinnig machen! Und wenn schon, denkt er ein anderes Mal, wenn er es wirklich gewesen wäre: was habe ich verbrochen? Ich habe ihn gesehen, gut, ich habe mit ihm geplaudert, gut, vor allem hat er geplaudert. Was weiter? sagt Schinz, indem er plötzlich in seinem Hin und Her wieder stehenbleibt: Was geht dieser Marini mich an oder dieser Stepanow oder wie er heißt? Dann legt er sich auf die Pritsche: Man will mich irrsinnig machen, sagt er sich ziemlich gelassen, man will mich irrsinnig machen. Draußen hört man das Gackern von Hühnern. Irgendwie schön. Ein Fenster voll Himmel; das Gitter davor ist nicht so schlimm; Schinz hat ja keine Absicht, hinunterzuspringen in den Tod oder hinauszufliegen über die Kamine. Einmal, denkt er, wird ein Gericht stattfinden. Hin und wieder hört man auch das Hupen von Wagen, aber ziemlich ferne; jenseits von Bäumen, jenseits eines Hofes oder so. Das ganze Gebäude, wer weiß, war vielleicht einmal ein Kloster; Schinz hat auf seinen Reisen so viele alte Klöster besucht, sich manchmal vorzustellen versucht: Wenn du in einer solchen Zelle leben müßtest? und dann ist Bimba gekommen, begeistert von einem Kreuzgang, man ist hinuntergegangen, hat Fresken bewundert, langsam ist man hinausgegangen, Sonne auf einer Piazza, gegenüber ein kleines Ristorante. Die Fresken: Sebastiano mit den Pfeilen im Leib, ein Kindermord zu Bethlehem, ein Christophorus, die drei bekannten Kreuze auf Golgatha, viel bittere Geschichten, aber schön. Wölfflin fällt ihm ein! Und so weiter. Zum Glück sind die Kinder schon groß. Manchmal steht Schinz einfach an der Wand, die Arme an der Wand, den Kopf in den Armen, so daß er nichts sieht; mit offenen Augen. Der Himmel ist zum Verzweifeln. Schlafen geht nicht. Träume machen alles so maßlos. Einmal wird das Essen kommen. Dann wird es sich zeigen! ob es Gendarmen sind oder Wärterinnen, Gefängnis oder Irrenhaus. Das ist seine einzige Angst. Wenn du nirgends auf der Welt ein voller Zeuge mehr bist. Als sie kommen, die Schritte, nimmt er den Kopf nicht von der Wand; die Türe geht auf, Schinz bleibt so, die Türe geht zu. Schinz schaut: ein Geschirr ist da, ein blechernes, aber sauber, Kartoffelsuppe und Brot, ein etwas komisches Gefäß mit frischem Wasser ... Wochen wie Jahre, Jahre wie Wochen, Verhöre, die sich wörtlich wiederholen, Namen, die Schinz nicht kennt, hin und wieder ist er durchdrungen vom Bewußtsein, daß alles nur ein Traum ist, aber das ändert nichts daran; sooft er erwacht, sieht er das Gitter vor dem Himmel, und jeden Morgen, wenn es grau wird, hört er, wie die Hähne krähen –.

Endlich ist es soweit.

Eines Tages sieht sich Schinz, wie er es von Bildern kennt, in Hemd und Hose und mit einem kleinen Strick um die Handgelenke. Er ist nicht allein. Sie stehen in einem Schulhaushof, Kies, die Kastanien blühen mit weißen und roten

Kerzen. Stunden ohne Ahnung. Die Soldaten, die sie bewa-
chen, tragen eine Uniform, die Schinz noch nie gesehen hat;
die Historie, scheint es, hat sich wieder einmal gewendet,
die Mützen sind anders, der Schnitt der Hosen, anders ist
auch die Art, das Gewehr zu tragen. Es ist schon ziemlich
hell, aber vor Sonnenaufgang. Was Schinz, übrigens der
einzige Deutschsprechende in seiner Gruppe, mehr beschäftigt als die unbekannten Uniformen, ist der kleine
Hühnerhof des Hauswartes, wo er zum ersten Male die
beiden bekannten Hähne sieht, die er jeden Morgen gehört
hat! noch haben sie nicht gekräht ... Auf der Treppe der
Turnhalle erscheint ein Mann ohne Uniform, ein ziemlich junger Bursche, der eine Armbinde trägt; eine Liste ver-
lesend:

»Stepanow, Ossip.«

»Hier.«

»Becker, Alexis.«

»Hier.«

»Schinz, Heinrich Gottlieb.«

»Hier.«

Die übrigen blicken auf den Kies. Je ein Soldat führt
die eben Gerufenen aus ihrer Gruppe. Hinüber in die Turnhalle, die immer noch, obschon es tagt, hell erleuchtet ist.
Natürlich wird nicht gekreuzigt, sondern erhängt. Die Vorrichtung ist lächerlich einfach, fast schulbubenhaft; drei
Ringseile sind heruntergelassen, daran je ein ziemlich dün-
ner Strick mit einer Schlaufe. Darunter je ein flüchtig ge-
nagelter Holzblock mit drei Stufen. Schinz denkt: Das kann
aber nicht euer Ernst sein! ohne sich jedoch eine Hoffnung zu machen, daß es deswegen nicht stattfinden werde.
Auch darüber ist Schinz sich klar, daß er nie mehr erfahren
wird, worin sein Verbrechen eigentlich bestanden hat. Irgendwie spielt es wirklich keine Rolle; so weit ist er schon
gekommen. Wieder vergeht eine Weile. Die drei Gerufenen
sind so gestellt, daß sie sich den Rücken zuwenden, ein-

ander nicht sprechen und nicht sehen können. Schinz sieht einen Tisch, gemacht aus zwei Hürden und einem Brett, darauf ein Eisenstab, zwei Handschuhe, wie die Schweißer sie haben, drei kleine Schnappzangen, ein Bunsenbrenner, ein vielfach verglühter Draht, das genügt, damit läßt sich foltern, soviel man nur will. Eine Uniform spricht mit einer Art von Arzt, der mehrmals die Achseln zuckt. Dann, da die beiden offenbar zu keinem Ende kommen, wendet sich die Uniform, drei Fotos in der Hand; jeder wird nochmals mit seinem Foto verglichen. Dann kommt der junge Bursche mit der Armbinde, weist ihnen die Plätze an. Links Becker, Stepanow in der Mitte, rechts Schinz. Die Schlaufe sollen sie sich selber um den Hals legen – es ist wirklich der Förster. Er sagt:

»Warum haben Sie mich verraten?«

Schinz hat keine Stimme.

»Warum haben Sie mich verraten?«

Der Förster hilft ihm, vorwurfslos, so wie er dem armen Becker schon geholfen hat, so, als wäre er schon unzählige Male gehängt worden, er selber. Schinz schaut ihn an und sagt:

»Ich verstehe kein Wort.«

Der Förster lächelt.

»Ich habe Sie nicht angesprochen, Herr Doktor, Sie haben mich angesprochen, Sie haben mich nach dem Weg gefragt –.«

»Nein«, sagt Schinz.

»Tragen wir es.«

Da, sein Christus-Gesicht vor Augen, kann Schinz es nicht ertragen, schreit, als könne er daran erwachen, schreit, wie ein Mensch nur schreien kann, schreit:

»Nein! Nein! Nein!«

Das ist das letzte Mal gewesen, daß Schinz seine eigene Stimme gehört hat – – – Erwacht, schweißüberströmt, die eigene Hand an seinem Hals, der unversehrt ist, merkt er es nicht sogleich, Bimba streicht ihm die Stirne, Bimba ist alt, Bimba lächelt, der Arzt steht am Fußende des Bettes, Bimba bewegt die Lippen, aber sie sagt kein Wort, auch der Arzt bewegt die Lippen, aber niemand sagt ein Wort. Schinz ist taub. Als er es weiß, schließt er die Augen; als müßte, wenn er sie dann abermals aufmacht, alles verändert sein. Nichts ist verändert, sie bewegen die Lippen. Als er es sagen will, daß er sie nicht mehr hören kann, merkt er, daß er auch stumm ist.

Schinz hat nach diesem Ereignis noch sieben Jahre gelebt, ohne seine Vaterstadt zu verlassen. Mit dreiundsechzig Jahren stirbt er eines natürlichen Todes. Und nicht ohne Ansehen. Sein sonderbarer Fauxpas ist zwar nicht vergessen worden, aber verziehen; man hat den taubstummen Herrn auch auf der Straße immer zuvorkommend begrüßt; die Außenwelt, ausgenommen Bimba, hat das Ganze, wie schon gesagt, durchaus als einen klinischen Fall betrachtet, aufsehenerregend auch so, erschütternd auch so, aber für die Außenwelt ohne jede Folge.

Die Geschichte von Isidor

Ich werde ihr die kleine Geschichte von Isidor erzählen. Eine wahre Geschichte! Isidor war Apotheker, ein gewissenhafter Mensch also, der dabei nicht übel verdiente, Vater von etlichen Kindern und Mann im besten Mannesalter, und es braucht nicht betont zu werden, daß Isidor ein getreuer Ehemann war. Trotzdem vertrug er es nicht, immer befragt zu werden, wo er gewesen wäre. Darüber konnte er rasend werden, innerlich rasend, äußerlich ließ er sich nichts anmerken. Es lohnte keinen Streit, denn im Grunde, wie gesagt, war es eine glückliche Ehe. Eines schönen Sommers unternahmen sie, wie es damals gerade Mode war, eine Reise nach Mallorca, und abgesehen von ihrer steten Fragerei, die ihn im stillen ärgerte, ging alles in bester Ordnung. Isidor konnte ausgesprochen zärtlich sein, sobald er Ferien hatte. Das schöne Avignon entzückte sie beide; sie gingen Arm in Arm. Isidor und seine Frau, die man sich als eine sehr liebenswerte Frau vorzustellen hat, waren genau neun Jahre verheiratet, als sie in Marseille ankamen. Das Mittelmeer leuchtete wie auf einem Plakat. Zum stillen Ärger seiner Gattin, die bereits auf dem Mallorca-Dampfer stand, hatte Isidor noch im letzten Moment irgendeine Zeitung kaufen müssen. Ein wenig, mag sein, tat er es aus purem Trotz gegen ihre Fragerei, wohin er denn ginge. Weiß Gott, er hatte es nicht gewußt; er war einfach, da ihr Dampfer noch nicht fuhr, nach Männerart ein wenig geschlendert. Aus purem Trotz, wie gesagt, vertiefte er sich in eine französische Zeitung, und während seine Gattin tatsächlich nach dem malerischen Mallorca reiste, fand sich Isidor, als er endlich von einem dröhnenden Tuten erschreckt aus seiner Zeitung aufblickte, nicht an der Seite seiner Gattin, sondern auf einem ziemlich dreckigen Frach-

ter, der, übervoll beladen mit lauter Männern in gelber Uniform, ebenfalls unter Dampf stand. Und eben wurden die
großen Taue gelöst. Isidor sah nur noch, wie die Mole sich
entfernte. Ob es die hundsföttische Hitze oder der Kinnha-
ken eines französischen Sergeanten gewesen, was ihm kurz
darauf das Bewußtsein nahm, kann ich nicht sagen; hingegen wage ich mit Bestimmtheit zu behaupten, daß Isidor,
der Apotheker, in der Fremdenlegion ein härteres Leben
hatte als zuvor. An Flucht war nicht zu denken. Das gelbe
Fort, wo Isidor zum Mann erzogen wurde, stand einsam
in der Wüste, deren Sonnenuntergänge er schätzen lernte.
Gewiß dachte er zuweilen an seine Gattin, wenn er nicht
einfach zu müde war, und hätte ihr wohl auch geschrieben;
doch Schreiben war nicht gestattet. Frankreich kämpfte
noch immer gegen den Verlust seiner Kolonien, so daß Isidor bald genug in der Welt herumkam, wie er sich nie hätte
träumen lassen. Er vergaß seine Apotheke, versteht sich,
wie andere ihre kriminelle Vergangenheit. Mit der Zeit verlor Isidor sogar das Heimweh nach dem Land, das seine
Heimat zu sein den schriftlichen Anspruch stellte, und es
war – viele Jahre später – eine pure Anständigkeit von Isidor, als er eines schönen Morgens durch das Gartentor
trat, bärtig, hager, wie er nun war, den Tropenhelm unter
dem Arm, damit die Nachbarn seines Eigenheims, die den
Apotheker längstens zu den Toten rechneten, nicht in Aufregung gerieten über seine immerhin ungewohnte Tracht;
selbstverständlich trug er auch einen Gürtel mit Revolver. Es war ein Sonntagmorgen, Geburtstag seiner Gattin,
die er, wie schon erwähnt, liebte, auch wenn er in all den
Jahren nie eine Karte geschrieben hatte. Einen Atemzug
lang, das unveränderte Eigenheim vor Augen, die Hand
noch an dem Gartentor, das ungeschmiert war und girrte
wie je, zögerte er. Fünf Kinder, alle nicht ohne Ähnlichkeit mit ihm, aber alle um sieben Jahre gewachsen, so daß
ihre Erscheinung ihn befremdete, schrien schon von wei-

tem: Der Papi! Es gab kein Zurück. Und Isidor schritt weiter als Mann, der er in harten Kämpfen geworden war, und
in der Hoffnung, daß seine liebe Gattin, sofern sie zu Hause
war, ihn nicht zur Rede stellen würde. Er schlenderte den
Rasen hinauf, als käme er wie gewöhnlich aus seiner Apotheke, nicht aber aus Afrika und Indochina. Die Gattin
saß sprachlos unter einem neuen Sonnenschirm. Auch den
köstlichen Morgenrock, den sie trug, hatte Isidor noch nie
gesehen. Ein Dienstmädchen, ebenfalls eine Neuheit, holte
sogleich eine weitere Tasse für den bärtigen Herrn, den sie
ohne Zweifel, aber auch ohne Mißbilligung als den neuen
Hausfreund betrachtete. Kühl sei es hierzulande, meinte
Isidor, indem er sich die gekrempelten Hemdärmel wieder heruntermachte. Die Kinder waren selig, mit dem Tropenhelm spielen zu dürfen, was natürlich nicht ohne Zank
ging, und als der frische Kaffee kam, war es eine vollendete Idylle, Sonntagmorgen mit Glockenläuten und Geburts-
tagstorte. Was wollte Isidor mehr! Ohne jede Rücksicht
auf das neue Dienstmädchen, das gerade noch das Besteck
hinlegte, griff Isidor nach seiner Gattin. »Isidor!« sagte sie
und war außerstande, den Kaffee einzugießen, so daß der
bärtige Gast es selber machen mußte. »Was denn?« fragte
er zärtlich, indem er auch ihre Tasse füllte. »Isidor!« sagte
sie und war dem Weinen nahe. Er umarmte sie. »Isidor!«
fragte sie, »wo bist du nur so lange gewesen?« Der Mann,
einen Augenblick lang wie betäubt, setzte seine Tasse nieder; er war es einfach nicht mehr gewohnt, verheiratet zu
sein, und stellte sich vor einen Rosenstock, die Hände in
den Hosentaschen. »Warum hast du nie auch nur eine Karte geschrieben?« fragte sie. Darauf nahm er den verdutzten Kindern wortlos den Tropenhelm weg, setzte ihn mit
dem knappen Schwung der Routine auf seinen eigenen
Kopf, was den Kindern einen für die Dauer ihres Lebens un-
auslöschlichen Eindruck hinterlassen haben soll, Papi mit
Tropenhelm und Revolvertasche, alles nicht bloß echt, son-

dern sichtlich vom Gebrauche etwas abgenutzt, und als die
Gattin sagte: »Weißt du, Isidor, das hättest du wirklich nicht
tun dürfen!«, war es für Isidor genug der trauten Heimkehr,
er zog (wieder mit dem knappen Schwung der Routine,
denke ich) den Revolver aus dem Gurt, gab drei Schüsse
mitten in die weiche, bisher noch unberührte und mit Zuk-
kerschaum verzierte Torte, was, wie man sich wohl vorstellen kann, eine erhebliche Schweinerei verursachte. »Also
Isidor!« schrie die Gattin, denn ihr Morgenrock war über
und über von Schlagrahm verspritzt, ja, und wären nicht
die unschuldigen Kinder als Augenzeugen gewesen, hätte
sie jenen ganzen Besuch, der übrigens kaum zehn Minuten
gedauert haben dürfte, für eine Halluzination gehalten.
Von ihren fünf Kindern umringt, einer Niobe ähnlich, sah
sie nur noch, wie Isidor, der Unverantwortliche, mit gelassenen Schritten durch das Gartentor ging, den unmög-
lichen Tropenhelm auf dem Kopf. Nach jenem Schock
konnte die arme Frau nie eine Torte sehen, ohne an Isidor
denken zu müssen, ein Zustand, der sie erbarmungswür-
dig machte, und unter vier Augen, insgesamt etwa unter
sechsunddreißig Augen, riet man ihr zur Scheidung. Noch
aber hoffte die tapfere Frau. Die Schuldfrage war ja wohl
klar. Noch aber hoffte sie auf seine Reue, lebte ganz den
fünf Kindern, die von Isidor stammten, und wies den jungen Rechtsanwalt, der sie nicht ohne persönliche Teilnah-
me besuchte und zur Scheidung drängte, ein weiteres Jahr
lang ab, einer Penelope ähnlich. Und in der Tat, wieder
war's ihr Geburtstag, kam Isidor nach einem Jahr zurück,
setzte sich nach der üblichen Begrüßung, krempelte die
Hemdärmel herunter und gestattete den Kindern abermals, mit seinem Tropenhelm zu spielen, doch dieses Mal
dauerte ihr Vergnügen, einen Papi zu haben, keine drei Minuten. »Isidor!« sagte die Gattin, »wo bist du denn jetzt
wieder gewesen?« Er erhob sich, ohne zu schießen, Gott sei
Dank, auch ohne den unschuldigen Kindern den Tropen-

helm zu entreißen, nein, Isidor erhob sich nur, krempelte seine Hemdärmel wieder herauf und ging durchs Gartentor, um nie wiederzukommen. Die Scheidungsklage unterzeichnete die arme Gattin nicht ohne Tränen, aber es mußte ja wohl sein, zumal sich Isidor innerhalb der gesetzlichen Frist nicht gemeldet hatte, seine Apotheke wurde verkauft, die zweite Ehe in schlichter Zurückhaltung gelebt und nach Ablauf der gesetzlichen Frist auch durch das Standesamt genehmigt, kurzum, alles nahm den Lauf der Ordnung, was ja zumal für die heranwachsenden Kinder so wichtig war. Eine Antwort, wo Papi sich mit dem Rest seines Erdenlebens herumtrieb, kam nie. Nicht einmal eine Ansichtskarte. Mami wollte auch nicht, daß die Kinder danach fragten; sie hatte ja Papi selber nie danach fragen dürfen ...

Das Märchen von Rip van Winkle

Noch einmal (zum letztenmal!) habe ich heute den Versuch unternommen, meinem so beflissenen Verteidiger aus seinem nachgerade ergreifenden Mißverständnis meiner Lage, das ihm so viel Arbeit verursacht, vergebliche Arbeit und so viel Ärger mit mir, der ich anderseits für seine tägliche Zigarre doch so dankbar bin, herauszuhelfen –

»Kennen Sie«, fragte ich und biß gerade wieder das trokkene Knöpfchen von der Zigarre, »das Märchen von Rip van Winkle?«

Statt Antwort gab er Feuer.

»Ein amerikanisches Märchen«, sagte ich mit der Zigarre im Mund und also etwas undeutlich. »Ich habe es als Bub einmal gelesen, vor Jahrzehnten also, in einem Buch von Sven Hedin, glaube ich. Sie kennen es?«

Dazu (was wichtig ist) hielt ich sein silbernes Feuerzeug mit Flämmchen, ohne jedoch die duftende Zigarre, diese immerhin einzige Wollust in meiner Untersuchungshaft, anzuzünden, nein, aller Begierde zum Trotz wiederholte ich meine Frage:

»Sie kennen es nicht?«

»Was?«

»Das Märchen von Rip van Winkle?«

Nur mit diesem Kniff, nämlich mit dem Feuerzeug in der Hand, das ich nach jedem Verlöschen wieder entzündete, dazu mit der Zigarre in der andern Hand, unablässig im Begriff, die schöne Zigarre endlich anzustecken, ja einmal schon mit der ersten Glut an der Zigarre, so daß ich bloß hätte ziehen müssen, im letzten Augenblick doch jedesmal wieder verhindert – durch Rip van Winkle, dessen Märchen offensichtlich sogar akuter war als meine Zigarre – nur so konnte ich meinen geschäftigen Verteidiger überhaupt zum Zuhören, zum aufmerksamen Zuhören nötigen.

Das Märchen lautet etwa folgendermaßen:

Rip van Winkle, ein Nachkomme jener unerschrockenen van Winkles, die unter Hendrik Hudson dereinst das amerikanische Land erschlossen hatten, war ein geborener Faulenzer, dabei, wie es scheint, ein herzensguter Kerl, der nicht um der Fische willen fischte, sondern um zu träumen, denn sein Kopf war voll sogenannter Gedanken, die mit seiner Wirklichkeit wenig zu tun hatten. Seine Wirklichkeit, ein gar braves Weib, die jedermann im Dorf nur bedauern oder bewundern konnte, hatte es denn auch nicht leicht mit ihm. Rip fühlte es wohl, daß er einen Beruf haben müßte, einen männlichen Beruf, und liebte es, sich als Jäger auszugeben, denn dies hatte den Vorteil, daß er sich tagelang umhertreiben konnte, wo ihn niemand sah. Meistens kam er ohne eine einzige Taube zurück, beladen nur mit schlechtem Gewissen. Sein Häuschen war das lottrigste im ganzen Dorf, zu schweigen von seinem Garten. Nirgends gedieh das Unkraut so munter wie in seinem Garten, und immer waren es seine Ziegen, die sich verliefen und in die Schluchten stürzten. Er trug es ohne Gram, denn er war ein innerlicher Mensch, im Gegensatz zu seinen Vorfahren, die immer so tatendurstig aus den alten Bildern blickten. Tagelang hockte er vor seinem lottrigen Häuschen, das Kinn in die Faust gestützt, und sann darüber nach, warum er nicht recht glücklich wurde. Er hatte eine Frau und zwei Kinder, aber glücklich war er nicht. Er hatte mehr von sich erwartet; er war fünfzig Jahre alt und erwartete es noch immer, auch wenn seine brave Frau und seine Kumpane darüber lächelten. Nur Bauz, sein zottiger Hund, verstand ihn und wedelte mit dem Schwanz, wenn Rip nach seiner Flinte griff, um auf die Eichhörnchenjagd zu gehen. Die Flinte, ein schweres Ding mit viel Zierat, hatte er von seinen Vorfahren ererbt. Sie lächelten wohl heimlich, wenn Rip von seiner Jägerei erzählte; stets hatte er mehr erlebt als geschossen. Und da sich seine Geschichten nicht braten ließen, hatte seine Frau, Mutter von zwei Kindern, lange schon genug davon; sie schimpfte ihn einen Faulenzer, und zwar offen heraus, was er nicht vertrug. So kam es, daß Rip fast jeden Abend, um seine Geschichten loszuwerden, in der Wirtschaft des Dorfes hockte, wo immer einige zuhörten, auch wenn man seine Geschichten nicht braten konnte; sein prächtiges Gewehr und der müde Hund zu seinen Füßen waren Zeugen genug, wenn Rip von seiner Jägerei erzählte. Die Leute mochten ihn ganz gern, denn Rip redete ja niemandem zuleide, im Gegenteil, stets hatte er ein wenig Angst vor der Welt, scheint es, und brauchte es sehr, daß die Leute ihn mochten. Ein wenig soff er wohl auch. Und wenn niemand zuhörte, schadete es auch nichts; jedenfalls gingen sie nicht vor Mitternacht nach Hause, Rip und sein Hund, der seinen Schwanz zwischen die Hinterbeine klemmte, sobald er Frau van Winkle kommen hörte, denn jeden Abend gab es ein Gerede, wovon Rip so wenig verstand wie sein Hund, einfach ein Gerede, während er die Stiefel auszog, und es lag natürlich auf der Hand, daß es so nicht weiterginge, aber das lag es eigentlich schon seit Jahren ... Einmal zogen sie wieder auf die Eichhörnchenjagd, Rip und sein treuer Hund, strammen Schrittes, solange das Dorf sie sehen konnte; dann, wie üblich, machte Rip seinen ersten Halt, futterte ein bißchen vom seinem Imbiß, und Bauz paßte auf, ob jemand um den Hügel käme. Dafür, wie üblich, bekam Bauz einen kleinen Knochen, und Rip steckte sich seine Pfeife an, um dem braven Hund, der laut an dem kahlen Knochen fletschte, auch eine geziemende Muße zu gönnen. Endlich trotteten sie weiter in den Morgen hinaus, in das weite Hügelland über dem glitzernden Hudson, eine herrliche Gegend, wie man noch heute feststellen kann, und es fehlte nicht an Eichhörnchen. Gott weiß, warum Rip sich vor allen Leuten immerfort als Jäger ausgab! In Gedanken versunken, die nie ein Mensch erfahren hat, schlenderte er durch den Wald. Auch Hasen gab es hier, ja sogar ein Reh! Rip blieb stehen und betrachtete das verwunderte Tier mit Andacht, die Hände in den Rocktaschen, die Flinte an der Schulter, die Pfeife im Mund. Das Reh, das ihn offenbar durchaus nicht für einen Jäger hielt, schickte sich an, in Gelassenheit zu weiden. Man muß ein Jäger sein! sagte sich Rip, indem er plötzlich an die abendliche Wirtschaft dachte und an sein getreues Weib, und nahm seine Flinte in den Anschlag. Er zielte auf das Reh, das ihn anblickte; er drückte auch ab, nur war kein Pulver drin! Es war seltsam, der Hund bellte, obzwar kein Schuß gefallen war, und im selben Augenblick hörte man Rufe aus der Schlucht: Rip van Winkle, Rip van Winkle! Ein gar merkwürdiger Geselle, keuchend unter einer harten Bürde, kam aus der ebenso unvermuteten wie felsigen Schlucht herauf, gebückt, so daß sein Gesicht nicht zu sehen war, doch schon die Kleidung war verblüffend, ein Tuchwams wie auf altertümlichen Bildern und weite Hosen mit bunten Bändern, ja, auch ein Knebelbart fehlte nicht, wie ihn die Vorfahren einst getragen hatten. Auf den Schultern aber trug er ein stattliches Fäßlein voll Branntwein. Rip ließ sich nicht lange rufen. Du bist ein höflicher Mensch! sagte der Geselle mit dem Knebelbart: Du bist ein hilfsbereiter Mensch!, und mit diesen Worten, die Rip so gerne hörte, rollte er ihm das Fäßlein auf die Schultern, so daß Rip auf weitere Fragen verzichtete. Erst ging es den Berg hinauf, dann hinunter in eine andere Schlucht, eine Gegend, die Rip noch nie gesehen hatte. Auch Bauz, der treue Hund, fühlte sich gar nicht heimisch, schmiegte sich an die Beine seines Herrn, winselte. Denn es rollte wie Donner aus der Schlucht! Endlich war es soweit, das harte Fäßlein von seinen schmerzenden Schultern genommen, so daß Rip sich aufrichten und sich umsehen konnte. Das ist

Rip van Winkle! sagte der Geselle mit dem Knebelbart, und Rip sah sich inmitten einer Gesellschaft von durchweg alten Herren mit niederländischen Hüten, mit steifen und feierlichen Gesichtern, mit altertümlichen Krausen. Niemand sprach ein Wort, nur Rip nickte. Es war, wie sich zeigte, eine Gesellschaft von Kegelspielern. Daher das Rollen und Donnern in der Schlucht! Rip mußte sogleich die Krüge füllen, jeder der alten Herren nahm einen beträchtlichen Schluck, dann kehrten sie schweigend zu ihrem Kegelspiel zurück, und Rip, da er sich nun einmal gerne als höflichen Menschen zeigte, konnte nicht umhin, die Kegel aufzustellen. Nur ab und zu, hastig, konnte er einen Schluck aus dem Krug nehmen. Wacholderschnaps war es, sein Lieblingsschnaps! Aber schon wieder spritzten die Kegel auseinander und jedesmal mit einem gellenden Krach, dessen Echo durch die ganze Schlucht hallte. Rip hatte alle Hände voll zu tun. Und das Krachen und Rollen nahm kein Ende mehr. Kaum standen die schweren und etwas wackligen Kegel wieder in Ordnung, so daß Rip nach dem Wacholderschnaps greifen konnte, trat der nächste Herr in die Bahn, kniff sein linkes Auge, um zu zielen, und schob seine steinerne Kugel, die wie ein Gewitter rollte. Es war schon eine ziemlich seltsame Gesellschaft, wie gesagt, kein Wort wurde gesprochen, und so wagte denn auch Rip nicht zu fragen, wann er wohl wieder entlassen würde aus dieser Fron. Ihre Gesichter mit den niederländischen Hüten und den altertümlichen Krausen, wie die Vorfahren sie trugen, waren so würdig. Nur im Augenblick, wenn Rip neuerdings die Kegel aufstellte, hatte er das leidige Gefühl, daß man hinter seinem Rücken grinste, doch konnte Rip sich ja nicht umdrehen und schauen, denn schon, seine Hand noch an dem letzten Kegel, der wakkelte, hörte er das drohende Rollen der nächsten Kugel und mußte zur Seite springen, damit sie nicht seine Beine zermalmte. Es war nicht zu sehen, wann diese Fron jemals ein Ende nehmen würde. Das Fäßlein mit dem Branntwein schien unerschöpflich, immer wieder mußte Rip den Krug füllen, immer wieder nahmen sie einen Schluck, immer wieder kehrten sie schweigend zu ihrem Kegelspiel zurück – es gab nur eins: Rip mußte erwachen! … Die Sonne versank schon in den braunen Abenddunst, als Rip sich aufrichtete, die Augen rieb. Es war Zeit, nach Hause zu gehen, allerhöchste Zeit. Aber vergeblich pfiff er seinem Hund. Eine Weile, noch traumwirr, schaute Rip nach der Schlucht zurück und nach den Kegelspielern mit ihren niederländischen Hüten, mit ihren altertümlichen Krausen, aber das alles gab es ja gar nicht! Draußen glitzerte der breite Hudson wie einst und je, und wäre bloß der Hund mit seinem getreuen Gewedel gekommen, hätte Rip nicht länger an den Traum gedacht. Er hätte sich auf dem Heimweg überlegt, was er im Dorf erzählen würde. Ein wenig, gewiß, kamen sie ihm wie die wackligen Kegel vor, diese Geschichten, die er immer aufzustellen hatte, damit die andern sie umwerfen konnten. Von Bauz keine Spur! Endlich nahm Rip seine Flinte aus dem Gras, aber siehe da, sie war von Wacholder überwuchert. Und nicht nur das, rostig war sie auch, die jämmerlichste Flinte der Welt! Der hölzerne Schaft war verfault. Rip schüttelte den Kopf, drehte das Ding einige Male in der Hand, dann warf er es weg und erhob sich. Denn schon ging die Sonne unter. Daß die verblichenen Knochen, die neben seinem Beutel lagen, die letzten Reste seines treuen Hundes sein sollten, das Skelett von Bauz, das wollte Rip nicht glauben. Aber was sollte es anderes sein? Es stimmte schon, er träumte nicht, er rieb sich das Kinn und griff einen Bart, der ihm auf die Brust reichte, einen Greisenbart. Jahre waren vergangen. Wie viele? Jedenfalls war es spät. Von Hunger getrieben und wohl auch von Neugierde, wieviel an Leben ihm noch verblieben wäre nach jenem dummen Kegelspiel, kam Rip van Winkle in sein trautes Dorf, dessen Straßen und Häuser er nicht wie-

dererkannte. Lauter Fremde! Nur sein eigenes Häuschen
stand noch verlottert wie je, leer und ohne Fensterscheiben,
Wind wohnte darin. Und wo war Hanne, seine Frau? Langsam packte ihn doch das Grauen. Die alte Wirtschaft, wo
man stets das Nötige erfuhr, war nimmer zu finden. Verloren und einsam, verstört, furchtsam und von fremden Kindern umringt, fragte er nach den alten Kumpanen. Man
wies ihn auf den Friedhof oder zuckte die Achsel. Endlich
fragte er (mit leiser Stimme) auch nach sich selbst: Ob denn
niemand mehr da wäre, der Rip van Winkle kennt? Sie lachten. Rip van Winkle, der Eichhörnchenjäger, war ihnen
wohlbekannt, und er hörte gar schnurrige Geschichten von
dem Mann, der vor zwanzig Jahren, wie jedes Kind weiß, in
eine Schlucht gestürzt oder den Indianern in die Hände gefallen war. Was sollte er tun? Scheu fragte er nach Hanne,
der Frau jenes Eichhörnchenjägers, und da sie ihm sagten,
ja, die wäre schon lange vor Kummer gestorben, weinte er
und wollte gehen. Wer er denn selber wäre? fragte man ihn,
und er besann sich. Gott weiß es! sagte er: Gott weiß es,
gestern noch meinte ich es zu wissen, aber heute, da ich
erwacht bin, wie soll ich es wissen? Die Umstehenden tipp-
ten mit dem Finger gegen ihre Stirnen, und umsonst erzählte er die wunderliche Geschichte mit den Kegeln, die
kurze Geschichte, wie er sein Leben verschlafen hätte. Sie
wußten nicht recht, was er damit sagen wollte. Er konnte
es auch nicht anders sagen, und bald gingen die Leute wieder ihres Wegs, nur ein junges und ziemlich hübsches Weib
blieb stehen. Rip van Winkle ist mein Vater gewesen! sagte
sie: Was weißt du denn von ihm? Eine Weile blickte er in
ihre Augen und spürte wohl auch die Versuchung zu sagen,
daß er ihr Vater wäre, aber war er es denn, den sie alle
erwarteten, den Eichhörnchenjäger mit den Geschichten,
die immer ein wenig wackelten und umfielen, wenn sie
lachten? Endlich sagte er: Dein Vater ist tot! Und so ließ
auch das junge Weib ihn stehen, was ihn schmerzte, doch

es mußte wohl sein. War er denn umsonst erwacht? Er lebte noch einige Jahre im Dorf, ein Fremdling in fremder Welt, und verlangte nicht, daß sie ihm glaubten, wenn er von Hendrik Hudson erzählte, dem Entdecker des Flusses und Landes, und von seiner Schiffsmannschaft, die von Zeit zu Zeit sich in den Schluchten versammle und Kegel spiele, und wenn er meinte, dort müßten sie ihren alten Rip van Winkle suchen. Man lächelte, gewiß, an heißen Sommertagen hörte man zuweilen ein dumpfes Rollen hinter den Hügeln, ein Gepolter wie von Kegeln; doch die Erwachsenen hielten es immer nur für ein gewöhnliches Gewitter, und das war es wohl auch. –

Soweit das Märchen.

»Und?« fragt mein Verteidiger, nachdem ich es erzählt habe und endlich meine Zigarre anzünde, »was hat das wieder mit unserer Sache zu tun? Gegen Ende September steigt die große Verhandlung, und Sie erzählen mir Märchen – Märchen! – und damit soll ich Sie verteidigen?«

»Womit denn sonst?«

»Märchen!« klagt er, »statt daß Sie mir ein einziges Mal eine klare und blanke und brauchbare Wahrheit erzählen!«

Als Cowboy in Texas

Ich schildere ihm also, wie ich eines sommerlichen Morgens in der Prärie, meines Cowboy-Alltags etwas überdrüssig, weiter ritt als gewöhnlich, weiter als nötig. Ich ritt sozusagen in Gedanken (welcher Art diese Gedanken gewesen sind, interessiert meinen Zuhörer nicht) und ohne ein bestimmtes Ziel. Ich fing sogar zu traben an. Nach etwa fünf Stunden, ich hatte in dieser Zeit kaum jemals zurückgeschaut, waren die roten Felsen erreicht, die ich seit Wochen stets am Horizont der Ebene gesehen hatte. Ich sprang von meinem schwarzen Pferd, band es an eine Eichenstaude und kraxelte etwas in die Höhe, verlockt von einem immer weiteren Blick über die endlose Ebene hinaus, die nun hinter mir lag, über einen grünlichen und silbergrauen Ozean von Land. Es war ein heißer, sirrender Mittag, ich verdurstete fast. Ich suchte eine Quelle, jedoch vergeblich, denn die ganze Gegend bestand aus Karst, und plötzlich, wie ich so mit meinen Stiefeln durch das dürre und oft stachlige Gestrüpp stapfte, plötzlich stehe ich vor einem Schlund, vor einer Spalte im Fels, die ungefähr wie das Maul eines Hais aussah, aber sie war riesengroß und schwarz wie die Nacht. Noch keiner meiner Kameraden hatte je von dieser Grotte erzählt. Es war ein Zufall, daß ich ihre Pforte, die erst aus allernächster Nähe zu sehen ist, in dieser hügeligen Wildnis entdeckt hatte. Vielleicht gab es hier Wasser! Zwar war es totenstill, und ich werde nie vergessen, wie ich die ersten paar Schritte, nur um die Neugierde zu stillen, in den schattigen Schlund stieg, vorsichtig, indem ich mich an den letzten Stauden hielt, um mit vorgestrecktem Kopf in die klaffende Tiefe zu spähen, blind vor Finsternis. Niemand befahl mir, in diese Grotte zu steigen; trotzdem war ich sehr beklommen, und meine Entdeckung ließ mich nicht mehr los. Ein Stein unter meinem Stiefel hatte sich gelöst, kollerte in munteren Sprüngen hinunter, hallte und hallte immer ferner und hörte zu hallen nicht auf, bis ich, immerhin ein Cowboy, erbleichte. Ich wußte wirklich nicht, ob ich ihn nicht immer noch hörte, den kollernden Stein, oder bildete ich es mir nur noch ein? Ich konnte vor Bangnis kaum atmen, zwang mich jedoch, nicht die Flucht zu ergreifen. Ich hörte mein Herz hämmern, sonst Totenstille. Dann rief ich mit lauter Stimme: Hallo?, und von sinnlosem Schrecken erfaßt, als wäre es nicht meine eigene Stimme, hastig, als wäre ich in Gefahr, von einem Drachen geschnappt zu werden, klomm ich zwischen den stachligen Sträuchern empor, vom Echo gejagt, und wieder hinauf an die Sonne, wo ich über mich lachte. Oder ich versuchte wenigstens, über mich zu lachen. Denn hier, an der mittäglichen Sonne, hörte man nur wieder das vertraute Summen der Insekten, das Getuschel der hohen Halme im Winde, und man sah über die Ebene von Texas, über jenen Ozean von Land, den ich damals alle Tage sah. Trotzdem blieb es mir etwas unheimlich, als hörte ich noch immer den kollernden Stein. – Es war Nacht, als ich unsere Ranch wieder erreichte. Ich rechtfertigte mich mit einer kecken Lüge. Von meiner Grotte sagte ich kein Wort, nicht einmal zu Jim, meinem besten Freund, der neben mir schlief; er zupfte an meiner Hängematte, um zu erfahren, wo ich nun wirklich den ganzen Tag gewesen wäre, und ich ließ ihn in seinem holden Neid, in seinem Glauben, daß ich irgendwo in jener fast menschenleeren Ebene (monatelang traf man nur Männer, Pferde und Vieh) ein freies Mädchen gefunden hätte. Jim gab mir einen Rippenstoß, Zeichen einer herzhaften Mitfreude und einer ebenso herzhaften Mißgunst zugleich. Aber meine Grotte, wie gesagt, verriet ich nicht.

    Unsere Arbeit auf der Ranch war streng, wir waren nur wenige, einer von ihnen auch noch krank; zwei Wochen hatte ich auf meinen nächsten freien Tag zu warten.

Natürlich ritt ich schon im Morgengrauen (in einem großen Bogen, damit man mir nicht auf die Spur kam) wieder zu meiner Grotte, ausgerüstet mit einer Laterne, um in ihre Finsternis eindringen zu können, und war auf allerlei gefaßt, bloß nicht darauf, daß ich meine Grotte nicht wiederfinden würde. Bereits war es Nachmittag, als ich immer noch hügelauf und hügelab stapfte, vielleicht ganz in der Nähe der Pforte, vielleicht eine Meile daneben, denn allenthalben sah man die gleichen Hügel und Mulden, die gleichen Disteln, Kakteen, Agaven, dazwischen die verfluchten Stauden der Gifteiche. Erschöpft und entmutigt, ohne die Grotte gefunden zu haben, ritt ich zurück, überzeugter denn je, daß diese Grotte einen märchenhaften Schatz verbarg, Gold vielleicht, von Spaniern erbeutet und verloren; waren nicht hier jene Abenteurer vorbeigezogen, Vasquez Coronado und Cabeza de Vaca? Das mindeste, was ich erwarten durfte, waren historische Werte, aber vielleicht auch Edelsteine der Indianer, der ganze Schatz eines ausgestorbenen Stammes. Auch bei klarer Vernunft schien allerlei möglich. Natürlich grinste mein Freund, wie ich mich am Abend in meine Hängematte sinken ließ, über meine große Mattigkeit, auch über mein Schweigen. Wie heißt sie denn? fragte er, und ich sagte: Hazel! und drehte mich auf die andere Seite.

So vergingen Wochen.

Meine Grotte drüben in den Felsen begann nachgerade ein Spuk zu werden, in Wirklichkeit nicht wiederzufinden, obschon ich noch mehrere Male in jene Gegend ritt, jedesmal ausgerüstet mit Laterne und Lasso, eine Tasche voll Karbid, die andere Tasche voll Verpflegung, und im Grunde glaubte ich schon gar nicht mehr an meine Entdeckung, als ich eines Abends, es dämmerte schon und war höchste Zeit, zurückzureiten, eine Wolke von Fledermäusen sah. Es war, als stiegen sie aus dem Boden, Millionen von Fledermäusen. Sie kamen aus meiner Grotte!... Mit Laterne

und Lasso, das man nach Bergsteigerart um die zackigen
Felsen hängen kann, ist es nicht allzu schwierig, in die erste Höhle zu steigen, die gewaltig ist. Sie hat, wie ich in der
letzten Dämmerung gerade noch zu erkennen vermochte,
etwa den Innenraum von Notre-Dame. Außer Fledermäusen an den Felsen, die meine Laterne nur schwächlich beschien, und außer Scherben von Töpfen war nichts zu finden. Vermutlich war diese oberste Kaverne wirklich einmal
ein Unterschlupf der Indianer gewesen. Nach und nach,
wie ich so in diesem unterirdischen Dom spazierte, verlor
ich fast alle Bangnis, gewiß, da und dort gab es Spalten in
den Wänden und meine Laterne leuchtete in kleine Kapel-
len, aber von Drachen mit glühenden Augen und Schwefel-
atem war nichts zu sehen, versteht sich. Ich war schon fast
übermütig, eine so beträchtliche Grotte entdeckt zu haben,
halb auch enttäuscht, mit meinem Geheimnis schon fertig
zu sein, als plötzlich der Schein meiner Laterne – ich werde
den Augenblick nie vergessen! – vom Boden verschluckt
war. Atemlos vor Schreck, so klaffte es vor meinen Füßen,
wagte ich mich nicht zu rühren; ganz einfach: der Schein
meiner Laterne fiel auf keinen Boden mehr. Ich schaute
nach der Pforte empor, nach dem Licht des Tages, doch unterdessen war es Nacht geworden auch über der Erde; ich
sah ein paar Sterne, ein paar scheinlose Funken in unend-
licher Ferne, ringsum die nahe Schwärze des Gesteins, und
indem ich mich wieder an das kollernde Geröll erinnerte,
das in immer tieferen Tiefen verhallt war, wagte ich auch
nicht mehr rückwärts zu gehen; jeder Schritt, schien mir,
bedeutete Sturz in den Tod. Schließlich kniete ich, band
die Laterne an mein Lasso, um ihren schwachen Schein
hinunterzulassen und die drohende Finsternis auszuloten;
sie baumelte im Leeren. Mit der Zeit aber (ich kniete am
Rand des Lochs, wie gesagt, und hörte nur mein Herz klopfen) war eine Grotte zu erkennen, ein ebenfalls beträcht-
licher Raum, der aber nicht an Notre-Dame erinnerte, son-

dern an Träume, eine plötzlich so andere Welt, nicht Fels
mit Fledermäusen dran, sondern ein Märchen mit hundert
und aber hundert Säulen aus glänzendem Tropfstein. Das
erst war meine Entdeckung! Für jemand, der klettern kann,
war es nicht unmöglich, in dieses Märchen hinunterzustei-
gen. Aber wie werde ich wieder hinaufkommen? Ich wußte
aber: wenn ich jetzt zurückkehrte, so würde es mich mein
Leben lang reuen und quälen. Meine Bangnis wechselte
in Übermut. Mit viel Vorsicht, mit äußerster Anstrengung
(doch ohne an die Rückkehr zu denken) und mit allerlei
Schürfungen gelangte ich endlich, nach einem Sprung aus
ratloser Keckheit, in die wunderliche Tiefe, wo nun auch
die Sterne nicht mehr zu sehen waren. Alles hing am Schein
meiner Laterne. Wie erregt ich auch war, ich handelte mit
einer Vernünftigkeit, die mich verblüffte; sofort bezeich-
nete ich den Fels, wo ich wieder emporzuklettern hatte, mit
dem Ruß meiner Laterne und schrieb, als hätte man es so
gelernt, eine große Eins in diesen Ruß. Dann erst sah ich
mich um. Von einem Labyrinth verlockt, wohin ich nur
leuchtete, stapfte ich hinter meiner Laterne her, halb selig,
als wäre ich am Ziel aller Wünsche, und halb entsetzt, als
wäre ich schon verloren, zum Preis für mein Staunen ver-
dammt, nie wieder auf die Erde zu gelangen, nie wieder
die Sonne zu sehen, die Sterne, die ich eben noch erblickt
hatte, oder auch nur den bleichen Mond, nie wieder über
die Heide zu reiten, ihre Kräuter zu riechen, nie wieder
einen Menschen zu erblicken, nie wieder gehört zu werden. Ich rief: Hallo? und dann: How are you? Nicht einmal
ein richtiges Echo gab es hier. Alle zehn Schritte machte
ich eine Marke aus Ruß. Droben auf der Erde, dachte ich,
mußte es bald Morgen werden. Einmal versuchte ich, ob
ich den Fels für meinen Ausstieg (Marke Nummer eins)
wiederfinden konnte, ob meine Wegzeichen genügten. Sie
genügten; aber ich schwitzte, als ich die Marke Nummer
eins wiedergefunden hatte, und dabei war es eigentlich sehr

kühl, versteht sich. Fröstelnd und schon dadurch zu weiteren Unternehmungen gezwungen, aber erleichtert, als hätte ich den Faden der Ariadne, forschte ich nach der anderen Seite, kletterte weiter hinab, besinnungslos bei aller Vorsicht (nie vergaß ich, die Marke mit Ruß zu machen) und beklommen von jedem Hall meiner rutschenden Schritte, der mich hören ließ, wie geräumig sie war, diese Finsternis im Innern der Erde, wie löcherig nach immer weiteren Geheimnissen, die noch kein Mensch betreten hat, ja, und war meine Laterne nicht das erste Licht, das je in dieses Märchen fiel, das erste Licht, das sie zum Vorschein brachte, all diese Säle mit ihren glänzenden Säulen? Hinter mir, kaum von meiner kleinen Laterne verlassen, fiel alles wieder in Finsternis, wie nie gewesen, und es war der Finsternis nicht anzusehen, ob Finsternis des Gesteins oder Finsternis der Leere. In Totenstille tropfte es aus Jahrtausenden. Wohin denn wollte ich? Wahrscheinlich wollte ich einfach in eine Kaverne gelangen, wo es nicht weitergeht, wo das Ungewisse aufhört, wo die Steine, die sich unter meinen Stiefeln lösten, nicht immer noch in weitere Tiefen kollerten. So weit gelangte ich nicht. Ein menschliches Skelett, das da plötzlich im Schein meiner Laterne lag, entfesselte meine Angst derart, daß ich schrie, im ersten Augenblick sogar floh, stolperte, eine Scheibe meiner Laterne zerschlug und im Gesicht blutete. Das Gefühl, in einer Falle zu sein und wie dieser Vorgänger nie wieder herauszukommen, so daß ich nur noch die Wahl hätte, zu verhungern oder mich an meinem Lasso zu erhängen, lähmte mich an Leib und Seele; ich hatte mich setzen müssen, ich leckte das warme Blut, das mir über das Gesicht rann, und mußte meinen ganzen Verstand zusammennehmen, um nicht das Skelett, das da im runden Schein der Lampe lag, schlechterdings für mein eigenes zu halten. Irgendwie hatte ich vergessen, mit der Zeit zu rechnen, mit meinem Vorrat an Licht, und wahrscheinlich war jenes Skelett (so denke ich heute) meine Rettung. Ich dachte nur noch an Rückzug. Ob es ein Indianer oder ein Weißer gewesen ist, der alle diese Grotten schon vor mir erblickt hatte, weiß ich nicht; nach Resten zu suchen, die darauf antworteten, hatte ich plötzlich keine Zeit mehr. – Ich erreichte die Pforte, als der Abend dämmerte. Die Sonne verglomm hinter einer Wolke von schwirrenden Fledermäusen, und droben auf der Erde sah es aus, als wäre nichts gewesen. Mein Pferd wieherte vor Durst. Erschöpft wie ich war, legte ich mich auf die warme Erde, von grauem Sand und Blut verschmiert, und versuchte zu essen. Aus Angst, verhungern zu müssen wie mein Vorgänger da unten, hatte ich bisher keinen Bissen aus meiner Tasche genommen. Ich erlebte natürlich das ranzige Hammelfleisch (Hammelfleisch hing mir damals zum Hals heraus) wie eine Gnade. Und dazu, obschon es noch ein dämmerheller Himmel war, ließ ich meine Laterne brennen, als müßte, wenn meine Laterne erlischt, alles erlöschen, auch der Mond, der sich gerade über die violette Ebene erhob, und die Sterne über der Prärie, ja selbst die Sonne jenseits der Berge, die jetzt über dem Ozean hing und China beschien.

In der Ranch fluchten sie.

Jim zu berichten, was ich gesehen hatte, war schwer, unmöglich mit meinen stümperhaften Kenntnissen in Geologie. Ich erklärte ihm: Es sind Felsen aus Kalk, stark genug für erstaunliche Spannweiten. Jim traute meinen Schätzungen nicht, dabei hat die spätere Erforschung jener Kavernen (die Touristen erreichen sie heute von Carlsbad her, New Mexico, mit dem Bus) ganz andere Maße ergeben: der große Saal ist sechshundert Fuß breit, dreihundertfünfzig Fuß hoch, mehr als einen Kilometer lang, er befindet sich siebenhundert Fuß unter der Erde und ist lange nicht die unterste Kaverne. Irgendwann einmal versiegte der unterirdische Strom, der dieses Gebirge ausgehöhlt hatte; warum er versiegte, weiß ich nicht. Ein gewaltiger Strom muß es gewesen sein, ein Vielfaches von jenem Rio Grande, der artig in den nahen Tälern fließt. Sei es, daß er durch Aushöhlung in immer weitere Tiefen entwich, sei es, daß sich das Klima verschob und ihn nicht mehr zu speisen vermochte, ich weiß es nicht, jedenfalls versiegte er, der unterirdische Strom, und die Kavernen, die er in Hunderttausenden von Jahren ausgespült hatte, blieben leer. Einstürze vergrößerten die Kavernen, Einstürze, die so lange erfolgten, bis eine Schicht sich als tragfähige Decke erwies; das Geröll dieser Einstürze ist nicht mehr zu sehen, ihre Bruchstellen sind von Tropfstein überwuchert. Was weiterhin geschah: das bißchen Regenwasser, das da durch kleine Risse und Spalten von der grünen Oberfläche kam, tropfte in die leeren Höhlen und verdunstete, und damit begann der zweite Teil: die Verzierung der Kavernen, indem ja der Kalk, wenn das Wasser verdunstet, wieder ausscheidet. So entstehen Stalaktiten, die Tropfsteine, die von der Decke hangen, und so auch die Stalagmiten, die Tropfsteine, die aus dem Boden emporwachsen, Gebilde von einer Größe, daß die Geologen mit einer Entstehungszeit von fünfzig bis sechzig Jahrmillionen rechnen. Äonen nennen wir das, Zeitspannen, die der Mensch wohl errechnen, aber mit seinem Zeitsinn nicht erfassen, nicht einmal in der Phantasie erleben kann. Wie es aussieht, was so entstanden ist in jenen Kavernen und weiterhin entsteht – Tropfen um Tropfen, aber es sind Ozeane von Wasser, die vertropft worden sind, und die Dauer eines Menschenlebens genügt gerade, um das steinerne Wachstum in Millimetern zu messen –, das ist nicht leicht zu schildern; Jim jedenfalls glaubte mir nicht, und dabei berichtete ich damals erst von den oberen Kavernen. Je tiefer man kommt, um so wunderbarer und unwahrscheinlicher, um so reicher sind die Gebilde, die von der Decke hangen wie Schleier aus Alabaster, weißlich, gelblich, im Schein unserer Laternen erglänzend, aber nicht nur Schleier, ganze Dome hangen da herunter, Gotik auf den Kopf gestellt, dann wieder Katarakte aus Elfenbein, stumm und erstarrt, als hätte die Zeit plötzlich aufgehört. Dann wieder sieht man Zähne eines Hais, Kronleuchter, Bärte, anderswo ist es ein Saal voll Fahnen, ein Museum zeitloser Historie, alles mit dem Faltenwurf wie bei den klassischen Griechen, dazwischen Schwänze von nordischen Drachen. Alles, was die Menschenseele je an Formen erträumte, hier ist es noch einmal in Versteinerung wiederholt und aufbewahrt, scheint es, für die Ewigkeit. Und je tiefer man hinuntersteigt, um so üppiger wächst es auch aus dem Boden der Kavernen, korallenhaft, man stapft wie durch Wälder mit verschneiten Tännchen, dann wieder ist es eine Pagode, ein Kobold oder eine verstorbene Fontäne aus Versailles, je nach dem Standort unserer Betrachtung, ein seltsames Arkadien der Toten, ein Hades, wie Orpheus ihn betreten hat; es fehlt nicht an versteinerten Damen, die, so scheint es, langsam von ihren fältelnden Schleiern verschluckt werden, von Schleiern aus Bernstein, durch keine menschliche Liebe je wieder zu erlösen, und in einem grünlichen Tümpel blüht es wie Seerosen, aber auch sie sind aus Stein, versteht sich, alles ist Stein. Immer wieder klafft es in Finsternisse, die eine Laterne nicht ausleuchtet; man wirft einen Stein hinab, fröstelt vor Schauer, wenn sein Kollern schon lange verstummt ist, und weiß, das Labyrinth nimmt kein Ende, auch wenn es gelänge, die Schlucht zu überqueren. Dennoch lockt es weiter. Geduckt unter einem Bündel von Speeren betritt man das Zimmer einer Königin, die nie gelebt hat; ihr Thron trieft von marmornen Quasten, darüber ein Gewölk von glimmernden Baldachinen. Alles kann man hier sehen, es fehlt nicht an Monumenten des Phallus, die ins Riesenhafte ragen, reihenweise, dazwischen geht man wie auf Blumenkohl, hält sich an zierlichen Hälsen, die zu einem Vogel oder zu einer Flasche gehören mögen; Pflanzen und Tiere und menschlicher Traum, alles ist hier versammelt wie in einem unterirdischen Arsenal der Metaphern. Die letzte Kaverne, die ich erreicht habe, ist abermals anders: Filigran, ein Sarkophag mit Lilien aus Porzellan, und hier ist kein Fels mehr zu ahnen, geschweige denn zu sehen, nichts als Tropfstein, glatt und gläsern, nichts als Ornament, wuchernd über alles Arabische hinaus, ja, es wächst schon wieder zusammen, das Oben und das Unten, das Hangende und das Steigende umarmen einander, ein Dschungel aus Marmor, der sich selber auffrißt, lautlos und atemlos wie das All und doch nicht ohne Zeit. Auch dieses Werk der Äonen, man sieht es, muß sich erfüllen und erlöschen, Vergängnis auch hier.

Das nächste Mal ging ich mit Jim.

Zu zweit, so daß wir einander sichern konnten, und besser ausgerüstet als zuvor (zwei Laternen, Brennstoff für hundertzwanzig Stunden, Verpflegung fast für eine Woche, Hammelfleisch vor allem, aber auch Äpfel und Schnaps, ferner drei Lassos, eine Kreide für weiße Markierungen und eine Uhr, was wichtig ist), so wagten wir uns weit über das Skelett meines Vorgängers hinaus und erreichten den sogenannten »Dome Room«, wo sich der Unfall ereignete. Das war in der siebenundsechzigsten Stunde unseres gemeinsamen Abenteuers, also am dritten Tag, hätten wir Tage erlebt wie droben auf der Erde, nicht Sekunden und Äonen, und es war unweit jener Stelle, wo den Touristen heutzutage ein Lunch verabreicht wird, bevor sie mit dem Lift wieder ans Sonnenlicht fahren. Jim war gerutscht, landete wenige Meter weiter unten, stöhnte und beschuldigte mich sofort, ich hätte ihn nicht mit dem Lasso gesichert, was Unsinn ist; denn ich ging ja voran, meinerseits nicht minder gefährdet als mein Freund, und die Sicherung war durchaus seine Sache. Unsere Nerven waren halt gespannt, daher die Schimpferei; indessen versöhnten wir uns natürlich sofort. Jim hatte vermutlich den linken Fuß gebrochen. Was nun? Ich tröstete ihn, ich gab ihm Schnaps und überlegte im stillen, was nun wirklich zu tun sei. Tragen konnte ich meinen Freund nur, soweit man ohne Kletterei vorwärtskam, also nicht in die Höhe, nicht auf die Erde hinauf. Ich nahm ebenfalls einen Schnaps und sagte: Nur keine Aufregung, Jim, irgendwie werden wir dich schon hinaufziehen! Wir untersuchten seinen Fuß, behandelten ihn auch mit Schnaps; vielleicht war er nicht gebrochen, nur verstaucht. Seinen Schmerzen und meiner Vernunft zum Trotz, wortlos, beharrte Jim darauf, den Stiefel sofort wieder anzuziehen. Fürchtete er im Ernst, ich würde ihn plötzlich im Stich lassen? Beide hatten wir bisher kaum geschlafen, die Rast und der Schnaps machten es spürbar. Mein Plan war die bare Vernunft: die Laternen löschen, um Brennstoff zu sparen, und einige Stunden lang zu schlafen, dann mit neuer Kraft auf den Rückweg, der schmerzhaft sein würde für Jim, gewiß, erschöpfend für mich. Futter hatten wir noch für drei Tage, schwieriger wurde es mit unserem Licht. Unser zweiter Streit begann damit, daß Jim sich weigerte, seine Laterne zu löschen! Jede Stunde an Brennstoff konnte kostbar werden! Ich sagte: Wenn du jetzt nicht vernünftig bist, sind wir verloren. Jim sagte: Mit Schnaps willst du mich füllen und dann abhauen, wenn ich schlafe, das ist deine ganze Vernunft. Ich lachte, denn dieses Mißtrauen verdiente ich nicht, noch nicht. Nach einigen Stunden, da keiner von uns schlief, sondern beide nur fröstelten, sagte ich: Also los, gehen wir hinauf! Seinen Arm um meinen Hals geschlungen, verbissen und entschlossen, seine Schmerzen durchzuhalten, humpelte er, ohne indessen seine Lasten abzugeben, seine Laterne, seinen Futtersack, sein Lasso. Wir kamen besser voran als erwartet; wo wir nicht nebeneinander gehen konnten, folgte Jim auf allen vieren; in Anbetracht seiner steten Angst, daß ich abhauen könnte, ließ ich ihn später immer vorankriechen. Die Markierung mit der Kreide bewährte sich ziemlich; einige Verirrungen mit verzwackten Rückzügen, die zuweilen mit neuen Verirrungen verbunden waren, so daß man aufatmete, wenn man nach einigen Stunden wenigstens wieder die verlassene Markierung erreicht hatte, blieben uns nicht erspart, ebensowenig die stumme Einsicht, daß Humpeln und Kriechen noch lange nicht Klettern bedeutete. Wir waren aber (nach heutigen Kenntnissen) siebenhundert Fuß unter der Erde! Ich gebe zu, ich hatte Angst vor dem Augenblick, da es sich zeigen würde, daß ich außerstande war, meinen Freund über die teilweise fast senkrechten Felsen emporzuziehen; was dann? Wir hatten noch Licht für etwa fünfzig Stunden, sofern Jim mich nicht belog; er hatte die Uhr. Ich sagte: Zeig her! Jim grinste und zeigte das Zifferblatt nur von ferne: Bitte. Ich fragte mich, ob er nicht die Uhr verstellt hatte. Was konnte es ihm nützen! Mit einer Lüge macht man kein Licht. Er erbarmte mich, versteht sich, mit seinem schmerzenden Fuß; doch darum ging es immer weniger. Es ging um die Zeit. Wußte ich denn, wie viele Stunden ich brauchen würde, um allein wieder auf die Erde zu gelangen? Seit dem Unfall hatten wir nichts mehr verzehrt. »Rock of Ages« nennen sie heutzutage jene Stelle, wo sich der Rest unserer Freundschaft abspielte. Jim weinte plötzlich: Ich werde nie wieder herauskommen. Ich sagte: Unsinn, Unsinn. Nach einem ersten und einem zweiten Versuch, Jim anzuseilen – er hatte eine irre Angst, ich würde nur vorausklettern, um mich oben von dem Seil zu lösen, eine vielleicht begreifliche Angst –, waren wir nicht nur beide erschöpft, sondern auch beide verwundet. Ich hatte eine Schramme an der Stirn. Ich weiß nicht, ob Jim aus Angst, daß ich mich von dem Seil lösen würde, plötzlich gezogen hatte, oder ob er auf den glasigen Tropfsteinen ausgerutscht war, zumal er ja nur auf einem Fuß stehen konnte; der Ruck hatte jedenfalls genügt, mich in die Tiefe zu holen. Er bestritt jegliche Absicht. Schlimmer als die Schramme, deren Blut mir über das linke Auge rann, waren die aufgerissenen Hände. Ich war vollkommen verzweifelt. Jim sagte: Unsinn, Unsinn. Seine Zuversicht machte mich nur mißtrauisch, über alle Erschöpfung hinaus wach wie ein lauerndes Tier, während Jim meine Hände verband, dafür sogar den Ärmel seines eigenen Hemdes opferte. Er war rührend; aber was half es! Einer von beiden, in der Tat, war immer sehr rührend, einmal Jim, einmal ich. Es war wie eine Schaukel. Unterdessen verging die Zeit. Als ich wieder einmal in diese fürchterliche Stille hinein fragte: Wie spät ist es jetzt?, weigerte sich Jim, die Uhr zu zeigen, was ich als Zeichen nahm dafür, daß wir uns im offenen Kampf befanden; Hilfe hin, Hilfe her. Jim sagte: Warum belauerst du mich so? Ich sagte das gleiche zu ihm. Einmal, als ich ihn eine Weile lang nicht belauerte, hatte er begonnen, insgeheim von seinem letzten Hammelfleisch zu fressen. Was man im Magen hat, so dachte er wohl, kann uns der andere nicht entreißen, und in der Tat, nach und nach kam ja die Stunde, wo das Hammelfleisch in unseren Taschen gerade noch für einen reichte, für den Stärkeren. Ein gebrochener Fuß, nun ja, und zwei aufgerissene Hände, was war es schon, Schmerzen; doch zuletzt kann man auch mit Schmerzen klettern, es jedenfalls versuchen, ob man nicht allein, sofern man noch bei Kräften ist, ans Tageslicht gelangt, ans Leben. Aber eben: das mußte geschehen, solange man noch bei Kräften war, Brennstoff hatte, wenigstens für eine Laterne. Jim fragte: Was hast du im Sinn? Ich fragte: Worauf warten wir? Meinerseits, allem Hunger zum Trotz, sparte ich mein Hammelfleisch, eine Taktik, die mich vielleicht instand setzte, seine Erschöpfung durch Hunger abzuwarten und dann der Stärkere zu sein, während jetzt, fürchte ich, Jim mit seinem Hammelfleisch im Magen wohl besser bei Kräften war; eine Taktik, die mich andererseits zwang, unter keinen Umständen einzuschlafen, sonst war ich ausgeplündert und der Verlorene. So, ich weiß nicht, wie viele Stunden lang, hielten wir einander in Schach, plaudernd über unsere Pläne da oben auf der grünen Erde; Jim lockte die Stadt, vor allem New York und die Weiber, die er in unserer Ranch so lange vermißt hatte, und mich lockte (in jenen Stunden) das Leben eines Gärtners, wenn möglich in einer fruchtbaren Gegend. Was hatten wir bloß in dieser gottverlassenen Finsternis zu suchen! Nach wie vor brannten unsere beiden Laternen; Jim hatte recht: Es ist eine Verschwendung, eine idiotische Verschwendung. Warum löschte er nicht die seine? Weil er mir mißtraute, weil er es, obzwar er wieder und wieder von unserer Freundschaft redete, für durchaus möglich hielt, daß ich ihn, meinen einzigen Freund damals, der tödlichen Finsternis überließe. Ich erkundigte mich nach dem Stand seiner Schmerzen, seines Hungers, seines Durstes. Jim! sagte er zu mir – nämlich in jener Zeit nannte ich mich ebenfalls Jim, was ja in Amerika ein Allerweltsname ist – Jim! sagte er: Wir dürfen einander nicht im Stich lassen, verstehst du, wir müssen vernünftig sein. Ich sagte: Dann lösche deine Laterne! Er sagte: Wir haben keine Zeit, Jim, wir müssen aufbrechen, wir müssen es versuchen. Nach fünf Stunden, schätzungsweise, hatten wir die nächste Kaverne erlangt, jedoch in einem Zustand der Erschöpfung, so daß wir uns hinlegen mußten. Meine Futtertasche mit dem letzten Hammelfleisch nahm ich unter mein Gesicht, ihren Riemen um meine rechte Hand, damit ich erwachte, wenn Jim sich an meinem Hammelfleisch vergreifen sollte. Als ich erwachte, hatte er meine Laterne zerschlagen, wie er sagte, um dieser idiotischen Verschwendung ein Ende zu machen. Zugleich bat er mich um die Hälfte meines letzten Hammelfleisches; er jammerte: Du kannst mich doch nicht verhungern lassen! Vor uns, von unserer einzigen Laterne beschienen, glänzte die fast senkrechte Wand, jene heikle Stelle, die ich aber schon einmal allein bezwungen hatte; Jim war von der Kriecherei schon erledigt, und ich sagte ihm offen, was ich dachte: Jim, gib mir die Laterne, ich überlasse dir die letzten paar Bissen meines Hammelfleisches und versuche es, diese Wand allein zu besteigen. Denn es war Unsinn, am Seil zu hangen mit einem anderen Erschöpften, ich mit zerrissenen Händen, er mit einem gebrochenen Fuß, hier, wo es galt, wie ein Affe zu klettern. Ich sagte: Wenn es mir gelingt, Jim, dann bist auch du gerettet, dann kommen wir und holen dich, das ist doch klar. Er sagte: Und wenn du herunterfällst, Jim, mitsamt meiner Laterne? Ich schrie: Und du, Jim, wenn du rutschest, du mit deinem kaputten Fuß, und es reißt mich herunter wie schon einmal, Herrgott im Himmel, was hast du davon, wenn wir beide da unten liegen! Er weigerte sich, die Laterne zu geben. Jim! sagte er, du kannst mich nicht in dieser Finsternis hocken lassen, das kannst du nicht tun! Wie immer, wenn einer den Mut hatte zu offener Selbstsucht, kam der andere mit seiner verdammten Moral. Ich weiß, ich machte es genauso. Jim! sagte ich, du kannst von mir nicht verlangen, daß ich mit dir verhungere, Jim, bloß weil du den Fuß gebrochen hast und nicht klettern kannst, das darfst du nicht verlangen, Jim, wenn du mein Freund bist. Noch einmal, zum letztenmal, wurden wir sentimental, erinnerten einander gegenseitig an unsere gemeinsame Zeit auf der Ranch, an Nettigkeiten aller Art, und in der Tat, an unserer Freundschaft war nicht zu zweifeln, ja, in diesen frauenlosen Cowboy-Monaten waren wir zu Zärtlichkeiten gekommen, wie sie unter Männern zwar nicht selten, jedoch für Jim und mich bisher nicht bekannt gewesen sind. Auch jetzt, dieweil er die Laterne hielt mit festem Griff, und zwar so, daß ich sie nicht erlangen konnte, strich seine andere Hand, seine linke, das Haar aus meiner blutigen Schramme, und wir waren nahe daran, einander zu umarmen und von Herzen zu schluchzen; wäre es nicht um die Laterne gegangen. Ich schätzte ihn auf sechs oder sieben Stunden, unseren letzten Vorrat an Licht; der Aufstieg zur oberen Grotte, wo allenfalls der ferne Tagesschein helfen konnte, dauerte nach meiner Erfahrung ebenfalls sieben oder acht Stunden, Verirrungen nicht gerechnet. Die Entscheidung mußte

fallen, und zwar jetzt, hier vor dieser Wand. Wozu das Gerede! Wir beide wollten leben; wenn möglich mit Anstand;
aber wenn der andere mich mit meinem Anstand töten
will? Ich sagte es noch einmal: Gib mir die Laterne, Jim,
und ich gebe dir das letzte Fleisch. Jim lachte, wie ich ihn
noch nie hatte lachen hören, so, daß sein Lachen mich er-
schreckte. Jim! fragte ich bänglich: Was hast du vor? Ohne
ein Wort zu sagen, denn es war ja begreiflich genug, antwortete er nur durch Handeln. Er humpelte mit seinem
gebrochenen Fuß, so rasch er konnte, zu der Wand, offenbar entschlossen, die Rollen zu vertauschen, die einzige
Laterne zu behalten, selber zu versuchen, ob er die gefähr-
liche Wand bezwingen könnte, und mir dafür das Hammelfleisch zu lassen. Jim! sagte ich und packte ihn gerade
noch vor der Wand, vor diesem Katarakt aus grünem Tropfstein, wo er nach Griffen suchte, bereits auch das weiße
Kreidekreuz gefunden hatte, unsere Markierung für den
Ausstieg. Er sagte: Laß mich! Ich faselte vor Angst: Wenn
du je mein Freund gewesen bist, usw. In dem Augenblick,
da wir im Schein der baumelnden Laterne, die Jim mit aus-
gestrecktem Arm nach der andern Seite hielt, damit ich sie
ja nicht erlangen konnte, wieder das bekannte Skelett unseres Vorgängers erblickten, dieses Skelett eines vornüber ge-
krümmten Menschen, der an dieser Stelle ganz allein (oder
waren auch die schon zu zweit gewesen?) und jedenfalls
wie ein Tier verreckt war, in diesem Augenblick, da nichts
mehr unser stummes und seit Stunden gestautes Grauen
zurückhielt, gab es natürlich nur noch eins, nämlich das
Unwillkürliche – Kampf mit Fäusten; das mörderische Rin-
gen der beiden Freunde war da, fürchterlich, aber kurz,
denn wer zuerst ins Rutschen kam, war erledigt, in Klüften
der Finsternis versenkt, zerschmettert, verstummt.

Eine Mulattin namens Florence

Herr Dr. Bohnenblust, mein amtlicher Verteidiger, hatte natürlich recht: – wenn ich ihm hundertmal erzählte, wie der Brand eines kalifornischen Redwood-Sägewerks sich ausnimmt, wie die amerikanische Negerin sich schminkt oder welches etwa die Farbigkeit von Neuyork ist bei abendlichem Schneegestöber mit Gewitter (das gibt es) oder wie man es im Hafen von Brooklyn anstellen muß, um ohne Papiere an Land zu kommen, es beweist nicht, daß ich dort gewesen bin. Wir leben in einem Zeitalter der Reproduktion. Das allermeiste in unserem persönlichen Weltbild haben wir nie mit eigenen Augen erfahren, genauer: wohl mit eigenen Augen, doch nicht an Ort und Stelle; wir sind Fernseher, Fernhörer, Fernwisser. Man braucht dieses Städtchen nie verlassen zu haben, um die Hitlerstimme noch heute im Ohr zu haben, um den Schah von Persien aus drei Meter Entfernung zu kennen und zu wissen, wie der Monsun über den Himalaja heult oder wie es tausend Meter unter dem Meeresspiegel aussieht. Kann heutzutage jeder wissen. Bin ich deswegen je unter dem Meeresspiegel gewesen; bin ich auch nur beinahe (wie die Schweizer) auf dem Mount Everest gewesen? Und mit dem menschlichen Innenleben ist es genauso. Kann heutzutage jeder wissen. Daß ich meine Mordinstinkte nicht durch C. G. Jung kenne, die Eifersucht nicht durch Marcel Proust, Spanien nicht durch Hemingway, Paris nicht durch Ernst Jünger, die Schweiz nicht durch Mark Twain, Mexiko nicht durch Graham Greene, meine Todesangst nicht durch Bernanos und mein Nie-Ankommen nicht durch Kafka und allerlei Sonstiges nicht durch Thomas Mann, zum Teufel, wie soll ich es meinem Verteidiger beweisen? Es ist ja wahr, man braucht diese Herrschaften nie gelesen zu haben, man hat sie in sich schon durch seine Bekannten, die ihrerseits auch bereits in lauter Plagiaten erleben. Was für ein Zeitalter! Es heißt überhaupt nichts mehr, Schwertfische gesehen zu haben, eine Mulattin geliebt zu haben, all dies kann auch in einer Kulturfilm-Matinée geschehen sein, und Gedanken zu haben, ach Gott, es ist in diesem Zeitalter schon eine Rarität, einen Kopf zu treffen, der auf ein bestimmtes Plagiatprofil gebracht werden kann, es zeugt von Persönlichkeit, wenn einer die Welt etwa mit Heidegger sieht und nur mit Heidegger, wir andern schwimmen in einem Cocktail, der ungefähr alles enthält, in nobelster Art von Eliot gemixt, und überall wissen wir ein und wieder aus, und nicht einmal unsere Erzählungen von der sichtbaren Welt, wie gesagt, heißen etwas; es gibt für uns heutzutage (ausgenommen Rußland) keine terra incognita mehr. Wozu also die Erzählerei! Es heißt nicht, daß einer dabeigewesen ist. Mein Verteidiger hatte recht. Und doch! –

Ich schwöre:

Es gibt eine Mulattin namens Florence, Tochter eines Dockarbeiters, ich habe sie täglich gesehen und einige Male mit ihr geplaudert über einen allerdings sehr trennenden, aus alten Teertonnen verfertigten und von Brombeeren umwucherten Zaun hinweg. Es gibt sie, diese Florence mit dem gazellenhaften Gang. Ich träumte von ihr, gewiß, die wildesten Träume; aber am andern Morgen gab es sie trotzdem in aller Wirklichkeit. Ein Geklapper von Stöckelschuhen auf der hölzernen »porch«, und schon trat ich hinter die löcherigen Vorhänge meiner Schindelhütte, um Florence zu sehen, meistens schon zu spät; dann aber wartete ich, bis sie abermals mit einem Wassereimer herauskam, die Brühe gegen meinen Zaun goß, nickte, denn in diesem Augenblick trat ich in blinder Leidenschaft hervor; sie sagte: Hallo! Und ich sagte: Hallo! Und ich wage ihr weißes Lächeln in dem braunen Gesicht nicht zu beschreiben; auch dieses Lächeln kennt man ja aus Kulturfilmen, aus Zeitschriften oder sogar aus einem Varieté in diesem Städtchen hier, ich weiß, und ihre seltsame Stimme gibt es auf Platten, fast ihre Stimme ... Dann, wenn ich nicht ganz aus Zufall ebenfalls in meinem Garten war, sagte Florence: What about your cat? Einmal nämlich, vor Monaten schon, hatte ich Florence nach meiner verhaßten Katze gefragt, nach jenem grazilen Biest, das ich eines Abends, ihres vorwurfsvollen Fauchens halber, in meinen Eisschrank sperrte; die Geschichte habe ich wohl schon einmal erwähnt. Von diesem Eisschrank-Intermezzo wußte Florence freilich nichts, ahnte aber wohl meine inneren Kämpfe mit dieser schwarzen Katze (sie war grau, »Little Grey« genannt, aber in den Nächten vor meinem geschlossenen Fenster war sie schwarz) und fand, ich sollte ihr mehr Liebe erweisen, dieser Katze. Meine Liebe aber galt Florence; das fühlte sie ganz genau, die Katze. Und Florence wohl auch ... Wenn Florence nicht zu Hause war, ihre sonderbare Stimme nicht zu hören, ging ich im Quartier von Bar zu Bar, um sie zu finden, oft genug ohne Erfolg. Einmal aber fand ich sie wirklich.

Man weiß, wie Neger tanzen. Ihr Partner war gerade ein halbdunkler US-Army-Sergeant. Es bildete sich ein Kreis von Zuschauern um die beiden, so tanzten sie, und die Begeisterten im Kreis begannen mit den Händen zu klatschen in immer rascheren Rhythmen, ja schließlich bis zur Raserei. Der US-Army-Sergeant, ein großer Kerl mit den schmalen Hüften eines Löwen, mit zwei Beinen aus Gummi und mit dem halboffenen Mund der Lust, mit den blicklosen Augen der Ekstase, ein Kerl, der den Brustkorb und die Schultern eines Michelangelo-Sklaven hatte, er konnte nicht mehr; Florence tanzte allein. Ich hätte jetzt einspringen können, wenn ich gekonnt hätte. Florence tanzte noch immer allein; jetzt kam ein anderer, um sie zu drehen, kaum ihre Finger berührend, und sie zu umkreisen, dann sie mit der flachen Hand zu fassen und im Schwung fast aufs

Parkett zu senken, jetzt aber an den Hüften zu packen und emporzuheben, so daß ihr Kopf fast gegen die niedrige Saaldecke stieß; dazu machte Florence eine so königliche Gebärde mit dem Arm, eine Gebärde so seligen Triumphes, daß man sich in seiner körperlichen Ausdruckslosigkeit wie ein Krüppel vorkam, und landete auf dem Parkett wie ein Vogel ohne Schwere, jetzt hörte man nur noch eine dumpfe Trommel aus dem Urwald, ein klangloses Beben, eine Art rasender Stille, während sie weitertanzte. Ein dritter Tänzer wurde verbraucht, ein vierter. Und dann plötzlich, ohne im mindesten erschöpft zu sein, lachte Florence und brach ab; unbefangen wie ein Kind, ein sehr glückliches Kind, das auf dem Karussell hat fahren dürfen und noch voll Seligkeit strahlt, wand sie sich zwischen den Tischlein hinaus, wohl um ihren Puder nachzutupfen, und sah mich, sagte: Hallo! und ich sagte: Hallo!, und sie sagte sogar: Nice to see you!, und es tröstete mich fast über das Bitterschöne meiner Verwirrung; denn ich wußte sehr wohl, daß ich diesem Mädchen nie genügen könnte.

Um so sehnsüchtiger war ich.

Und dann, eines heißen Sonntags, hörte ich wieder das lange vermißte Geklapper ihrer Stöckelschuhe, trat hinter die Vorhänge und sah: – Ihr Vater, der Dockarbeiter, in schwarzem Anzug, so daß er halb wie ein Kellner und halb wie ein Priester aussah, ging mit dem Besen umher, pützelte da und dort den Hintergarten, und die Sträucher waren schon mit bunten Bändern verziert, auch mein Teertonnenzaun mit bunten Bändern verziert, auch Florence in einem übertriebenen Abendkleid, farbig wie ein Papagei, schleppte Sessel aus dem Haus. Ein Gartenfest schien stattzufinden. Die Mutter von Florence, auch so eine Mutter Erde, kam mit einer riesenhaften Torte, stellte sie auf den Tisch mit weißem Tuch, darüber einen schwarzen Regenschirm, damit die Torte nicht an der Sonne verging, dann Blümlein rings um die Torte. Ich hinter meinen Vorhängen teilte ihre Aufregung. Während es dem Dockarbeiter nur darum ging, eine saubere Treppe und kein Fetzchen in seinem Garten zu haben und keinen dürren Zweig und schon gar nicht eine alte Büchse (er warf sie über meinen Zaun) und nicht einmal ein Streichholz, kurzum, während der Vater ausschließlich im Dienste seines Besens stand, hatten Mutter und Tochter alle vier Hände voll zu tun; eine große Schüssel von Bowle kam auf den Tisch und ebenfalls unter den Regenschirm, Gläser jeder Art und Größe, und nach und nach kamen auch schon die Gäste, Familien mit Kindern jeglichen Alters, alles Weibliche in bunten Abendtoiletten, so daß der Hintergarten bald wie eine Voliere aussah, alles Männliche aber in Schwarz, versteht sich, mit weißem Hemd. Einer fuhr mit einem Nash vor, aber kein Modell aus dem vorletzten Jahr; der trug auch eine Hornbrille. Es war sehr heiß. Über die erste Begrüßung hinaus, schien es, hatte die Sippe sich wenig zu sagen. Der US-Army-Sergeant stand auch so herum. Sogar die kleinen Knirpse mit ihrem Kruselhaar und ihren großen Augen im Kopf, die Buben in weißen Hemden, die Mädchen mit bunten Bändern an ihren kurzen Zöpfchen, alle verhielten sich so brav und musterhaft. Die Erwachsenen setzten sich, verschränkten die Beine; einige rauchten Zigarren: Neben einigen Damen, die der Farbe nach schon keine Negerinnen mehr waren, als Negerinnen bloß noch erkennbar an der Plastik ihres Gesichtes, an den Zähnen auch, an den unwahrscheinlich schlanken Fesseln, vor allem jedoch an der tierhaften Grazie ihrer Bewegungen – nie bewegt sich die Hand, ohne daß die Bewegung aus dem Arm fließt, und nie dreht sich der Kopf, ohne daß die Bewegung aus dem Rücken aufsteigt, sich ausstrahlt in die Schultern; ob langsam oder geschwind, immer ist es vollkommene Bewegung, unbewußt und ohne Gezappel, ohne Erstarrungen in einem anderen Teil des Körpers, sie fließt oder schnellt oder ruht, immer stimmt sie mit sich selbst überein – kurz-

um, neben Mädchen wie Florence, die das Kruselhaar schon
überwunden haben, standen in dieser Sippe auch andere,
Afrikaner mit grau-schwarzer Haut und grauvioletten Lippen, mit Händen wie Boxhandschuhe, Väter, die ihren ent-
kruselten Töchtern gar peinlich waren. Der mit dem neuen
Nash gab wohl den Ton an; es war sehr heiß, wie gesagt,
aber keiner hätte seinen schwarzen Rock ausgezogen, und
das Langweilig-Konventionelle, das Umherstehen mit Zigarren und Redensarten, die Artigkeit der zahlreichen Kinder, die mich an Dressurnummern im Zirkus erinnerte, die
Steifheit verwandtschaftlicher Freundlichkeiten, das Ereig-
nislose im übrigen, das Unfreie und eine freudlose Bemüht-
heit und die unterschiedliche Könnerschaft in der fami-
liären Demonstration, daß man sich auf feines Benehmen
versteht, diese vollkommene Karikatur einer weißen Klein-
bürgerlichkeit, die von Afrika keine blasse Ahnung hat, das
war für sie just das Ereignis, glaube ich; jetzt benahmen sie
sich wirklich wie Weiße. Als es bei mir klingelte und der
Dockarbeiter-Vater mich zur Bowle einlud, ging ich hinüber, versteht sich, nicht ohne ebenfalls ein weißes Hemd
und das Dunkelste an Jacke angezogen zu haben. Alle sagten: Nice to see you! und im näheren Gespräch: How do
you like America? Der US-Army-Sergeant mit den schmalen Lenden eines Löwen und mit den Schultern eines Michelangelo-Sklaven, erfuhr ich, war nur auf Urlaub hier,
sonst in Frankfurt, damit die Russen nicht zu nahe an Amerika herankommen; ich fragte zurück: How do you like
Frankfurt?, und aus seiner beflissenen Lobpreisung merkte
ich, daß er uns Europäer allesamt in einen Topf wirft. Dann
aber, endlich, kam meine herrliche Florence hinzu, gab mir
ein Glas Bowle und sagte:
    »This is Joe, my husband –!«
    Ich gratulierte.
    »And what about your cat?«
    Sie hatten sich an jenem Sonntag vermählt, und Joe blieb

noch drei volle Wochen auf Urlaub, will sagen, drei weitere Wochen war Florence nicht im Hause ihres Vaters zu sehen ... Verliebt, wie ich war, konnte ich diese Wochen nicht hingehen lassen, ohne Florence wenigstens im Gottesdienst zu sehen; nämlich ich wußte jetzt, welcher Kirche sie angehörte. Sie nannte sich Second Olivet Baptist Church und stellte sich als eine Baracke dar, die von anderen Lagerschuppen kaum zu unterscheiden war, jedoch mit einer Fassade aus hölzerner Gotik etwa aus den zwanziger Jahren, schätze ich, unseres Jahrhunderts. Auf der Bühne drinnen, links und rechts vom Mikrophon, hingen zwei große Flaggen, die amerikanische und eine weiße, und im übrigen, ausgenommen noch ein schwarzes Klavier, war es kahl wie in einer Turnhalle. Die große Gemeinde murmelte seltsam, und ganz vorne stand ein Neger im hellen Sonntagsanzug, Fragen sprechend, die jedesmal das Wort »Sünde« enthielten, die Leute nickten, einzelne riefen: O yes, my Lord, o yes! Die Fragen, im gelassenen Alltagston begonnen, wiederholten sich mit geringen Veränderungen, tönten dabei, ohne daß die Stimme lauter wurde, von Wiederholung zu Wiederholung immer dringender. Irgendwo rief eine junge Frau: I know, my Lord, I know! Die meisten murmelten, einige blickten teilnahmslos in die Luft, die Frau aber schrie hellauf und begann ganze Sätze zu rufen, zu stöhnen, man glaubte ihr zu Hilfe kommen zu müssen. Der Frager im hellen Sonntagsanzug, unentwegt in der Wiederholung seiner Fragen, war schon keine Person mehr, sondern nur noch menschliches Gefäß einer Stimme, die sich über die Gemeinde ausgoß, seine Fragen wurden Rufe, Gesang, schließlich Geschrei, das mir durch Mark und Bein ging, laut und wehe. Wie aus der Ferne, einem Echo ähnlich, antwortete die murmelnde Gemeinde mit gesenkten Häuptern, andere mit den Händen vor dem Gesicht. Die Frau, die stöhnende, war von ihrer Bank aufgesprungen, eine junge Negerin mit damigem Hütchen, mit weißen

Handschuhen, die sie gegen den Himmel streckte, und mit einer roten Handtasche daran. My Lord! kreischte sie, my Lord, my Lord!, und dann, von niemand gehindert, brach sie in die Knie, entschwand meinem Blick, wimmerte, wie vielleicht in der Folterkammer gewimmert wird, Laute äußerster Qual, die von Lauten der Wollust nicht mehr zu unterscheiden waren; ihre Stimme zerschmolz in Weinen. Das Gebet aber, das allgemeine, vollendete sich, indem die Stimme des Fragers, nachdem sie immer noch dringender und dringender geworden, endlich ins Selig-Stimmlose einfach verlorenging – dann ein Augenblick der Atemlosigkeit, der Erschöpfung; dann die Entspannung, die Häupter vor mir tauchten wieder empor, eine Matrone am Klavier spielte ein paar lockere Rhythmen, Kirchendiener gingen umher und verteilten bunte Fächer, die, wie darauf zu lesen stand, ein Coiffeur (around the corner) gestiftet hatte, und jemand fächelte sich ... Florence sah ich nicht, jedoch Joe in seiner Uniform; Joe stand an der Wand, die Arme verschränkt, unberührt, als blickte er von Frankfurt herab auf dieses Volk. Es war entsetzlich heiß. Ein vergnügter Priester am Mikrophon erinnerte in dieser Pause daran, daß der Lord seinerzeit auch die armen Kinder Israels errettet habe und daß der Lord sehr wohl wisse, wie schwer sich heutzutage ein Dollar verdient, darum zürne der Lord nicht über die Zögernden, denn der Lord habe Geduld ohne Ende, darum gebe man den Zögernden nochmals die Gelegenheit, etwas in die Schale zu werfen. Unterdessen plauderte die Gemeinde munter und ungezwungen wie eine Gesellschaft, die sich wohlfühlt. Als es mit der Sammlerei so weit war, daß der Lord sich für heute damit abfinden konnte, spielte die Matrone am Klavier einen elektrisierenden Auftakt, als käme man in ein Dancing, dämpfte dann die Töne, sobald die Stille im Saal gewonnen war, und begleitete die Predigt mit einem kaum hörbaren, fast klanglosen, nur als Rhythmus vorhandenen Jazz, der unmerklich, aber wirksam aussetzte, wenn der Prediger zu feierlichen Botschaften kam: Der Lord weiß, daß wir arme Leute sind, aber der Lord wird uns führen in das Gelobte Land, der Lord wird uns beschützen vor dem Kommunismus ... Ringsum wedelten die Fächer, die der Coiffeur als Reklame gestiftet hatte, und in den Sonnenstreifen tanzte der Staub. Es roch nach Gasoline, nach Schweiß, nach Parfüm. In der Sonne schmorend, die durch einen zerrissenen Store blendete, saß ich neben einer Dame in schwarzer Seide, neben einem alten Neger mit Aschenhaar, einem Onkel Tom, der mit zitternder Hand ein lebhaftes Enkelkind behütete, das sich mit mir, dem Fremdling, so ohne weiteres nicht abfinden konnte. Vor mir saß ein junger Arbeiter; er hörte auf die Predigt wie ein Soldat auf die letzten Meldungen von der Front. Ferner blickte ich gerade auf einen braunen, ziemlich hellen und sehr schönen Mädchenhals mit einer Unmenge von weißem Puder darauf. (Ach, diese Sehnsucht, weiß zu sein, und diese Sehnsucht, glattes Haar zu haben, und diese lebenslängliche Bemühung anders zu sein, als man erschaffen ist, diese große Schwierigkeit, sich selbst einmal anzunehmen, ich kannte sie und sah nur eine eigene Not einmal von außen, sah die Absurdität unserer Sehnsucht, anders sein zu wollen, als man ist!) ... Nach dem Gebet, als wir uns wieder setzten, öffnete sich die Seitentüre, und aus dem Hof, wo das leidige Gasoline hereinstank, erschien der Chor der Engel, etwa zwanzig Negerinnen in weißen Kleidern. Florence dabei, dazu etwa zwanzig Neger in weißen Hemden und schwarzen Krawatten, alle mit einem schwarzen Buch in der Hand. Jetzt war die Bühne voll. Mit einem Triumph, als wäre man soeben im Gelobten Land eingetroffen, setzte es ein, das Klavier und dann die Stimmen: leise zuerst, summend wie ein heißes Sommerfeld, wie aus der Ferne hörte man einen uralten Strom von Klage, dumpf und eintönig wie Wellen, ein langsames Anschwellen dann, das mit der Zeit alles überflutet, ein Tosen von Stimmen,

halb Zorn und halb Jauchzen, ein gewaltiger Gesang, der
wieder versinkt und verrinnt, ohne wirklich aufzuhören,
ein endloser Strom von Sehnsucht, breit wie der Missis-
sippi; eine Männerstimme tönt noch einmal wie eine helle
Fanfare darüber hinaus, laut und einsam hart, selig in Hoffnung, dann bleibt das seltsame Schwirren, das stimmlose
Summen wie über einem glühenden Sommerfeld, die Hitze
im Saal, der tanzende Staub in der Sonne, die durch den
zerrissenen Store blendet, der Geruch von Gasoline und
Schweiß und Parfüm.

Nach drei Wochen verschwand Joe.

Wieder hörte ich das Geklapper der Stöckelschuhe, Florence war da, wenn auch vermählt, und sie rief sogar zu meinem Fenster hinauf, ich sauste die steile Treppe hinunter,
wunderbarerweise ohne zu stolpern, wennschon ich den
Geländerpfosten ausriß, und hinaus an den Teertonnenzaun, wo Florence schon jenseits der Brombeeren stand.

»What about your cat?« fragte sie.

Sie hatte das Biest sogar auf ihrem Arm.

»D'you know she's hurt?« sagte sie, »awfully hurt!«

Das war die Wunde an der Schnauze.

»And you don't feel any pity for her?« sagte sie, »you are
cruel, you don't love her.«

Und damit bot sie mir das Biest herüber.

»You should love her!«

»Why should I?«

»Of course, you should!«

Das war mein Verhältnis zu der Mulattin namens Florence, und heute noch, wenn ich Stöckelschuhe höre, denke
ich an Florence; leider fällt mir dabei auch immer die Katze
ein.

Zürich-Transit
Skizze eines Films

– Düsenlärm in der Nacht, wenn ein Jet steht und die Trieb-
werke auslaufen läßt, dann Stille: Straßenbelag, und man
sieht einen Wagenschlüssel, den offenbar jemand verloren
hat. | Blinklicht auf dem Kommando-Turm des Flughafens
kreisend in der Nacht, FLUGHAFEN ZÜRICH, wieder
Düsenlärm in der Ferne. | Der Porsche-Schlüssel auf dem
Straßenbelag, er glänzt jedesmal, wenn ihn das Blinklicht
streift. Jetzt ein Männerschuh daneben. Stille. Der Schuh
nähert sich dem Porsche-Schlüssel, schiebt ihn zweimal
hin und her; kurz darauf eine Männerhand, die den Schlüs-
sel nimmt. | Vogelsicht auf den nächtlichen Parkplatz, der
ziemlich leer ist; unter einer Bogenlampe steht ein weißer
Porsche, unweit davon der Mann, der den Schlüssel gefunden hat und sich jetzt umsieht, ob irgend jemand ihn sehen kann. Der Mann, übrigens mantellos, tut eine Weile,
als schlendere er, und dreht sich nochmals um, bevor er,
plötzlich flink, zum weißen Porsche geht, aufschließt und
einsteigt. | Jetzt das Armaturen-Brett eines Porsche: offen-
sichtlich kennt der Mann sich nicht aus, seine Hand mit
dem Schlüssel sucht den Anlasser, aber findet ihn nicht,
man sieht den Mann nur als Umriß. Ein junger Mann. Der
Motor springt an, Leerlauf mit Vollgas. | Vogelsicht wie vor-
her: der weiße Porsche, lichtlos, fährt rückwärts in einem
unsicheren Bogen aus dem Parkfeld und steht einige Sekunden, bevor seine Scheinwerfer aufblenden, dann fährt
er mit grobem Ruck los und verschwindet in der Nacht. |
Seine linke Hand am Steuer, man sieht, daß er den frem-
den Wagen nicht ganz in der Gewalt hat. | Quietschen der
Reifen in geschnittenen Kurven, Überlandstraße, eine Allee
flitzt durch Scheinwerferlicht, es wird gehupt, man hört

Bremsen und dann, wobei die Leinwand dunkel wird, eine Detonation.

– Stille, es erscheint der Titel: ZÜRICH-TRANSIT. Vorspann, während man im Hintergrund die nächtliche Unglücksstelle sieht: Polizei, die absperrt, Helme und Stiefel, | ein Lastwagen-Anhänger gekippt am Straßenrand, Flammen von brennendem Benzin auf der Straße, | Schattengestalten, | man sieht den brennenden Porsche aus Entfernung, | das Licht-Signal des Sanitätswagens, | ein Löschgerät in Betrieb, Flammen, die das Löschgerät nicht tilgen kann, zuletzt zwei Sanitäter: sie stellen eine leere Tragbahre an einen Mast. Ende des Vorspanns.

– Groß aus der Nähe: der brennende Porsche, der völlig zerschmettert ist, mit den Rädern nach oben, und jetzt hört man das Prasseln der Flammen; die Reifen brennen auch. | Dasselbe Bild plötzlich als starres Foto auf Zeitungspapier, Stille, Text darüber: »Wieder Tod auf der Straße«, und daneben das Foto eines Mannes im besten Alter, Pfeife im Mund, lächelnd, ein hiesiges Gesicht und sympathisch und voll alltäglicher Zuversicht, Text darüber: »THEO EHRISMANN, Dipl.-Ing. †« | und dann die lebenden Hände, die diese Zeitung halten, Armbanduhr, Manschetten, | und jetzt der Zeitungsleser von vorne: es ist dasselbe Gesicht, das man eben in der Zeitung gesehen hat, jedoch ohne Pfeife im Mund, ohne Lächeln, nicht entsetzt, nur verdutzt; er überlegt, er schaut auf, er träumt nicht: | Kabine einer Caravelle, | und nochmals sein Foto in der Zeitung: ein durchschnittliches Gesicht, sicher ein tüchtiger Mann, einer, der mit dieser Welt zurechtkommt; man hört jetzt das Geräusch von anlaufenden Düsen. | Lichtschrift: »Fasten your Seatbelt.« | Ehrismann sitzt allein an einem

Fenster, die Zeitung noch in der Hand; eine Stewardeß geht durch die Kabine, lächelnd wie immer, prüft links und rechts, ob alle Passagiere angeschnallt sind, und kommt auch zu Ehrismann.

STEWARDESS Can I help you?

– Schweißperlen auf seiner Stirne.

STEWARDESS Can I do anything for you?

– Ehrismann schnallt sich an, sofort bemüht um eine Haltung, als wäre nichts vorgefallen, und versucht zu lächeln, während die Stewardeß, die den Schweiß auf seiner Stirne sieht und über ihn hinweg an einer Ventilation hantiert, ihm ihrerseits zulächelt, bevor sie weitergeht. | Die Caravelle (»Swissair«) von außen: Windspuren auf dem nassen Beton, ein Signal-Mann gibt die Ausfahrt frei, das langsame und mühsame Abrollen der Caravelle mit großem Düsenlärm, dann Flughafenbauten, LONDON AIRPORT. | Ehrismann an seinem Fensterplatz, nachdem er die Zeitung auf den leeren Nebensitz gelegt hat, steckt sich unwillkürlich eine Pfeife in den Mund.

STEWARDESS No smoking, Sir.

– Sofort läßt er seine Pfeife verschwinden, tut, als blickte er zum Fenster hinaus: | Morgensonne über Gras, Pisten-Signale gleiten unter der Tragfläche vorbei, während man seine Stimme hört:

Um auszusteigen und zuhause anzurufen, war es zu spät –

– Sein Hinterkopf, während er zum Fenster hinausschaut, | Eine Frau in mittleren Jahren, ein Gesicht, das auf eigentümliche Weise sehr schön sein kann, aber jetzt wie versteinert ist.

Die arme Monika!

– Sie sitzt, sie trägt einen Pullover, sie starrt, sie weiß nicht, was machen. | Ein Passagier, der wie alle anderen angeschnallt auf den Start wartet, möchte die Zeitung lesen, die Ehrismann auf den leeren Nebensitz gelegt hat:

PASSAGIER Sie gestatten?

– Ehrismann dreht sich um.

PASSAGIER Sie gestatten?

– Ehrismann nickt.

EHRISMANN Please.

– Und dann dreht er sich wieder zum Fenster, damit man sein Gesicht nicht sieht; der Passagier auf der andern Seite des Korridors entfaltet die Zeitung, das Foto von dem brennenden Porsche interessiert ihn nur einen Blick lang, er blättert weiter.

LAUTSPRECHER Kapitän Hügi und seine Besatzung begrüßen Sie an Bord unsrer Caravelle. Unser Flug nach Zürich dauert eine Stunde und zehn Minuten. Danke.

– Ehrismann schaut auf seine Armbanduhr.

LAUTSPRECHER Captain Hügi and his crew (Düsenlärm). Thank you. (Knacken im Lautsprecher.) We hope you will enjoy your flight.

– Jetzt Düsen auf Vollgas.

– Stille: man sieht eine Halle, das städtische Sarg-Lager beim Friedhof Sihlfeld, die leeren Särge stehen reihenweise zur Auswahl.

Monika tat mir leid: die Nachricht von meinem Tod und all die Schererei, die ich ihr nicht hatte abnehmen können –

Monika erscheint in einem Pelzmantel, begleitet von ihrem Bruder Willy, geht von Sarg zu Sarg. Ein städtischer Beamter geht voran, indem er überall, wo Monika stehen bleibt, taktvoll-sachlich den Preis nennt.

BEAMTER Vierhundertnünzg.

– Sie geht weiter. Man hört die Schritte in der feierlich-öden Halle.

Ich solle nicht fahren wie ein Verrückter. Das war ihr letztes Wort –

– Monika bleibt stehen.

BEAMTER Drühundertsächzg.

– Willy, der Bruder, will sich nicht einmischen, er wäre mit jedem Sarg einverstanden, zeigt aber Geduld. Die Halle ist lang, die Auswahl beträchtlich. Särge mit Verzierung und ohne.

BEAMTER Zweihundertzwänzg.

– Monika bleibt stehen.

Ich hatte gelogen, Geschäftsreise! Ich hatte niemand gesagt, daß ich nach London flog.

– Sie schaut auf den Sarg, geistesabwesend, aber irgendein Sarg muß es ja sein, nur nicht grad der billigste; Monika geht nicht weiter, aber schaut hin zum nächsten Sarg.

BEAMTER Sechshundert.

– Sie nickt, und der taktvoll-sachliche Beamte notiert sich die Nummer, während Willy, der Bruder, jetzt der Witwe seinen Arm gibt.

– Ehrismann in der Kabine der fliegenden Caravelle: man darf sich jetzt losschnallen, und er tut es. Aber was weiter? Als die Stewardeß mit einem Bündel neuer Zeitungen kommt, läßt er sich die »Neue Zürcher Zeitung« geben, schlägt die Seite mit den Todesanzeigen auf, wie er den Handelsteil oder den Sportteil aufschlagen würde, sucht kurz und findet: | Todesanzeige groß: »Zürich, 4. Oktober 1965. Theo Ehrismann. Dipl.-Ing. Gott, dem Allmächtigen, hat es gefallen –« | Sein Gesicht, während er seine Todesanzeige liest; | dann steckt er die Zeitung in die Tasche am Vordersitz.

Um 11 Uhr war meine Bestattung.

– Nebelmeer, Sonne, der wolkenlose Himmel mit der blinkenden Tragfläche darin.

Ich hatte nicht gewußt, daß Monika religiös ist; sie hatte es nie verraten.

– Das immer lächelnde Gesicht der Stewardeß, die sich

zu ihm niederbeugt; sie reicht jetzt das Tablett mit den üblichen Erfrischungen, klappt das Tischbrett vor Ehrismann
aus, der sich fügt; er löst das Besteck aus der Plastik-Hülle.

*Ich hoffte bloß, daß unsere Maschine keine Verspätung
hatte.*

– Monika vor einem Spiegel, jetzt von hinten gesehen:
sie trägt einen hellen Morgenrock, während sie sich probe-
halber einen schwarzen Schleier aufsetzt.

Monika in einem Witwenschleier!

– Sie nimmt den Schleier wieder ab. | Ehrismann: jetzt
speisend. | Ein schwarzer Zylinder, der von einer Hausfrau
gebürstet wird: die Bürste, die einen schwarzen Homburg
bürstet, und es ist immer wieder jemand anders, der bürstet: ein Dienstmädchen, das schwarze Schuhe bürstet: ein
junger Herr, der seine schwarzen Hosen bürstet und so
weiter, Bürste auf schwarzen Hüten, Bürste auf schwarzen
Hosen, Bürste auf schwarzen Schuhen, alle Welt bürstet. |
Die Tragfläche über Nebelmeer. | Ehrismann vor dem klei-
nen Klapptisch, der jetzt abgeräumt ist: er läßt sich einen
Cognac geben. | Die Trauerfamilie in der Wohnung, alle
schwarz. Stille. Die Einrichtung: modern-konventionell,
vorwiegend skandinavische Möbel, Sitzplatztisch aus Glas,
die japanische Papierlampe; ein großes Foto von einer Re-
gatta. Man wartet bei einem Tee, bis es Zeit wird, um zum
Krematorium zu fahren. Willy, der Schwager, steht und
raucht eine Zigarette. Emmy, seine Frau, sitzt wie im Warte-
zimmer eines Zahnarztes. Ein Kind knabbert Konfekt, das
Emmy, offenbar seine Mutter, ihm unauffällig zuschiebt.
Gottlieb, der andere Schwager, gibt der Schwiegermutter,
die geschluchzt hat, sein Taschentuch. Tante Else, die eine
Hornbrille trägt, gießt Tee ein. Eine schöne Angora-Katze
bewegt sich als einzige vollkommen natürlich. Monika
sitzt aufrecht und gefaßt. Plötzlich blicken alle zur Diele.

WILLY Sie wünsched?

– Ein alter Herr, der keine Trauerkleidung trägt, steht

verlegen, ein skurriler Kopf; er begreift, daß er stört, und scheint vergessen zu haben, warum er gekommen ist, und streichelt die Katze.

GOTTLIEB Wer sind Sie?

DER ALTE Hofstetter.

– Gottlieb hat den Namen nie gehört.

DER ALTE Hofstetter.

– Er wird immer verlegener.

DER ALTE Ich bin syn Nachbar gsy.

– Man tut, als erinnere man sich, und da fällt ihm auch wieder ein, warum er gekommen ist: er tritt zur Witwe und gibt die Hand.

DER ALTE Ich kondoliere.

– Und da er weiter nichts zu sagen weiß, gibt er der Reihe nach auch allen andern die Hand, auch dem Kind.

DER ALTE Ich kondoliere – ich kondoliere – ich kondo- liere –

– Der Alte, nachdem es keine Hand mehr zu schütteln gibt, steht im Wohnzimmer, als gäbe es keinen Ausgang. Niemand hilft ihm. Alle in ihrer Trauerwürde befangen. Schließlich nickt der Alte, geht einfach weg, und die Trau- erfamilie wartet reglos weiter.

– Flughafen Zürich-Kloten: das Rudel der Passagiere aus London, geführt von einer Stewardeß, geht über Beton, Ehrismann voran, in einem sehr hellen Regenmantel, hut- los, eine Ledermappe in der Hand. In Zürich regnet es, Ehrismann hat Eile, aber die Stewardeß hält ihn zurück, Ordnung muß sein. Er hält Ausschau, obschon er weiß, daß er nicht erwartet wird. Andere werden erwartet und win- ken. | Ein Schild: TRANSIT – ZÜRICH, und die Stewar- deß, die sich hier aufgestellt hat, fragt auch Ehrismann:

STEWARDESS Transit?

– Ehrismann stutzt; beinahe wäre er, nur um schneller voranzukommen, nach der falschen Seite gegangen.

STEWARDESS Zürich?

– Ehrismann nickt und geht richtig. | Zifferblatt einer elektrischen Uhr: 10.16 Uhr, der Zeiger zuckt weiter: 10.17. | Gewimmel in der Flughafenhalle, gesehen aus einer Telefonkabine heraus, also durch Glas: als stummes Gewimmel, und Spiegelungen machen es schemenhaft. Ehrismann in seinem hellen Regenmantel hat hastig eine Nummer gewählt, man hört jetzt das Anrufklingeln, Ehrismann wartet, er atmet mühsam, und als auf der andern Seite abgenommen wird, hält er den Atem an.

Wie sagt man, daß man lebt?

– Er hat fast keine Stimme mehr:

EHRISMANN Hallo –?

– In der Wohnung hat die Trauerfamilie sich erhoben, alle in Mänteln und Hüten, eine schwarze Schar. Willy mit Zylinder auf dem Kopf, Hörer am Ohr, steht in der Diele und hat sich zur Seite gedreht, um den andern die Störung zu ersparen.

WILLY Wer isch am Apparat?

Wie bitte?

Wer isch am Apparat?

– Er legt den Hörer auf. | Ehrismann in seinem hellen Regenmantel wartet eine Weile, Hörer am Ohr, er will es nicht glauben und wirft eine neue Münze ein, Hörer in der Hand, wählt nochmals die Nummer. | Die Trauerfamilie im Aufbruch, und als wieder das Telefon klingelt, sind nur noch die beiden Schwäger in der Diele.

Meine Schwäger haben mich nie leiden können, ich weiß; auch ich habe sie nie leiden können.

– Sie schließen die Wohnungstüre und lassen das Telefon klingeln. | Ehrismann wie zuvor, Hörer am Ohr, schließlich legt er den Hörer auf, überlegt, blickt auf die Armbanduhr, nimmt seine Mappe und verläßt die Kabine. | Die drei schwarzen Wagen der Trauerfamilie im Alltagsverkehr. | Ehrismann in einem Taxi, er sitzt aufrecht und hat keine Muße, um sich zurückzulehnen, die Ledermappe auf dem Knie; Volksmusik aus Radio.

EHRISMANN Krematorium.
  – Der Fahrer stellt das Radio ab.
EHRISMANN Krematorium.
  – Der Fahrer, nachdem er verstanden hat, stellt das Radio wieder auf volle Lautstärke; Ehrismann in seinem hellen Regenmantel, die Mappe auf dem Knie, stopft sich eine Pfeife, um etwas gegen die Stopplichter zu unternehmen.

– Friedhofstille. Ein Gartenrechen auf Kies mit Herbstlaub. Es regnet immer noch. Jugendstil-Pforte. Am Ende einer Allee sieht man die Kuppel des Krematoriums. Ein grauer Tag ohne fernen Horizont. Außer dem Gärtner, der Laub recht, kein Mensch. | Dann Ehrismann in seinem hellen Regenmantel: er kommt durch die Jugendstil-Pforte und geht mitten auf der Zufahrtstraße, die Ledermappe in der Hand, wie zu einer beruflichen Zusammenkunft. | Rückblick durch die Allee: kein Mensch.
  Ich war der erste. Oder die Veranstaltung hatte schon begonnen –
  – Sein Gesicht mit der Pfeife im Mund, | er geht weiter in der Allee, jetzt schneller. Ein Parkschild: »P nur für Trauerfamilien«, und obschon keine Wagen dastehen, tritt Ehrismann jetzt zur Seite, um hinter einer mannshohen Hecke weiterzugehen. Jetzt beinahe Laufschritt, bis er eine Frau an einem Grab sieht, die Blumen in eine Blechbüchse büschelt; Ehrismann wechselt sofort seine Gangart, um sich der Weihe des Ortes anzupassen. | Blick in den Innenhof: Regen im Seerosenbecken, Zypressen hinter öden Arkaden; auch hier kein Mensch. | Ehrismann in seinem hellen Regenmantel geht die Freitreppe hinauf. Ohne Zögern, unfeierlich, zielstrebig. Im offenen Portal nimmt er immerhin die Pfeife aus dem Mund. Gang zwischen leeren Bänken, seine Schritte hallen im Raum, dann Stille. Ehrismann steht, die Ledermappe unter dem linken Arm und die Pfeife in der rechten Hand, vor einem Sarg unter Kränzen mit Schleifen:

Theo Ehrismann. Unvergessen. Familie Korrodi-Weber. Ruhe in Frieden. | *Unserem Theo Ehrismann zum Gedenken. Elektro-Werke Studer.* | *Auf Wiedersehen. Willy und Else Escher-Tobler und Kinder.* | *Seinem Gründer und Förderer Theo Ehrismann: Yachtclub Turicum.* | *Dein ist die Ruhe ...*

– Sein Gesicht: weder gerührt noch spöttisch, es fällt ihm nichts dazu ein. Er wendet sich zum Gehen, er hat hier nichts verloren. Auf der Freitreppe steckt er sich die Pfeife wieder in den Mund, sie ist ausgegangen, er muß sie wieder anzünden. | Blick durch die Allee hinunter: in der Ferne kommen jetzt die ersten Leute, Schirme, gruppenweise und einzeln, alle gehen widernatürlich langsam.

Ich war der einzige in einem hellen Regenmantel.

– Es dauert, bis sie näher kommen.

Natürlich wollte ich mich zeigen, das war meine Pflicht, ich wollte mich zeigen und sagen, daß ich lebe –

– Es dauert. | Ehrismann hinter der mannshohen Hecke, er hat sich versteckt, die Pfeife im Mund, die er hastig raucht; er sieht nur einen kleinen Ausschnitt von der Allee, und der erste, der in den Blick kommt, ist ein alter Herr, der an einem Stock geht, schirmlos.

Das war ehedem mein Mathematik-Lehrer, genannt Kopernikus, ich wußte gar nicht, daß es ihn noch gab.

– Drei Frauen gehen vorüber.

Nachbarinnen. Die wollten schon immer einmal meinen Lebenslauf hören.

– Ein Herr mit Schirm.

Mein Steuerberater.

– Eine Frau mit zwei Kindern.

Frau Hubalek, unsre Waschfrau.

– Eine Weile kommt niemand.

Meine Eltern waren tot, meine Schwester in Chile, hoffentlich unternahm sie keine unnötige Reise um die halbe Welt.

– Ein Fräulein geht vorüber.

Fräulein Steiner, meine Sekretärin.

– Ein junger Herr.

Der kam wegen Monika.

– Er trägt tadellose Trauerkleidung. | Ehrismann von hinten: wie er sich jetzt hinter der Hecke reckt, um den jungen Herrn besser sehen zu können, neugieriger als bisher. | Brustbild des jungen Herrn: ein Schlanker, viel schlanker als Ehrismann, playboy mit intellektuellem Einschlag, im Augenblick ist ihm tiefernst zumute.

So also sieht er aus, der junge Mann, der meine Monika seit anderthalb Jahren versteht.

– Man sieht ihn noch eine Weile von hinten: der junge Herr geht noch langsamer als zwei andere Trauergäste, die ihn langsam überholen, ohne zu grüßen.

Ein schwerer Tag auch für ihn. Ich konnte nachfühlen. Jetzt wäre Monika frei.

– Wieder der Ausschnitt wie zuvor: plötzlich kommen viele, ein ganzes Rudel schwarzer Leute.

Das hatte ich nicht erwartet, offen gestanden: so viele –

– Ehrismann stellt seine Mappe auf den nassen Boden an den Stamm einer Zypresse, die Pfeife behält er im Mund.

Ich war gerührt.

– Zwei Herren mit Homburg.

Elektro-Werke Studer. Nun ja –

– Ab und zu grüßen einander die Trauergäste mit einem stummen Nicken. Niemand spricht. Nur das Knirschen ihrer Schritte im Kies. Ab und zu sieht man den Rauch der Pfeife, die Ehrismann hinter der mannshohen Hecke raucht. Eine Weile geht niemand vorbei.

Barbara kam nicht.

– Eine Gruppe jüngerer Herren.

Yachtclub Turicum.

– Dann gehen etliche vorüber, die keinen Kommentar bekommen. | Das Gesicht von Ehrismann: jetzt regennaß, da er hutlos ist, Pfeife im Mund, Hand an der Pfeife, unbeteiligt gespannt. | Es kommen drei schweizerische Offiziere in Uniform, Hauptmann, Major, Oberst, übrigens die ersten, die nicht auf den Boden blicken, sondern gradaus.

Offizier war ich auch.

– Jetzt endlich die drei Wagen der Trauerfamilie, glanzschwarz, langsam wie die Fußgänger, sie halten lautlos bei dem Schild: »P nur für Trauerfamilien«; die Fußgänger, die eigentlich hinschauen möchten, gehen weiter, Anstand verbietet, daß man sich neugierig umdreht wie nach einem Star.

Ich war entschlossen mich zu zeigen. Ich wartete bloß auf Monika. Ich war entschlossen.

– Es dauert eine Weile, bis die Wagentüren aufgehen, alles langsam, Herren steigen aus, Zylinder, Schirme werden aufgespannt, Damen steigen aus, man steht.

Familie Escher wieder unter sich.

– Man steht.

Warum kamen sie nicht?

– Ein Einzelgänger geht vorüber.

Viktor!

– Ein Außenseiter offensichtlich; er trägt eine Baskenmütze und einen dunklen Mantel, aber nicht schwarz, keine Krawatte, keine Handschuhe. Auch Viktor blickt nicht auf den Boden. Er wirkt sehr ernst, aber an der Veranstaltung unbeteiligt.

Warum hat man einander jahrelang nicht gesehen? Ich weiß es nicht. Man hat nicht viele Freunde –

– Eine Weile kommt niemand.

Also Barbara kam wirklich nicht.

– Dann wieder Schritte im Kies.

Monika!

– Monika als Witwe, gestützt von ihren beiden Brüdern, geht langsam vorüber.

Warum ich jetzt nicht hervortrat aus meinem Versteck, weiß ich nicht –

– Monika als Witwe: aufrecht und sehr gefaßt, ihr Gesicht unter dem Schleier madonnenhaft, sehr würdig. | Ehrismann hinter der Hecke: wie er jetzt die Pfeife aus dem Mund nimmt und in den hellen Regenmantel steckt wie etwas Ungehöriges.

Das war ein Fehler: ich ließ meine Pfeife verschwinden, als glaubte ich selbst an meine Bestattung. Das war der erste Fehler.

– Während man jetzt die Orgel hört: das offene Portal zum Krematorium: die Monika-Gruppe, die jetzt die Treppe hinaufgeht und durch das Portal verschwindet, während Ehrismann aus seinem Versteck tritt ohne Ledermppe in die Allee, um seiner Trauergemeinde zu folgen. | Zwei Bestattungsbeamte schließen das schwere Portal, so daß die Orgel nur noch gedämpft zu hören ist, und lassen es geschlossen, als sie Ehrismann sehen; man geht nicht in einem hellen Regenmantel ins Krematorium. | Regenspritzer im Seerosenbecken unter den gedämpften Klängen der Orgel. | Zwei Nachzügler, die um dieses Seerosenbecken herumgehen müssen, haben es eilig und nehmen den Verstorbenen, der im hellen Regenmantel auf dem Rand dieses Seerosenbeckens hockt, nicht wahr; sie schreiten nicht, sondern springen die Treppe hinauf, Zylinder schon in der Hand, und erst als das Portal nochmals geöffnet wird, gehen sie feierlich-scheu wie alle andern zuvor. Wieder ein Schwall von dröhnender Orgel, bis das Portal geschlossen wird.

Dann halt ohne mich!

– Ehrismann erhebt sich und geht. | Hände, die schwarze Handschuhe halten, und schwarze Schuhe unter den Bänken, Orgel verstummt, Stimme eines evangelischen Pfarrers:

PFARRER Lasset uns beten!

– Geräusch von knarrenden Bänken. | Ehrismann klopft an die verregnete Scheibe eines schwarzen Mietwagens,

sein Gesicht durch die Scheibe gesehen: schon nicht mehr
ein Herr.

*Ich wollte wissen, wo die Trauergemeinde sich nachher
treffen würde –*

– Der Fahrer schraubt die Scheibe hinunter.

FAHRER Restaurant Eintracht.

– Der Fahrer schraubt die Scheibe hinauf, | und Ehris-
mann geht, Hände in den Regenmanteltaschen, die leere
Allee hinunter, bis er sich angesprochen hört:

STIMME Sind Sie Züricher?

– Ehrismann dreht sich um.

EHRISMANN Warum?

– Der Herr, der ihn angesprochen hat, ein Leidtragen-
der mit schwarzem Homburg, nervös, da er verspätet ist,
spricht das schnelle spröde helle Deutsch eines Hambur-
gers:

FREMDER Sie wissen auch nicht, wo das Züricher Krematorium ist? Es ist hier nichts beschildert.

– Ehrismann schlägt seinen Mantelkragen hoch.

FREMDER Ist die Bestattung schon vorbei?

EHRISMANN Bestattung von wem?

FREMDER Ingenieur Ehrismann.

EHRISMANN Immer gradaus.

FREMDER Danke.

EHRISMANN Bitte.

FREMDER Sie gehn nicht selber dahin?

EHRISMANN Lieber nicht.

– Der Pfarrer auf der Kanzel:

PFARRER Amen. –

– Ein braves Gesicht, evangelisch-bürgerlich, frei von
Mystik, korrekt. Jetzt nimmt er die Bibel, eine kleine, wartet, bis keine Bank mehr knarrt. Er liest mit mundartlichem
Tonfall und ohne Pathos, eher wie man eine Verlautbarung
verliest:

PFARRER »Sei ich es nun, seien es jene – so predigen wir, und so seid ihr gläubig geworden.« Korinther 15/11.

– Dann legt er die Bibel zur Seite.

PFARRER Liebe Trauerfamilie!...

– Geschrei von Buben, die man vorerst nicht sieht; Gelände am Stadtrand, drei Wohnhochhäuser ragen vereinzelt aus der Schrebergärten-Leere, eine Baustelle mit Kran, Rattern einer Beton-Maschine. Ehrismann in seinem hellen Regenmantel ist stehen geblieben als Zuschauer aus Müßiggang; Buben spielen Fußball zwischen Baracken. Man hört:

STIMME DES PFARRERS Gott, unserem Allmächtigen, hat es gefallen, aus diesem Leben abzurufen in die Ewigkeit: Theo Ehrismann, geboren in Zürich am 11. April 1924 als einziger Sohn des Ignaz Ehrismann, Wirt, und der Luise Ehrismann Nägeli, Diplom-Ingenieur, verheiratet mit Dorothea Monika Ehrismann, geborene Escher –

– Der Ball ist über den Drahtzaun geflogen, rollt auf die Straße hinaus, und Ehrismann läuft, aber einer der Buben ist rascher am Ball, und Ehrismann schlendert weiter, Hände in den Manteltaschen, müßig, während auf der Baustelle gearbeitet wird.

Gott, unserem Allmächtigen – Diplom-Ingenieur in Ewigkeit – verheiratet in Ewigkeit – Theo Ehrismann in Ewigkeit –

– Rattern der Beton-Maschine.

Ich war froh, daß ich das nicht hören mußte. Der Pfarrer tat mir leid. Er schilderte einen Mann, den er nie gesehen hatte.

– Ein Kipper kippt Kies aus. | Monika als Witwe in der vordersten Reihe, Tränen in den Augen.

STIMME DES PFARRERS So schauen wir denn in dieser schweren Stunde noch einmal auf ein Leben, das in die Ewigkeit eingegangen ist, liebe Trauergemeinde, wie auch wir werden eingehen in die Ewigkeit.

– Pause, dann setzt die Orgel ein, | während Ehrismann
in seinem hellen Regenmantel weiterschlendert, | auf der
Empore eine stattliche Dame, die zu singen beginnt, No-
tenblatt in der Hand, sie singt beinahe konzertreif, sie ist
ganz bei der Sache, nämlich bei der Musik, | und während
man die Bach-Kantate hört: die Straße mit Tümpeln, eine
rostige Blechbüchse, Ehrismann geht auf sie zu, um mit
der Büchse auch Fußball zu spielen. Aber die Büchse kol-
lert nur, bleibt liegen, und jetzt versucht Ehrismann zu drib-
beln, als umspiele er einen Verteidiger, verliert aber die
Büchse und kommt nicht zum Schuß. Er muß schon seine
Hände aus den Manteltaschen nehmen, Anlauf wie zu einem Strafstoß. Man sieht, daß er das einmal konnte, aber
Ehrismann ist kein Bub mehr, er muß schnaufen, gibt aber
nicht auf, Lust hat ihn gepackt, und endlich gelingt ihm
ein voller Schuß: die Blechbüchse wirbelt in einem hohen
Bogen seitwärts ins Gelände, und man hört ein schrilles
Klirren in die Bach-Kantate hinein. | Stille: das schmutzi-
ge Fenster einer Schrebergartenhütte, die Scheibe ist zer-
schlagen, Regen, Spinnweben, Scherben. | Die Witwe, jetzt
vor dem Portal des Krematoriums, nimmt die Parade des
Beileids ab: die drei Nachbarinnen, der Steuerberater, die
Waschfrau mit den Kindern, die Sekretärin, die Herren vom
Yachtclub Turicum, alle geben ihr wortlos die Hand, ihr
verschleiertes Gesicht ist würdig-schön im Empfangen von
so viel Mitleid mit ihrer Person.

Zischen einer Espresso-Maschine, man befindet sich im
Parterre des Restaurants »Eintracht«, Bar mit Vorstadt-Ele-
ganz, Stimmen, Geklapper von Geschirr, die Gäste sind
Arbeiter und Angestellte, eine italienische Kellnerin an der
Espresso-Maschine, Ehrismann sitzt an der Bar, Ehrismann
nach wie vor in seinem hellen Regenmantel.

*Ich wußte nicht, was die so lang machten. Ich war ent-
schlossen –*

– Er kippt einen Grappa.

Ich war noch immer entschlossen.

– Zischen der Espresso-Maschine.

Sie werden sich wundern!

– Er verlangt einen zweiten Grappa.

KELLNER Dove sono i panini?

KELLNERIN Panini!

– Zischen der Espresso-Maschine.

KELLNER Panini!

– Der Kellner, der sich nervös dazwischen drängt, wirkt verkleidet-comme il faut, er gehört nicht zu dieser Bar, sondern zur Gesellschaft im ersten Stock, er übernimmt einen Korb mit frischen Brötchen, der aus der Küche gebracht wird, und verschwindet. | Saal im ersten Stock: Tisch in Hufeisenform. Comme il faut. Der Kellner legt ein Brötchen zu jedem Gedeck. Platten mit kaltem Fleisch, eine Batterie von Weinflaschen. Der Kellner wirft einen Blick über den Hufeisentisch, ob alles in Ordnung ist für die Trauergesellschaft. | Ehrismann kippt seinen zweiten Grappa. Er stiert vor sich hin. Er nimmt keine Notiz von dem italienischen Gastarbeiter, der jemand anzupumpen versucht mit theatralischer Emphase:

GASTARBEITER Mona! Morta! Mia moglie. Capisce? Morta. Ed io: senza soldi. Capisce? Senza franchi –

– Er hat Tränen in den Augen, man will von ihm nichts wissen und glaubt seine Not nicht, auch als er in seine Tasche greift und ein vergilbtes Foto zeigt:

GASTARBEITER Eccola. Guardi! La mia fidanzata. Morta. Questa. Morta. Domani c'è il funerale. Guardi! Questa –

– Niemand will das Foto sehen.

GASTARBEITER Gli svizzeri non capiscono mai!

– Er trägt seinen Sonntagsanzug aus gestreiftem Stoff, ein weißes Hemd mit hohem Kragen, Krawatte. Man scheint ihn hier zu kennen. Er wendet sich schließlich an Ehrismann.

GASTARBEITER Signore –

– Der Kellner drängt ihn weg.

KELLNER Basta! Allora basta!

– Ehrismann hat überhaupt nichts wahrgenommen, er hält sein leeres Grappa-Glas, Schweiß auf der Stirne, er stiert, das Grappa-Glas entfällt seiner Hand, und es klirrt, aber es ist das Klirren der Fensterscheibe wie vorher: aus der Schrebergartenhütte mit der kaputten Fensterscheibe schaut der ehemalige Mathematik-Lehrer, genannt Kopernikus, er winkt mit dem Finger, wie ein freundlicher Lehrer sich einen Lümmel heranwinkt, | Zischen der Espresso-Maschine: plötzlich ist es nicht mehr die italienische Kellnerin, die da bedient, sondern Monika, sie zeigt mit dem Finger auf Ehrismann, | Orgelklänge: es öffnet sich ein großes Gittertor, Hof der Elektro-Werke Studer, die beiden Herren Studer tragen einen winzigen Sarg über den Hof, kleiner als ein Kindersarg, und vor dem Gitter steht eine Kompanie in Achtungstellung, die drei Offiziere davor; alle in Helm und Achtungstellung, und als der winzige Sarg vorbeigetragen wird, bricht die ganze Kompanie in Gelächter aus, | und während man das Gelächter weiterhört, ein Segelboot auf dem Zürichsee, das kentert, | auf dem Bootsteg stehen die beiden Schwäger schwarz mit Zylinder, sie grinsen, sie werfen Kränze als Rettungsringe, | das Lächeln der Stewardeß vom Vormittag, | eine andere Frau, Barbara, sie sitzt in einer Badwanne, hält ein Whisky-Glas und lacht.

Mir war schwindlig.

– Ehrismann mit geschlossenen Augen, und als er die Augen wieder aufmacht: | die Espresso-Maschine, die zischt, die italienische Kellnerin, die Leute, die Bier trinken oder Suppe essen, alles wieder normal, man nimmt von Ehrismann keinerlei Notiz, Alltag. | Hutständer im ersten Stock: man sieht die Personen nicht, nur jedesmal die Hand, die einen Zylinder oder einen Homburg an den Haken hängt.

STIMMEN Wie die Zyt vergaht ... Das säg ich au immer ...
Dä hät jetzt au scho e großi Tochter ... Dörf ich mich
vorschtelle ... Wer hetti das dänkt ... Händ Ihr au sones
Wetter? ... Truurig, sone jungi Frau ... Wie lang bliibed
Ihr in Züri? ...

– bis der Hutständer voll ist. | Ehrismann hat sich er-
hoben und geht zwischen den Tischen langsam zu einer
juke-box.

Plötzlich hatte ich Lust auf Musik.

– Er steht jetzt vor der juke-box, Ehrismann nachwie-
vor im hellen Regenmantel, seine Hand gräbt in der Hosentasche nach einer Münze, während er die Liste der verfüg-
baren Schlager studiert. | Der Saal im ersten Stock: die
Trauernden haben sich gesetzt, alle verlegen-schweigsam-
steif, schwarz in dem weißen Saal, alle wie ausgestopft.
Nur die beiden Kellner bewegen sich; einer gießt Wein in
die Gläser, der andere kommt mit einer Platte voll Fleisch;
die Trauernden bedienen sich mit angemessenem Zögern.
Stille. | Juke-box: Ehrismann hat die Münze eingeworfen
und drückt jetzt auf eine Taste, dann auf eine zweite und
dritte. | Der Pfarrer am Trauertisch nimmt sein Glas: nicht
ohne einen Blick zur Witwe, die neben ihm sitzt.

PFARRER Frau Ehrismaa –

– Auch die Witwe nimmt ihr Glas ; sie nippt nur, während der Pfarrer, um die allgemeine Verlegenheit aufzulö-
sen, einen richtigen Schluck nimmt, dann kostend einen
zweiten.

PFARRER Das isch en Hallauer?

– Willy, der Schwager, flüstert:

WILLY Syn Lieblingswy.

– Alle andern noch immer wie ausgestopft. Jetzt hört
man die juke-box von unten herauf nicht sehr laut, aber
deutlich; es singt die Piaf:

JUKE-BOX »Non, rien de rien, non, je ne regrette rien,
ni le bien qu'on m'a fait,

ni le mal,
tout ça m'est bien egal« usw.

– Der Pfarrer tut, als hörte er die Störung nicht, und beginnt zu essen; die Witwe hört offensichtlich noch nichts; die übrigen hören, aber horchen nicht, sondern brechen ihre Brötchen. | Ehrismann an der erleuchteten juke-box, die man jetzt in voller Lautstärke hört:

JUKE-BOX »Avec mes souvenirs
j'ai allumé le feu,
mes chagrins, mes plaisirs
je n'ai plus besoin d'eux« usw.

– Ehrismann im hellen Regenmantel, jetzt auf die juke-box gelehnt, genießt; es kann ihm nicht laut genug sein. | Der Kellner flitzt das Treppenhaus hinunter, Hand am Geländer, zu dem Betrunkenen, um ihn zurechtzuweisen.

JUKE-BOX »Non, rien de rien,
Non, je ne regrette rien« usw.

– Man versteht kein Wort, Pantomime, wie der Kellner protestiert im Namen der Trauergesellschaft; er zeigt nach oben. Es macht aber Ehrismann keinen Eindruck. Schluß der Platte.

KELLNER Allora basta!

– Der Kellner drängt ihn von der juke-box weg, und Ehrismann macht keinen Widerstand, sondern setzt sich an den nächsten Tisch, wo Leute sitzen, die ihre Suppe löffeln und die es nicht stört. | Groß: die unaufhaltsame Mechanik des Plattenwechsels, nachdem der Kellner sich entfernt hat; dann wieder mit voller Lautstärke:

JUKE-BOX »Oh, when the saints go marchin' in.«

– Groß das Gesicht des Pfarrers: er horcht ostentativ-entrüstet, | groß das Gesicht der Witwe: ihre Würde hält stand, | groß das Gesicht von Viktor: der Zwischenfall scheint ihn insgeheim zu amüsieren, | groß das Gesicht der Schwiegermutter: sie blickt vorwurfsvoll nach ihren Söhnen, die dieses Restaurant ausgesucht haben. | Der Kellner kann nur die Achsel zucken. | Einer der beiden Herren Studer, der eben eine kleine Ansprache im Namen der Firma hat beginnen wollen, steht mit einem Zettel in der Hand und muß warten, bis Louis Armstrong ausgesungen hat.

STUDER I Verehrte Trauerfamilie –

– Zischen der Espresso-Maschine; Ehrismann am Tisch der Suppenesser öffnet sich Krawatte und Kragen, er fühlt sich elend, er atmet mit offenem Mund. | Die unaufhaltsame Mechanik des Plattenwechsels, und wieder hört man die Piaf:

JUKE-BOX »Allez, venez, Milord!«

– Ehrismann hört nicht mehr hin, Schweißausbruch, einer der Suppenesser bemerkt es und gibt dem Mann, der leichenblaß ist, einen praktischen Rat.

JUKE-BOX »Allez, venez, Milord!«

– Ehrismann erhebt sich, und man macht ihm Platz wie jemand, der sich übergeben muß. Draußen im Treppenhaus, wo die Musik besonders hallt, muß er sich am Geländer halten, eine Weile sieht es aus, als wolle er sich auf die Treppe setzen.

JUKE-BOX »Allez, venez, Milord!«

– Ehrismann in seinem hellen Regenmantel wankt die Treppe hinauf. | Garderobe im ersten Stock: die schwarzen Hüte, die schwarzen Mäntel, die schwarzen Schirme; daneben die Türe zum Saal, ein Schild: »Reserviert«. Ehrismann öffnet behutsam die Türe zum Saal, ohne einzutreten, er öffnet nur einen Spalt.

JUKE-BOX »Mais vous pleurez, Milord?

ça je l'aurais jamais cru.«

– Ehrismann von hinten, er späht durch den Spalt, aber der Hufeisentisch ist nicht zu sehen. | Drinnen im Saal: Studer als Trauerredner der Firma steht verstummt mit seinem Zettel in der Hand, alle drehen sich nach der Türe, wo die Musik herkommt, jetzt lauter als bisher.

JUKE-BOX »Mais oui, dansez, Milord!«

– Jetzt ist's genug: der Pfarrer erhebt sich, geht um den Hufeisentisch herum, während das Chanson immer orgiastischer wird, und schreitet zur Türe. | Ehrismann draußen: im Türspalt erscheint das Gesicht des Pfarrers, der den Verstorbenen nicht gekannt hat und nur einen betrunkenen Störenfried sieht. Dazu der wortlose Singsang der Piaf, die Aufforderung zum Tanz, dann Zuschlagen der Türe, Stille mit dem Schild an der Türe: »Reserviert«. Einer der beiden Kellner kommt mit Kaffee.

KELLNER 2 Wohii wänd Sie?

EHRISMANN Toilette.

– Der Kellner zeigt mit dem Kopf.

KELLNER 2 Aber zahle müend Sie dänn au na!

– Der Kellner mit dem Kaffee geht in den Saal. | Eine andere Türe mit Schild: »Herren«, und nachdem Ehrismann sich vergewissert hat, daß niemand im Vorraum ist, tritt er ein. | Drinnen im Saal nimmt alles seinen Gang; der Kellner gießt Kaffee ein, man sitzt jetzt weniger steif.

VIKTOR Nähmed Sie Zucker?

– Studer nimmt Zucker, dann gibt Viktor die Zuckerdose nach der andern Seite.

VIKTOR Nähmed Sie Zucker?

– Eine Dame nimmt Zucker und gibt die Dose weiter.

DAME Nähmed Sie Zucker?

– Ehrismann in der Toilette: er kniet neben der Schüssel, nachdem er sich hat übergeben müssen, und wischt sich den Mund mit Klosettpapier. Jemand rüttelt an der Klinke, aber die Türe ist geschlossen. Ehrismann hält den Atem an, wagt nicht zu spucken. | Draußen der Leidtragende vor der verriegelten Toilette: er versucht nochmals die Klinke, dann resigniert er und tritt vor den Spiegel, kämmt sich, Blick auf die Armbanduhr. | Groß das Gesicht von Ehrismann: entsetzt.

Meine Mappe! plötzlich fiel mir ein, daß ich irgendwo meine Mappe hatte liegenlassen –

– Seine Ledermappe auf dem Friedhof, Herbstlaub, Nässe, es tropft von der Zypresse. | Ehrismann kniet noch immer in der Toilette, er ordnet jetzt seine Krawatte. Stimmen im Vorraum. Er horcht. | Blick durch das Schlüsselloch: man sieht ausschnittweise zwei schwarze Herren, die nebeneinander am Pissoir stehen, und hört sie, ohne ihre Köpfe zu sehen.

ERSTER Hüt z'Abig.

ZWEITER Wer schpillt?

ERSTER Schwyz – Tschechoslowakei.

– Sie pinkeln.

ZWEITER Ja, euse Teddy!

– Sie waschen sich die Hände.

ERSTER Ja, euse Teddy!

ZWEITER De Porsche ischt en gföhrliche Wage. Das han ich immer gseit. En rassige Wage, aber gföhrlich.

ERSTER Was fahrscht Du jetzt?

ZWEITER Immer na myn Citroën.

– Sie trocknen die Hände, dann verlassen sie den Schlüsselloch-Ausschnitt, einer pfeift unwillkürlich einige Takte aus »Milord«. | Groß das Gesicht von Ehrismann, während das Pfeifen sich verzerrt, Echo eines unwirklichen Raumes: | die Unfallstelle, wie man sie aus der Zeitung kennt, mit dem brennenden Porsche, aber es ist greller Tag, keine Polizei, kein Sanitätswagen, keine Neugierigen auf der Straße, statt dessen die schwarzen Gestalten der Trauergemeinde, die der Verbrennung zuschauen, alle von hinten gesehen, alle reglos in Andacht vor dem schwarzen Rauch, der aus dem brennenden Porsche aufsteigt.

EHRISMANN Gottlieb –!

– Man hört das Prasseln des Feuers.

EHRISMANN Willy –!

– Sie scheinen Ehrismann nicht zu hören.

EHRISMANN Hallo –!

– Er kniet auf der grellen Straße, Ehrismann im hellen

Regenmantel, zwanzig Meter hinter der schwarzen Trauergemeinde.

EHRISMANN Monika?

– Monika steht zwischen ihren beiden Brüdern, die sie
stützen, ihr schwarzer Schleier weht im Wind.

EHRISMANN Hallo.

– Endlich ist es Willy, der sich umdreht, ungehalten über
die Störung; er spricht, als kniete Ehrismann in nächster
Nähe, leise:

WILLY Was söll das?

EHRISMANN Willy –

WILLY Was söll das?

– Der Schwager schüttelt den Kopf wie über ein unmög-
liches Benehmen, darauf kann man nicht eingehen, er wendet sich neuerdings dem brennenden Porsche zu.

EHRISMANN Monika!

– Jetzt ist es Gottlieb, der sich umdreht.

EHRISMANN Gottlieb –

– Der Schwager zeigt Bedauern wie einem Menschen gegenüber, der selber schuld ist, flüsternd, damit kein Aufsehen entsteht:

GOTTLIEB Das chascht du nöd mache. Was fallt dir ii? Das
chascht du nöd mache.

– Beide wenden sich wieder der Verbrennung zu. | Groß
das Gesicht von Ehrismann: Bewußtsein der Ohnmacht,
er kniet noch immer auf der weißen Straße, er begreift, er
erhebt sich, um wegzugehen. | Ehrismann tritt aus der Toi-
lette, horcht, man hört schwaches Gelächter aus dem Saal,
Ehrismann geht die Treppe hinunter. | Drinnen im Saal: die
Gesellschaft hat sich gelockert, einige sind schon gegangen, andere sind zusammengerückt, im Vordergrund drei
Männer mit Zigarren:

EINER Känned Sie dä Witz vo säbem Jud, wo in Himmel
cho isch?

– Sie rauchen tarnungshalber vor sich hin.

EINER En Jud ischt in Himmel cho –

– Er flüstert, damit es die Witwe nicht hört; sie sitzt jetzt neben Viktor, und da sie stumm ist, muß Viktor etwas sagen; er dreht mit zwei Fingern sein Glas auf dem Tisch:

VIKTOR Ich han ihn gern gha. Ja. Ich han ihn gern gha –

– Jetzt das Gelächter der Männer: kurz und laut, sofort abgebrochen; Rauch von Zigarren. | Stille: der Gartenrechen auf Kies mit Herbstlaub, Friedhof Sihlfeld, der Regen hat aufgehört, Ehrismann im hellen Regenmantel sucht seine Mappe.

Hoffentlich hatte niemand meine Mappe gefunden. Das fehlte noch, daß jetzt die Polizei mich suchte –

– Er findet die Ledermappe am Stamm der Zypresse, nimmt sie, dann blickt er nochmals zurück durch die Allee: Kuppel des Krematoriums. | Ein Bestattungsbeamter in den technischen Räumen des Krematoriums bei fachmännisch-sachlicher Arbeit: er stanzt ein kleines Schild, das an die Urne befestigt wird: »Theo Ehrismann, 7. X. 1965.«

– Der Beamte trägt einen grauen Overall. | Ehrismann, wie er sich umsieht, ob er beobachtet werden kann; er muß warten. | Blick in eine Grube, die ein Grab sein könnte, Bretter, eine Schaufel, in der Grube ein trüber Wassertümpel, und in diesen Wassertümpel platscht die Ledermappe, | die Schuhe von Ehrismann, wie sie Erde schieben, um die Ledermappe zu verdecken, | sein Gesicht, als wäre nichts vorgefallen, und indem er weitergeht: | es ist kein Grab, wo er seine Ledermappe hat verschwinden lassen, sondern eine Grube bei einer Baustelle; die Arbeiter kümmern sich nicht um den Müßiggänger. | Badenerstraße (eine Hauptstraße, die durch Arbeiterviertel in die City führt) mit alltäglichem Straßenverkehr; Ehrismann sieht den Herrn mit dem schwarzen Homburg, der einem Taxi winkt.

FREMDER Taxi

Der Herr, der meinetwegen aus dem Ausland gekommen war –

FREMDER Taxi!

EHRISMANN Kann ich Ihnen helfen?

FREMDER Gibt es hier keine Taxi?

– Ehrismann, seine Pfeife rauchend, steht neben dem unbekannten Leidtragenden, der offensichtlich Eile hat, und hilft ihm, Ausschau zu halten nach einem Taxi.

EHRISMANN Wie war die Bestattung?

– Der Fremde scheint an anderes zu denken.

EHRISMANN Sie kamen noch zur Zeit?

FREMDER Danke, ja, danke sehr.

EHRISMANN Wie war's denn?

– Es kommt kein Taxi.

EHRISMANN Wohin wollen Sie?

FREMDER Elektro-Werke Studer.

– Sie halten Ausschau.

– Ein modernes Büro, Angestellte sitzen an Rechenmaschinen, Neon-Helle, die Sekretärin hat dem Boß bereits den schwarzen Mantel abgenommen, Studer wäscht sich die Hände.

SEKRETÄRIN Die Herre wartet.

– Studer trocknet sich die Hände. | Sitzungszimmer: fünf Herren warten, einer liest die »New York Times«, und als Studer eintritt, erheben sie sich mit der demonstrativen Nonchalance derer, die pünktlich gewesen sind.

STUDER I beg your-pardon. Very sorry, Gentlemen, for being so late.

– Man setzt sich, und die Dossiers werden aufgeschlagen, die Besprechung könnte beginnen.

STUDER Mister Ehrismann who was supposed to do this business is no longer with us. You know he died the other day.

– Pause.

STUDER Well. –

– Ehrismann im hellen Regenmantel und der fremde Herr
mit dem schwarzen Homburg gehend auf der Badener-
straße stadtwärts, ihre Gesichter nebeneinander, Ehrismann hat sich eine Sonnenbrille aufgesetzt.

FREMDER Wußte gar nicht, daß er ein hervorragender Seg-
   ler war –

EHRISMANN Oh.

FREMDER Olympia-Segler.

EHRISMANN Das ist lang her.

   – Sie gehen.

FREMDER Als Fachmann habe ich ihn geschätzt.

EHRISMANN So.

FREMDER Sehr.

EHRISMANN Kannten Sie ihn denn?

FREMDER Nur aus Korrespondenz.

   – Ehrismann mustert den Fremden.

FREMDER Und so eine junge Frau.

EHRISMANN Finden Sie?

FREMDER Tragisch.

EHRISMANN Sie schien mir sehr gefaßt.

FREMDER Sehr.

EHRISMANN Nicht wahr?

FREMDER Fabelhaft.

   – Pause.

FREMDER Zum Glück, heißt es, sind keine Kinder da –

EHRISMANN Nur eine Katze.

FREMDER Dabei soll's eine glückliche Ehe gewesen sein.

EHRISMANN Wußte ich gar nicht.

FREMDER Heißt es.

   – Sie überqueren eine Nebenstraße, man sieht die beiden
   von hinten, hört nicht, was sie reden; dann wieder die beiden Gesichter nebeneinander von vorne:

EHRISMANN Kann sein, er hat mir von Ihnen erzählt, vielleicht erinnere ich mich, wenn Sie mir Ihren werten Namen sagen –

FREMDER Maschke.

EHRISMANN Das sind Sie?!

MASCHKE Hamburg.

MASCHKE Generalvertretung für Deutschland.

EHRISMANN Ich weiß, Herr Maschke.

MASCHKE Wir haben viel korrespondiert miteinander.

– Einen Augenblick lang schaut Ehrismann, als sei er erkannt worden, sieht aber, daß Maschke von dem Toten redet.

MASCHKE Sie waren befreundet mit ihm?

EHRISMANN – es geht so ... nicht immer ... wie soll ich sagen: – ich bin mit ihm zur Schule gegangen ...

MASCHKE Ach.

EHRISMANN Ja.

– Pause.

MASCHKE Ich frage mich, wer jetzt sein Nachfolger wird –

EHRISMANN Ich nicht.

– Maschke ist stehengeblieben, um sich eine Zigarette anzuzünden, sein Feuerzeug geht nicht, Ehrismann hilft mit Streichhölzern.

MASCHKE Direktor Studer hat großartig gesprochen –

EHRISMANN Hat er.

MASCHKE Kurz, aber ergriffen.

– Die Zigarette brennt.

MASCHKE Danke.

EHRISMANN Ich halte Trauerreden nicht aus.

MASCHKE Kann ich verstehen. Man denkt immer an sich selbst. Das geht mir genauso. Wenn ich so zuhöre und denke: Plötzlich geht's auch ohne dich ...

– Ehrismann nickt konventionell.

MASCHKE Sie leben in Zürich?

EHRISMANN Ich lebe in Zürich.

MASCHKE Schade.

EHRISMANN Wieso?

MASCHKE Daß ich diesem Mann nie begegnet bin. Sie verstehen: persönlich.

EHRISMANN Ich verstehe.

MASCHKE Ein Jammer.

– Pause, sie gehen, und die Pause wird immer länger. Maschke hält wieder und wieder Ausschau nach einem Taxi. Vergeblich. Als Ehrismann seine dunkle Sonnenbrille abnimmt, geschieht es unwillkürlich:

EHRISMANN Herr Maschke –

– Er bleibt stehen.

EHRISMANN Herr Maschke, darf ich Sie zu einem Fendant einladen?

MASCHKE Was ist das?

EHRISMANN Ein Schweizer Wein.

MASCHKE Sehr liebenswürdig –

EHRISMANN Ein leichter, aber ganz gut.

– Maschke möchte weitergehen.

EHRISMANN Kommen Sie! Das ist das Beste, was man tun kann: Trinken wir auf den Ingenieur!

– Er lacht.

EHRISMANN Friede seiner Asche!

MASCHKE Sehr liebenswürdig –

– Ehrismann faßt ihn am Arm.

EHRISMANN Los, Herr Maschke, kommen Sie!

– Es ist peinlich, Ehrismann spürt es, er wird zu jovial, Maschke ist ein Herr, der sich nicht am Arm nehmen läßt, und verlegen, bis Ehrismann seine Hand zurücknimmt.

MASCHKE Leider muß ich noch zu den Elektro-Werken, Sie verstehen –

EHRISMANN Wieso müssen?

MASCHKE Geschäftsreise.

– Er winkt auf die Straße hinaus:

MASCHKE Taxi!

EHRISMANN Ich verstehe. Sie sind nicht nach Zürich gekommen, nur um an einer Bestattung teilzunehmen –

MASCHKE Taxi!

– Ein Taxi hält an.

EHRISMANN Herr Maschke –
MASCHKE Herr –?
EHRISMANN Nichts zu danken, Herr Maschke, nichts zu
  danken, es war mir ein Vergnügen.

– Ehrismann in seinem hellen Regenmantel auf der Straße
wie zuvor: ziellos, nachdem Maschke auf die Einladung
zu einem Fendant nicht eingegangen ist.
  Ich hatte Zeit wie noch nie.
  – Ehrismann vor einer Wand mit Plakaten.
  Zeit wie in einer fremden Stadt.
  – Ehrismann bei einem Maroni-Verkäufer.
  Langsam hatte ich Hunger.
  – Ehrismann vor einem Kino, Maroni essend.
  Darauf hatte ich keine Lust.
  – Ehrismann vor einem Schaufenster, Maroni essend.
  *Als ich den Buchladen sah, wo Barbara arbeitet, hatte
ich auch keine Lust. Wozu? Ich wollte jetzt nicht gesehen
werden –*
  – Er geht weiter. | Buchladen von innen: Barbara mit
einem Kunden, der sich nicht entschließen kann, er legt das
Buch wieder hin, Barbara sehr freundlich, der Kunde nickt,
Barbara ebenso, sie öffnet jetzt die Ladentüre, und man
sieht, während der Kunde geht, durch die offene Ladentüre: Ehrismann, der draußen die Straße überquert in der
Meinung, nicht gesehen worden zu sein. Sie braucht drei
Sekunden, um es zu glauben, dann läuft Barbara plötzlich
auf die Straße hinaus und beinahe in ein Auto hinein, das
gerade noch stoppen kann. Es ist ihr nichts zugestoßen,
aber sie läuft nicht weiter, eine Entgeisterte, die sich von
dem mürrischen Fahrer beschimpfen läßt.
FAHRER Sind Sie verruckt?
  – Sie muß sich besinnen, und da Ehrismann nicht mehr
zu sehen ist, läuft sie in den Laden zurück, nimmt Mantel
und Schirm.

BARBARA Er läbt – er läbt –

– Eigentlich will sie auf die Straße, läuft aber zum Telefon, will eine Nummer einstellen, hat nicht die Geduld, läßt den Hörer auf dem Tisch liegen und rennt davon, ohne die Ladentüre zu schließen. Barbara auf der Straße: sie rennt, geht rasch, rennt wieder. Ihr Gesicht: sie zweifelt einen Augenblick, dann wieder nicht. Aber da er längst im Verkehr verschwunden ist, wohin soll sie laufen? Sie läuft hin, sie läuft her, es ist zwecklos, sie begreift, sie besteigt eine Straßenbahn.

– Skelett in einem keltischen Grab: der Schädel nicht ganz vollständig, die Wirbel und die Rippen versunken in Mergel, die Fußknöchelchen ziemlich verstreut, die Beckenknochen verrutscht und so weiter; Grab in einer blanken Vitrine, deren Glas plötzlich den Betrachter spiegelt: Ehrismann in hellem Regenmantel. | Sein Gesicht: wie wenn der Zufall eine allzu sinnreiche Pointe liefert; also abschätzig-belustigt. | Dann schlendert er weiter durch den Saal mit Vitrinen, ohne zu besichtigen, in den nächsten Saal.

Hier war ich sicher, daß ich keine Bekannten treffe. Wer geht schon ins Landesmuseum! Hier bin ich mindestens zwanzig Jahre nicht gewesen.

– Museum-Stille, die starren Gegenstände, die nicht berührt werden dürfen, Helle wie in einer Klinik, man wird selber lautlos, Zeitlosigkeit. | Ehrismann vor einem Baumstammschiff aus der Zeit der Pfahlbauer: er besichtigt eigentlich nicht, tut nur so.

Hoffentlich hatte Barbara mich nicht gesehen.

– Er schlendert weiter. | Straßenverkehr: Barbara, die ihre Suche nicht aufgibt, im Gedränge der Leute, | während Ehrismann in einem anderen Saal sitzt, Hände in den Manteltaschen, und da hier nichts anderes übrigbleibt, beginnt er langsam doch zu besichtigen, wenn auch bloß von dieser Sitzbank aus: eine Wand mit römischen Fragmenten aus dem Forum von Martigny, ein Stierkopf in Bronze,

ein Bein desselben Stiers, ein Männerarm in Bronze, ein
Männerschenkel in Bronze, alles ganz schön. Stille. Einmal
Stimmen von einer Schulklasse, die durch den Saal geht
und weiter. Stille. Ehrismann erhebt sich, um die Etiketten
zu lesen. | Straßenverkehr: Barbara vor einem Fußgänger-
stopp, sie muß warten, die drei schwarzen Wagen der Trauerfamilie, die nachhause fährt, und als die Fußgänger gehen
dürfen, bleibt Barbara trotzdem stehen, | während Ehris-
mann weiterschlendert in einen anderen Saal: Waffen und
Fahnen der Eidgenossen. Er bleibt stehen: der Helm und
das Schwert von Ulrich Zwingli. Er liest die Etikette; dann
weiter mit Blicken dahin und dorthin. Er steht an einem
Fenster.

*Um vier Uhr wurde das Landesmuseum geschlossen.
Was dann? Der Regen hatte aufgehört.*

– Er bleibt stehen. | Einer der schwarzen Wagen hält vor
dem Haus, und der Fahrer steigt aus, um die Tür zu öffnen,
es dauert einige Sekunden, bis die beiden Schwäger aussteigen, dann die Witwe.

Es war meine Pflicht nachhause zu gehen –

– Die Schwäger begleiten die Witwe ins Haus. | Ehris-
mann in seinem hellen Regenmantel noch immer am Fenster im Landesmuseum:

Vielleicht wäre es ein Fest.

– Ein Wärter geht vorbei. | Groß das Gesicht von Ehris-
mann, langsam sich erfreuend an der Vorstellung: | Monika
in einem weißen Abendkleid, décolleté mit Schmuck, sie
stellt zwei Burgunder-Gläser hin, Ehrismann im Smoking,
ein italienisches Dienstmädchen gibt ihm den Korkenzie-
her.

EHRISMANN Come va?
DIENSTMÄDCHEN Signore –
EHRISMANN Va bene?
DIENSTMÄDCHEN O Dio –
EHRISMANN Un miracolo, eh?

– Er entkorkt behutsam einen Burgunder.

EHRISMANN Du hast recht, Monika: nie wieder ein Sport-
wagen. Ich schwör's. Und nie wieder eine Geschäfts-
reise, ohne daß meine Monika es weiß.
– Er riecht am Korken.
EHRISMANN Ehrenwort!
– Sie blicken einander an.
EHRISMANN Und nie wieder diese Frage nach Barbara. Eh-
renwort? Ich frage auch nicht.
– Er füllt die beiden Gläser.
EHRISMANN Achte das Geheimnis deines Nächsten, auf
daß du lange lebest mit ihm!
– Sie stoßen an.
EHRISMANN Es ist gut, Monika, daß wir endlich einmal
geredet haben. Endlich. Wie kann ein Paar so kindisch
sein elf Jahre lang –
– Es klingelt an der Wohnungstüre.
EHRISMANN Prosit.
– Es klingelt wieder, und sie schauen zur Wohnungstüre,
aber gehen nicht, ein Paar, das allein sein möchte.
EHRISMANN Monika, ich bitte um Verzeihung.
– Es klingelt wieder, und Ehrismann geht zur Türe, um
aufzumachen: Viktor, eine Chianti-Flasche im Arm.
EHRISMANN Viktor!
VIKTOR Was machst denn du für Witze.
– Sie umarmen einander.
EHRISMANN Du kennst meine Frau?
– Viktor nickt und gibt die Hand.
EHRISMANN Du kennst sie nicht!
– Es klingelt neuerdings, und jetzt ist es Monika, die zur
Türe geht.
EHRISMANN Ich habe ihr alles gesagt.
VIKTOR Was?
EHRISMANN Alles. Daß du sie für eine Puppe hältst, eine
Madonna, die in sich selbst verliebt ist, und mich für ein
Arschloch. Zieh deinen Mantel aus!
– Man hört Stimmen vieler Leute.

EHRISMANN Erinnerst du dich nicht? Als ich heiratete: Arschloch! hast du gesagt. Wörtlich. Und drum haben wir einander nicht mehr gesehen, mein Lieber, elf Jahre lang –

VIKTOR Das hast du ihr gesagt?

– Monika tritt hinzu.

EHRISMANN Schau sie dir an!

– Er sieht die Herren des Yachtklubs, die gekommen sind, um seine Auferstehung zu feiern, jeder mit einer Whisky-Flasche im Arm, begleitet von jungen Damen in Abendkleidern.

EHRISMANN Ahoi!

– Er hebt sein Glas.

EHRISMANN Kameraden, ich habe eure Trauer gesehen. Ich danke. Wir segeln weiter.

– Es klingelt neuerdings.

EHRISMANN Laßt doch die Türe offen!

– In der Diele steht wieder der alte Herr, der früher der Trauerfamilie kondoliert hat, genauso linkisch und verlegen wie schon einmal; er gibt der Witwe die Hand:

ALTER HERR Ich gratuliere –

– Dann gibt er allen die Hand, ausgenommen Ehrismann, auch sämtlichen Mädchen der Yachtklub-Herren.

ALTER HERR Ich gratuliere, ich gratuliere –

– Es kommen immer mehr Leute, in der Wohnung wird getanzt, es kommen die beiden Studer und Herr Maschke, alle drei noch in ihrer schwarzen Trauerkleidung, die einzigen übrigens, die nichts mitbringen, und Ehrismann unterbricht seinen Tanz, ohne Monika deswegen loszulassen.

EHRISMANN Ich sehe, meine Herren, Sie haben meinen Nachfolger schon gefunden.

– Verlegenheit.

EHRISMANN Herr Maschke, ich beglückwünsche Sie.

– Er läßt sie stehen und tanzt weiter.

EHRISMANN Es war Zeit, daß ich mich verändere, es war
Zeit ...

– Rummel. | Stille im Landesmuseum; Ehrismann in sei-
nem hellen Regenmantel noch immer am Fenster, der Wär-
ter beobachtet ihn, Ehrismann spürt es, er muß weiter, um
nicht aufzufallen, | Ehrismann vor einer frühmittelalter-
lichen Madonna aus Holz, die er nicht besichtigt, er tut nur
so, um stehenbleiben zu können:

Es *könnte auch sehr anders sein.*

– Er steht: | aber was er sieht, ist die Witwe zuhause, Mo-
nika als mißtrauische Gattin, sie sitzt und schweigt.

EHRISMANN Ich bin in London gewesen. Das ist alles.
Und jetzt bin ich hier –

– Ehrismann zieht seinen hellen Regenmantel aus, unge-
halten-stumm, während sie von dem Tee eingießt, den die
Trauerfamilie übriggelassen hat und der voraussichtlich
nicht nur kalt ist, sondern bitter. Er setzt sich.

EHRISMANN Ich weiß, Monika, was du durchgemacht
hast. Es tut mir leid.

– Er versucht zu scherzen.

EHRISMANN Gott, dem Allmächtigen, hat es gefallen,
Amen, wie auch wir werden eingehen in Ewigkeit.

– Aber der Scherz erstirbt, und der Tee ist ungenießbar,
und Ehrismann schaut sich um: Blumen in der Wohnung
und eine verbitterte Gattin.

EHRISMANN So also ist das, wenn einer aufersteht –

– Er erhebt sich, geht zur Hausbar, braucht einen Schnaps,
schweigt, um nichts Unpassendes zu sagen, nimmt eine Flasche und füllt ein kleines Glas, schaut, ob Monika weint.

EHRISMANN Ich habe gedacht, es freut dich, daß ich nicht
tot bin. Und kaum ist man wieder da: das alte Lied.

– Er kippt den Schnaps.

EHRISMANN Wieso London. Du glaubst mir nicht. Dann
halt nicht. Das sage ich ja: Es war keine Geschäftsreise –

– Monika beginnt zu weinen.

EHRISMANN Kannst du das nicht verstehen?

– Er wartet, bis sie ihr Weinen unterdrückt.

EHRISMANN Plötzlich denke ich: Wieso Geschäftsreise? Lächerlich. Wieso eigentlich? Ich hatte Lust auf London. Warum lebt man eigentlich nicht? Das ist alles: ich hatte Lust auf London –

– Monika weint wieder.

EHRISMANN Herrgottnochmal!

– Seine Beherrschung ist verbraucht, er schmettert das kleine Glas auf den Boden, schämt sich sofort und möchte sich eigentlich entschuldigen, kann aber nicht; er gibt sich Mühe, ruhig und geduldig zu sprechen:

EHRISMANN Ich kann nichts dafür, daß einer meinen Wagen nimmt und sich zu Tode fährt – der arme Hund ...

– Er steckt die Pfeife in den Mund.

EHRISMANN Was hat das mit Barbara zu tun.

– Dann plötzlich platzt er doch:

EHRISMANN Ich war nicht mit Barbara!

– Stille nach dem Geschrei. | Stille im Landesmuseum: Ehrismann in seinem hellen Regenmantel wie zuvor, aber mit der Pfeife im Mund; er merkt es, bevor der Wärter es sieht, und steckt die Pfeife in die Tasche zurück.

Ich hatte keine Lust nachhause zu gehen.

– Er setzt sich. | Vitrinen: Soldaten in Uniformen des achtzehnten und neunzehnten Jahrhunderts, »Schweizer in fremden Diensten«, bunt, Puppen-Gesten, ein Trommler stellt den Stiefel auf eine Trommel, ein Offizier mit Pomp hält eine alte Landkarte, ein andrer späht durch ein langes Fernrohr und so weiter, alles starr, dazu das Spiel der Spiegelungen. | Ein kleiner Bub vor der Vitrine: | wie der Bub in den Spiegelungen plötzlich den sitzenden Regenmantel-Mann sieht, der sich die Stirne reibt.

BUB Vatti!

VATER Chumm jetzt.

BUB Vatti, da läbt na eine.

– Es klingelt, Schluß der Besuchszeit.

– Barbara am Ende ihrer Suche: sie steht auf einem Lattensteg, der See ist grau, man sieht keine Ufer, nur Wasser, da und dort Bojen, keine Boote, Möwen auf den Bojen.

BARBARA Teddy –

– Das Bootshaus (»Yachtklub Turicum«) ist geschlossen; ein leeres Floß, ein grauer See, Geschrei der Möwen. | Ehrismann in der Hauptbahnhof-Bar: er schlürft einen Espresso, verstohlen sich umschauend. Es sind keine Bekannten da, nur der italienische Gastarbeiter erkennt ihn, und Ehrismann nickt, was den Gastarbeiter ermuntert, noch einmal seine Klage vorzutragen.

GASTARBEITER La mia fidanzata –

EHRISMANN Ho capito.

GASTARBEITER Morta.

– Ehrismann wendet sich nicht ab, als der Gastarbeiter wieder das Foto aus seiner Tasche kramt; Ehrismann ist froh um einen Kumpan.

EHRISMANN Prende un café?

– Er bestellt. Das verblichene Foto in der Arbeiterhand: eine calabresische Familie; dann ein anderes Foto: ein calabresisches Mädchen.

GASTARBEITER Eccola. Guardi! Mia moglie. Capisce? Domani c'è il funerale. Guardi! Questa.

– Ehrismann betrachtet das Foto.

GASTARBEITER Non ho soldi per viaggiare.

– Er weint.

GASTARBEITER Non ho soldi –

– Ehrismann gibt das Foto zurück.

EHRISMANN Ho capito.

GASTARBEITER E vero.

EHRISMANN Quanto costa –

GASTARBEITER Il biglietto?

EHRISMANN Si.

GASTARBEITER Molto, Signore, molto. Per Calabria! Non lo so.

– Ehrismann nimmt seine Brieftasche heraus, klappt sie
auf: sie ist leerer als erwartet, er findet nur eine einzige
Note, die er gibt, eine Fünfzigernote.

EHRISMANN Momento.

GASTARBEITER Mamma mia, quanti soldi! Cinquanta
franchi svizzeri? Signore, Lei ha salvato un povero emi-
grato. Che San Gennaro Lei protegge, Lei e la Sua be-
nedetta famiglia –

EHRISMANN Momento.

– Er schaut nach, was er noch im Portemonnaie hat: ein
englisches Pfund und Münzen. Damit kommt einer nicht
nach Calabrien. Der junge Gastarbeiter, der eigentlich mit
der Fünfzigernote abhauen möchte, erschrickt, als Ehrismann ihn am Ellbogen nimmt.

EHRISMANN Venga!

GASTARBEITER Perchè?

EHRISMANN Venga!

– Er legt noch eine Münze hin für den Kaffee.

GASTARBEITER Alla polizia?

EHRISMANN Alla banca.

– Sie gehen. Schalterhalle einer Bank, Marmor, ein Kassier zählt Noten aus, ein Kunde wartet, der Vorgang hat
etwas Gediegen-Vertrauliches, das sachlich bleibt, bis die
Noten ausgehändigt und in einer Brieftasche verschwunden sind; dann erlaubt sich der Kassier, um den Kunden
nicht einfach stehenzulassen und den nächsten zu bedienen, eine Miene inoffizieller Liebenswürdigkeit, und der
Kunde gibt ihm sogar die Hand. Dann, als nächstes, ist ein
Check zu erledigen; der Kassier prüft, geht nach hinten,
wo sie an Rechenmaschinen sitzen, und fragt etwas, es
muß in einer Kartothek nachgesehen werden. | Ehrismann
am Schalter: nicht mehr ganz herrenhaft; unrasiert; das
Hemd ist auch nicht mehr frisch, der helle Regenmantel
etwas schmutzig, und die dunkle Sonnenbrille, die Ehrismann sich aufgesetzt hat, wirkt eher verdächtig; auch ist er

hutlos; vor allem aber sein Gesicht: gespannt, nervös, unsicher. | Endlich kommt der Kassier zurück, ruft halblaut:

KASSIER Herr Ehrismann?

– Da sich niemand meldet, ruft er lauter, in den Schalter vorgebeugt:

KASSIER Mister Ehrismann?

– Ehrismann schaut sich um, ob nicht jemand in der Halle sich wundert, aber die Halle ist ziemlich leer; da sitzt nur der junge Italiener inmitten von Marmor: | seine Hände zwischen den Knien, etwas verstohlen blickt er auf seine Armbanduhr, eine goldene Omega. | Jetzt zeigt Ehrismann wortlos seinen Paß.

KASSIER Herr Ehrismann – das sind Sie?

– Er nickt. Er wartet. Der Paß scheint in Ordnung zu sein; der Kassier greift zu einem dicken Notenbündel.

Mein Konto war noch am Leben.

– Während die Noten ausgezählt werden, Tausendernoten, mindestens fünfzehn, hört man plötzlich eine Art von Schrei: »La lizza delle Apuane«, die Rufe der Arbeiter in den Marmor-Brüchen von Carrara, | dann das Lied: »Bella Ciao«, gesungen von italienischen Gastarbeitern in einem Abteil zweiter Klasse der Schweizerischen Bundesbahn. | Bahnhofhalle: Ehrismann kommt mit dem jungen Gastarbeiter, der sich immerfort verabschieden will, aber Ehrismann hat Zeit, er begleitet den Gastarbeiter, um ihm den Bahnsteig zu zeigen, »Gotthard – Chiasso – Milano«, er begleitet ihn bis zu einem Wagen, wo eine junge Frau aus dem offenen Fenster winkt und ruft:

ITALIENERIN Ettore! Ettore!

– Ehrismann erkennt das Gesicht.

EHRISMANN Ecco, la Sua fidanzata –

– Er muß lachen.

– In der Wohnung sitzen die beiden Schwäger in ihren schwarzen Mänteln, Zylinder in der Hand, ratlos.

GOTTLIEB Monika?

– Keine Antwort.

GOTTLIEB Ich glaub, mir chönd jetzt gha.

WILLY Monika?

GOTTLIEB Was macht sie dänn?

– Achselzucken. | Monika im Schlafzimmer. Ihr Schleier liegt schwarz auf dem Bett. Monika vor einem offenen Schrank: Hemden von Ehrismann, Krawatten, Anzüge, Schuhe mit Leisten drin, alles sehr ordentlich. Sie weint nicht, sondern überlegt. Man hört die Schwäger aus dem Wohnzimmer:

WILLY Monika, mir gönd jetzt.

– Sie antwortet nicht.

GOTTLIEB Monika, mir gönd jetzt.

– Sie überlegt, was mit der Garderobe des Verstorbenen zu tun ist, und nimmt einen Koffer vom Schrank, stellt ihn auf den Boden, klappt ihn auf. | Die Schwäger, Zylinder auf dem Kopf, erscheinen in der Türe, um sich zu verabschieden von der Witwe. | Sie ist dabei, Hemden bündelweise in den Koffer zu schichten.

GOTTLIEB Monika, was machsch du?

– Sie antwortet nicht, sondern legt weitere Hemden bündelweise in den Koffer, dann die Krawatten allesamt. Sie arbeitet sachlich und flink, ohne Affekt, wie es scheint, aber unaufhaltsam. Die beiden Schwäger blicken einander an, wissen nicht, wie sie es deuten sollen. | Monika nimmt Hosen aus dem Schrank, Hose um Hose, schichtet sie in den Koffer, Jacke um Jacke. Immer rascher. Sie kann es nicht erwarten bis der Schrank endlich leer wird, und als der Koffer voll ist, hört sie nicht auf; sie kniet und wirft die Schuhe heraus. Wilder und wilder. Man hört lauter und lauter eine Musik, die so sonderbar ist wie ihr Handeln, übermütig-blödsinnig-unheimlich: eine Guggen-Musik, | gespielt von einer Gruppe grotesker Masken mit Trompeten und Pauken, Fastnacht auf einer nächtlichen Straße in

Zürich, Kehraus-Stimmung; um die Guggen herum sammelt sich allerlei fastnächtliches Volk, Leute mit Larven und ohne, eigentlich wäre es Zeit für eine Mehlsuppe, aber die übermütig-blödsinnig-unheimliche Musik peitscht die Leute nochmals auf: eine weibliche Larve beginnt auf der Straße zu tanzen, eine Übermütige. Vorerst allein. Dann tritt ein Mann dazu, ein Waggis mit rosiger Tölpel-Larve, und sie tanzen zu zweit. Die Umstehenden klatschen in die Hände, negerhaft; der Tanz des Paares: halb Ulk, halb Orgie. Es hallt von den nächtlichen Fassaden der Altstadt: Guggen-Musik mit grunzenden und quakenden Bässen, mit verstiegenen Klarinetten, dazwischen mit Pauken, die sich einen Teufel um die Melodie kümmern, ohrenbetäubend.

So *hatten wir uns kennengelernt.*

– Als die Guggen-Musik aussetzt, streifen sie ihre Larven ab: Monika und Ehrismann, sie lachen erschöpft, geben sich einen fastnächtlichen Kuß, der nichts bedeutet.

Unser erster Kuß.

– Sie trennen sich, aber dann setzt die Guggen-Musik wieder ein: jetzt alle Hand in Hand, Ringelreihen über die Straße, Monika und Ehrismann ohne Larve im Ringelreihen, so folgen sie der Guggen-Musik, die sich in Gassen verliert. | Die beiden Schwäger mit Zylinder auf dem Kopf.

WILLY Monika –

GOTTLIEB Mir gönd jetzt.

– Sie befindet sich nicht mehr im Schlafzimmer, wo der gefüllte Koffer steht, wo die Schuhe herumliegen, wo die Schwäger stehen.

GOTTLIEB Monika!

– Er klopft an eine Türe. | Monika vor dem Spiegel im Badzimmer: sie legt sich eine Kette um den Hals, hält inne, betrachtet sich im Spiegel, dann löst sie die Kette und wirft sie beiläufig in die Toilette. Es klirrt leise. Sie tut dasselbe mit ihrem Armband, löst es langsam, Blick auf ihr Spiegel-

Gesicht, das Befriedigung zeigt, und wirft die Kette in die
Toilette, nimmt eine Schatulle und schüttet alles, was drin
ist, in die Toilette, so daß es klirrt von Ketten und Rin-
gen und Spangen und Broschen. Einen Augenblick ist sie
erschreckt. Dann zieht sie die Wasserspülung.

– Ehrismann in seinem hellen Regenmantel vor einem
Schalter wartend auf den Flugschein, der eben zusammen-
geheftet wird.
STEWARD Your luggage, Sir?
EHRISMANN No luggage.
STEWARD No luggage?
EHRISMANN No.
  – Der Steward zeigt die einzelnen Tickets:
STEWARD Zürich – Rome – Athens.
  – Ehrismann nickt.
STEWARD Athens – Cairo.
  – Ehrismann nickt.
STEWARD Cairo – Nairobi.
EHRISMANN Okay.
STEWARD One way.
  – Er überreicht das Heft mit den Flugscheinen.
STEWARD You're welcome.
  – Obschon er abgefertigt ist, bleibt Ehrismann am Schal-
ter stehen, als erwartet er noch irgend etwas, das Flug-
scheinheft in der Hand.
STEWARD Eleven fifty at the Airport.
EHRISMANN Eleven fifty –
  *Ich war verwundert, wie reibungslos man Zürich ver-
lassen konnte.*
EHRISMANN Thank you.
STEWARD You're welcome.
  – Ehrismann geht verdutzt. | Wieder die übermütig-blöd-
sinnig-unheimliche Musik, die Gruppe grotesker Guggen

mit Trompeten und Pauken, alles wie zuvor, nur kürzer: als das Larvenpaar sich nach dem Tanz entlarvt, sind es Monika und der junge Gastarbeiter, die sich den Kuß geben.

Warum sollte Monika nicht einen anderen Mann haben?

– Ringelreihen, | und während die Guggen-Musik sich verliert: Ehrismann in seinem hellen Regenmantel tanzend auf einem Geländer an der Limmat, tanzend auf dem Pfosten eines Dampfbootsteges, | tanzend auf dem Dach des Bellevue-Kioskes zur Stunde des Stoßverkehrs, tanzend auf dem First der Wasserkirche, | Ehrismann in seinem hellen Regenmantel an der Balustrade auf einem Turm des Großmünsters: er winkt mit seinem Flugschein, grüßend die abendliche Stadt in der Tiefe.

Ich war frei wie noch nie!

– Volksgebrüll, während er winkt. | Eishockey-Spielfeld unter Scheinwerfern, und das Gebrüll, das anhält, ist das Gebrüll eines Publikums, das seine Mannschaft anfeuert: vergeblich, der Angriff wird gestoppt, und die Tschechen übernehmen den Puck, Stille im Stadion, man hört nur das Knallen des Pucks von Stock zu Stock, ein schneller und gefährlicher Angriff, großartig, es klappt, daß die Verteidiger mit ihren Stöcken nur so ins Leere stochern, jetzt Schuß, aber der Puck knallt an den Pfosten, ein Stadion atmet auf, | Fortsetzung auf einem Fernseh-Schirm, davor der Mann von Barbara, der ebenfalls aufatmet; er steht, er ist eben nachhause gekommen von der Arbeit und zieht die Jacke aus, bevor er sich vor den Apparat setzt: gespannt, aber im Augenblick scheint nicht viel los zu sein, und er kann sich die Zigarette, die er im Mund vergessen hat, anzünden, | wieder an Ort und Stelle: wieder ein Angriff der Einheimischen, Jubel im Stadion, aber sie haben einfach Pech, die Einheimischen, sie stürzen, | Fortsetzung auf einem andern Fernseh-Schirm: in einer einfachen Wirtschaft, einige Gäste schauen hin, andere nicht, Viktor im Vordergrund sitzt mit dem Rücken zum Apparat, trinkt ein Bier, | wieder an Ort und Stelle: das Publikum pfeift, | wieder auf einem Fernseh-Schirm: ein Knäuel von gestürzten Spielern: im Wohnzimmer einer Zürichberg-Villa: die Pfeiferei nimmt kein Ende, zwar ist sie in der Übertragung nur gedämpft zu hören, aber die Schwiegermutter blickt sehr indigniert:

SCHWIEGERMUTTER Muess das sy?

– Willy, der Schwager, dreht an einem Knopf, um wenigstens den Ton abzustellen; das Bild auf dem Fernseh-Schirm bleibt: die Gestürzten erheben sich jetzt, der Schiedsrichter muß schlichten und verwarnen, Strafminute für einen Tschechen. | Wieder an Ort und Stelle: Tribüne, Publikum als Masse, Pfiffe auf den Tschechen, | wieder auf dem Fernseh-Schirm: Publikum als Masse, aber tonlos, | wieder an Ort und Stelle: Ehrismann in seinem hellen Regenmantel zwischen Burschen, die nach wie vor pfeifen, Ehrismann mit der rauchenden Pfeife im Mund, er scheint belustigt, | wohingegen die schwarze Schwiegermutter sich neuerdings verwahrt:

SCHWIEGERMUTTER Willy –!

– Langsam sieht Willy ein, daß Trauertag ist, und erhebt sich, um das Fernsehen ganz abzuschalten. Es ist sowieso grad Pause, das Resultat nicht ermunternd: Tschechoslowakei – Schweiz 3:1. Ein unerfreulicher Tag. Was soll die Trauerfamilie tun? Sie sitzen einfach da, als gehe das Leben erst morgen weiter, | während das Stadion erhallt von Wiener Walzer aus scheppernden Lautsprechern. Pause. Sieben Männer mit Schaufeln reinigen das Eis unter Scheinwerfern.

In der Pause dachte ich wieder an Monika –

AUSRUFER Heißi Würschtli!

– Eine Eiskunstläuferin tritt an.

AUSRUFER Heißi Würschtli!

– Sie stellt sich auf die Spitzen, Pose mit den Armen, dann los, sie zeigt Pirouetten und Sprünge und so weiter. | Das

Gesicht von Monika als Witwe, wie Ehrismann es vormittags beim Krematorium gesehen hat: dazu der Walzer im Stadion:

Ein Jahr, und du wirst glücklich sein, Monika, ein halbes Jahr –

AUSRUFER Heißi Würschtli!

Glaub mir.

AUSRUFER Heißi Würschtli!

Du bist nicht die erste Frau, die aufblüht, wenn sie ihren Mann verloren hat –

– Beifall im Stadion, | die Eiskunstläuferin verbeugt sich.

Glaub mir, Monika, glaub mir.

– Sie verläßt das Eis mit einem graziös-lockeren Pendeln der Beine, dann kommen die beiden Mannschaften wieder aufs Eis, lungern mit schlenkernden Stöcken, um sich einzulaufen, bis der Schiedsrichter pfeift; der Wiener Walzer bricht ab.

AUSRUFER Heißi Würschtli!

– Einwurf des Pucks, das Spiel geht weiter, | Ehrismann im Publikum, das seine Mannschaft anfeuert, und auch Ehrismann, jetzt wieder ganz bei der Sache, reckt sich, um besser zu sehen.

PUBLIKUM Hopp Schwyz, Hopp Schwyz!

– Die Zuversicht scheint bald widerlegt zu sein, der Hopp-Chor verstummt, man hört Poltern von Spielern an der Bretterwand, nur Ehrismann ruft noch als einziger:

EHRISMANN Hopp Schwyz!

Ich dachte auch an Barbara –

EHRISMANN Hopp Schwyz!

– Die Umstehenden sehen Ehrismann an. | Barbara im Schaumbad: sie hält ein Whisky-Glas und lacht. | Wieder an Ort und Stelle: die Tschechen schon wieder im Angriff, und diesmal knallt der Puck nicht gegen den Pfosten, sondern kullert ins Netz. Tor! | Fortsetzung auf dem Fernseh-Schirm: die Tschechen umarmen ihren Treffermacher, und

der Mann von Barbara erhebt sich, um Barbara, die nachhause gekommen ist, ihren Mantel abzunehmen; das Gesicht von Barbara: müde, sie scheint es eingesehen zu haben, daß es Ehrismann nicht mehr gibt. Man setzt sich zu
Tisch. Ihr Mann gießt Wein in zwei Gläser, hält inne, als
man Gebrüll des Publikums hört, und stellt das Fernsehen
ab. | Fortsetzung an Ort und Stelle: der tschechische Tor-
hüter liegt auf dem Eis und erhebt sich unlustig, um den
schwarzen Puck aus seinem Kasten zu holen; die Schwei-
zer umarmen ihren Treffermacher, | Ehrismann im jubeln-
den Publikum als einziger, der nicht jubelt.

Die Zeit bis Mitternacht war lang.

– Ehrismann auf einer öffentlichen Bank.

Das also war mein letzter Abend in Zürich –

– Er erhebt sich. | Blinklicht auf dem Kommando-Turm
des Flughafens Kloten, Düsenlärm in der Ferne, ein Jet, der
die Triebwerke auslaufen läßt. | Viktor in seinem Atelier:

Der einzige zu dem ich hätte gehen können, war Viktor.

Viktor im Pyjama; eine Chianti-Flasche in der Hand,
geht zu einem Werktisch, um ein Glas zu suchen, und findet
eins, das aber schmutzig ist, er muß zuerst zu einem Trog
gehen, um es zu spülen.

VIKTOR Nairobi?

– Dann füllt er das Glas.

VIKTOR – ich find's prima.

– Er sucht ein zweites Glas, man sieht: ein Bild auf der
Staffelei, Werkzeuge, Bilder gegen die Wand gelehnt, Rah-
men, eine Plastik aus Metall; kein romantisches Atelier,
sondern eine Werkstatt.

VIKTOR Schau's dir nur an.

– Er findet ein zweites Glas, das ebenfalls schmutzig ist,
und muß nochmals zum Trog gehen, um es zu spülen.

VIKTOR Wann fliegt deine Maschine?

– Er lacht:

VIKTOR Erinnerst du dich? Du hast es mir damals gesagt:

Laß dich nicht fertigmachen, gib's auf und tu, was dich
lockt!
Er hat es getan.
– Er füllt das zweite Glas.

VIKTOR Warum hast du dich nie mehr gezeigt?

– Jetzt stellt er die Chianti-Flasche weg, nimmt die beiden vollen Gläser und kommt nach vorne, so daß man nur
noch sein Gesicht sieht: er ist nicht mehr jung, aber auch
nicht erschöpft, seine Stimme ist trocken-herzlich.

VIKTOR Im Ernst, ich find's richtig!

– Dann reicht er eines der beiden Gläser, | während Ehris-
mann in seinem hellen Regenmantel durch die Halle des
Flughafens geht:

VIKTOR Prost!

– Neon-Helle, alles wie ausgestorben, der Kiosk geschlossen. Draußen in der Nacht zwei Jet-Maschinen glänzend
unter Scheinwerfern. Ehrismann allein in der Halle. Die
Kaffee-Bar ist auch geschlossen, aber man sieht durch die
Glastüre eine Kellnerin am Büffet, die aufräumt, und zwei
Putzfrauen stellen Stühle auf die Tische, Beine nach oben,
ein öder Raum. Ehrismann an der Glastüre: er klopft, | und
die Kellnerin blickt auf: vorerst unwillig, dann verändert
sich ihre Miene.

Damit hatte ich nicht gerechnet –
– Sie kommt, um zu öffnen.

KELLNERIN Ehrismann –

EHRISMANN Ja.

KELLNERIN Comment ça va?

– Sie freut sich wie über irgendein Wiedersehen mit
einem alten Bekannten, wogegen Ehrismann, seit seiner Bestattung noch von niemand erkannt und angesprochen,
zwar lächelt: aber wie ein Ertappter, der, da es nichts zu
bestreiten gibt, vorerst schweigt.

KELLNERIN Comment ça va?
– Sie nimmt ihn in die Bar.

EHRISMANN – ça va, ça va.

– Er steht etwas verloren, begreift nicht, sieht die Stühle auf den Tischen, die Putzfrauen, begreift, daß die Bar eigentlich geschlossen ist, und meint wohl, er lächle, dabei ist seine Verstörung ganz durchsichtig: er begreift nicht, daß sie nicht verstört ist.

KELLNERIN   Je suis Yvette!

– Sie lacht.

EHRISMANN   Comment ça va?

– Er erwartet keine Antwort. Man hört Düsenlärm von draußen, hier gedämpft durch die Glasscheiben: ein perfides und monotones Geräusch, das anhält, nicht laut, aber penetrant.

EHRISMANN   Hast du noch etwas zu trinken?

YVETTE   Qu'est-ce que tu veux?

EHRISMANN   Kaffee.

– Er versteht ihre Miene: Kein Kaffee mehr.

EHRISMANN   – oder Kirsch.

– Sie nimmt eine Flasche aus dem Gestell, er mustert sie: eine alte Bekannte, übrigens keine Schönheit, sie ist etwas verlebt, aber unverdrossen-munter, etwas hexenhaft, sie hat einen Hang zu kichern, ob es dann gerade paßt oder nicht. Wenn sie deutsch spricht, hat sie den Akzent der Westschweizerin: zierlich, und es tönt immer ein wenig, als ulke sie, und wenn man eine ernste Frage zu stellen hat, ist es schwierig.

EHRISMANN   Sag einmal –

– Sie füllt ein kleines Glas, eine Müde, aber sie ist erfreut, Ehrismann wieder einmal zu sehen, vertraulich auf gemütlose Art:

YVETTE   Was machst du?

EHRISMANN   Ich lebe.

– Sie kichert.

YVETTE   Du lebst!

EHRISMANN   Ja.

– Es scheint sie keineswegs zu verwundern.

EHRISMANN Und was machst du?

YVETTE Ich arbeite.

– Er hat sich auf den letzten Stuhl gesetzt, den die Putzfrauen noch nicht auf die Tische gestellt haben, ein Ausgelaugter, Haltung und Blick eines Mannes, der auf der Lauer ist, als suche ihn die Polizei, ungemütlich; sie gibt ihm den Kirsch.

EHRISMANN Sag einmal –

YVETTE Was ist los mit dir?

EHRISMANN Wieso?

– Sie kichert.

EHRISMANN Offen gesprochen: weiß du's nicht oder tust du nur so?

– Man hört einen unverständlichen Lautsprecher, Ehrismann horcht, dann kippt er den Kirsch.

EHRISMANN Du liest keine Zeitungen?

YVETTE Pourquoi?

– Er kippt nochmals sein leeres Glas, verstummt, da eine der Putzfrauen vorbeigeht mit mürrischer Miene.

YVETTE On s'en va, oui, on s'en va!

– Sie macht eine Grimasse hinter der Putzfrau her, dann muß sie Ehrismann, der immer noch sein Glas hält, aufmerksam machen:

YVETTE On ferme.

Sie zieht ihre Kellnerin-Schürze ab.

EHRISMANN Du weißt nichts von meinem Unfall?

YVETTE Unfall?

EHRISMANN Hast du nicht gelesen?

YVETTE Was für ein Unfall?

EHRISMANN Ein tragischer Unfall.

YVETTE Im Ernst?

EHRISMANN Ich bin tot.

– Sie kichert. | Draußen in der Nacht: die Jet-Maschine unter dem Scheinwerferlicht, der Tankwagen fährt weg, das Rudel der Passagiere geht zum Flugzeug, um einzusteigen. | Ehrismann sitzt wie zuvor.

EHRISMANN Du glaubst mir nicht?

YVETTE Daß du tot bist?

EHRISMANN Im Ernst.

– Der Scherz ist für sie erledigt.

YVETTE Je suis fatiguée.

EHRISMANN Moi aussi.

– Sie verschwindet hinter dem Buffet. Wieder der unverständliche Lautsprecher. Ehrismann horcht nicht.

EHRISMANN Ich habe keine Stunde geschlafen: gestern in London. Und heute vormittag, als ich im Flugzeug schlafen wollte: die Todesanzeige –

YVETTE Qu'est-ce que tu dis?

EHRISMANN Meine Todesanzeige.

– Yvette kommt zurück.

EHRISMANN Und dann diese ganze Bestattung!

– Yvette, die sich ihren Mantel geholt hat und anzieht, hält inne, einen Augenblick lang unsicher, wie er den Scherz meint:

YVETTE Was für eine Bestattung?

EHRISMANN Protestantisch.

– Er erhebt sich und stellt das leere Glas auf die Theke, steckt sich die Pfeife in den Mund, während Yvette ihr Kopftuch sucht, und will anzünden; es ist kein Tabak mehr drin.

EHRISMANN Feuerbestattung.

– Er klopft die Asche aus. | Draußen in der Halle des Flughafens, die menschenleer ist: der Lautsprecher, der, wenn er die Stille bricht, zuerst knackt, und dann hört man eine Frauenstimme sehr genau:

LAUTSPRECHER Mister Ehrismann, Passenger to Rome – Athens – Cairo, Mister Ehrismann –

– Es knackt wieder. | Yvette, jetzt mit Kopftuch, schließt das Buffet ab.

LAUTSPRECHER This is our last call.

Der Lautsprecher knackt und verstummt.

YVETTE Du mußt gehen!

– Eine Putzfrau nimmt hinter Ehrismann den Stuhl weg und stellt ihn auf einen Tisch wie alle anderen zuvor, Beine nach oben.

EHRISMANN Was soll ich in Nairobi?

– Er steht ziellos.

EHRISMANN Sie haben mich bestattet. Friede sei mit mir. Ich war dabei. Du glaubst mir nicht?

– Er nimmt das Telefon neben der Kasse.

EHRISMANN Dann rufe meine Witwe an –

YVETTE Tu es fou!

– Er stellt die Nummer ein.

YVETTE Du kommst zu spät.

– Er wartet auf den Summton.

EHRISMANN Bitte: –

– Er gibt ihr den Hörer.

EHRISMANN Sag ihr, daß ich lebe. Monika heißt sie. Sag ihr, wir sind zusammen zur Schule gegangen, und ich stehe neben dir.

– Sie nimmt den Hörer zögernd ans Ohr.

EHRISMANN Aber sag es freundlich.

– Sie legt plötzlich den Hörer ab.

YVETTE Mais tu es vraiment fou!

– Sie fühlt sich zum Narren gehalten. | Draußen in der Nacht: die Triebwerke der Jet-Maschine sind angelaufen, die Treppe entfernt, die Türe geschlossen, ein Mann im weißen Overall gibt jetzt das Signal zum Start, langsam rollt die Maschine an, Pfeifen der Düsen. | Ehrismann mit dem Hörer in der Hand, nachdem er die Nummer nochmals eingestellt hat, tut, als sei es natürlich nur ein Scherz, aber zögert; die Scherz-Miene fällt ab.

EHRISMANN Hallo?

YVETTE Tu es vraiment marié?

EHRISMANN Hallo!

– Düsenlärm sehr laut. | Nacht in der Ehrismann-Woh-

nung, Stille, die schöne Katze schläft in ihrem Korb, Licht-
schein von einer Straßenlampe; man hört das Telefon klin-
geln, dann verstummt es. | Nacht auf dem Flugplatz: die
Lichter der Piste, das Dröhnen der startenden Jet-Maschi-
ne, man sieht nur ihre Scheinwerfer, unmittelbar nach dem
Start löschen sie aus, und es bleiben nur die Blinklichter der
steil steigenden Maschine.

– Ehrismann in der Diele, wo er Licht gemacht hat, Ehrismann in seinem hellen Regenmantel, den er nicht auszieht: er steht wie im Landesmuseum, Hände in den Man-
teltaschen, einer, der besichtigt und nichts berührt. | Das
Wohnzimmer als Ganzes, erhellt nur vom Licht aus der
Diele. Stille. | Nahe: der Glastisch mit den sieben Tassen
der Trauerfamilie. | Blumen, viel Blumen überall. | Ein
schwarzer Zylinder auf dem Plattenspieler. | Nochmals Blu-
men. | Auf einer Truhe ein ganzer Haufen von Trauerbrie-
fen und Trauerkarten mit schwarzem Rand; Ehrismann
rührt sie nicht an, liest nur die oberste und geht langsam
weiter. | Die helle Diele ohne Ehrismann: man hört nur
seine Schritte, Stille, dann wieder Schritte. | Groß sein Ge-
sicht: gleichmütig, wach ohne Teilnahme. | Eine Zimmer-
türe: Ehrismann klopft behutsam, wartet, klopft nochmals,
horcht, öffnet und macht Licht. Das Eheschlafzimmer. Der
offene Koffer mit seinen Herrenhemden und Krawatten,
die Schuhe auf dem Boden, der offene Schrank, der schwar-
ze Witwenschleier auf dem Ehebett. | Die Schwiegermut-
ter sitzt neben einem Bett, Tapete eines Kinderzimmers,
im Schein einer Nachttischlampe: das friedliche Gesicht
der schlafenden Witwe, ihre bloße Schulter, ihr offenes
Haar auf dem Kissen.
  Zuhause war niemand.
– Die Schwiegermutter zieht behutsam die Decke über
die bloße Schulter von Monika, die sie nicht wecken will,
spricht leise:

SCHWIEGERMUTTER 's ischt schön, Chind, daß du wieder
da bischt.

– Sie löscht die Nachttischlampe: | während Ehrismann
jetzt Licht macht in der Wohnung überall, Licht in der Küche: Blumen auch hier, er nimmt ein Glas, füllt es mit Wasser, trinkt, füllt es ein zweites Mal und trinkt; er sieht die
Katze schlafend in ihrem Korb.

EHRISMANN Bimbo?

– Die Katze schläft weiter. | Licht im Wohnzimmer: Dek-
kenlampe, Tischlampe, Ständerlampe, Licht soviel wie
möglich, noch eine Ständerlampe, dann sieht Ehrismann
sich in einem großen Spiegel: er lächelt sich zu, dann geht
er weiter. | Der leere Spiegel: man hört nur seine Schritte,
Stille, plötzlich ein leises Klirren. | Ehrismann neben dem
Glastisch: sein Mantel hat eine Tasse umgeworfen, er stellt
sie wieder hin, nimmt sein Taschentuch, um den Glastisch
sorgsam zu trocknen. | Die Katze auf der Schwelle der
Wohnzimmertüre.

EHRISMANN Bimbo!

– Es wird ihr ein Biskuit hingeworfen, das sie beschnup-
pert, aber liegen läßt. | Ehrismann nimmt ein zweites Bis-
kuit vom Tisch der Trauerfamilie, um es der Katze hin-
zuwerfen, ein drittes, dann gibt er's auf. | Licht im Studio:
sein Schreibtisch mit offenen Schubladen, man hat Doku-
mente gesucht, Papiere durcheinander. | Was Ehrismann
sieht, ohne es anzurühren, groß: eine Versicherungspo-
lice, | ein vertrockneter Seestern, | ein Heft in grauem
Leinen, »Dienstbüchlein«, Etikette mit Name-Geburts-
jahr-Bürgerort-Dienstgrad, | allerlei Schlüssel und Schlüs-
selchen, | Saridon, | eine Diplom-Urkunde der Eidgenös-
sischen Technischen Hochschule, | eine Taschenlampe, |
Postscheck-Quittungen in ordentlichen Bündeln, | eine Me-
daille in Bronze, | ein Ordner mit Etikette »Schweizerische
Kreditanstalt«, | Muscheln, | ein dickes Bündel von vergilb-
ten Briefen mit dem handschriftlichen Vermerk »Privat«,

verschnürt, am Knoten versiegelt, | ein Foto von Ehrismann
als Kind mit Matrosenkragen. | Ehrismann in seinem hel-
len Regenmantel, Hände in den Manteltaschen, die kalte
Pfeife im Mund: er steht und sieht, daß ihn alles nichts an-
geht. | Sein Gesicht, das plötzlich eine Freude zeigt: | ein Be-
cher mit vielen Pfeifen drin, seine Hand nimmt eine davon
heraus, eine Dunhill Nummer 4, dann steckt er die andere
in den Becher, die Parker, die er den ganzen Tag im Mund
gehabt hat, und sorgt dafür, daß die Garbe der Pfeifen im Be-
cher unverändert aussieht. | Sein Gesicht mit der Dunhill-
Pfeife: zufrieden. | Studio, Wohnzimmer, Diele: überall wird
das Licht ausgeknipst, Dunkel, man hört das Schließen der
Wohnungstüre. | Ehrismann im Treppenhaus, wo er sich die
Pfeife anzündet, bevor er die Treppe hinunter geht: plötzlich horcht er, man hört Schritte heraufkommen. Ehrismann atemlos; die Pfeife wird nicht geraucht. Die Schritte
kommen höher und höher, dann hört man die Wohnungstüre im untern Stockwerk. Er wartet. Stimmen im untern
Stockwerk, dann Stille. Er späht hinunter, dann geht er auf
Fußspitzen. Unten angekommen, wo die Briefkasten sind,
öffnet er zuerst die Haustüre, hält sie offen mit dem Fuß,
wirft seinen Schlüsselbund in den Briefkasten; es schep-
pert. | Schlüsselbund im Briefkasten. | Ehrismann draußen
auf der nächtlichen Straße: er geht, als ob nichts wäre,
bleibt später stehen, um sich die Pfeife richtig anzuzünden,
und als ihm jemand entgegenkommt, grüßt Ehrismann und
geht weiter, | wogegen der alte Herr, der Linkische, der am
Vormittag kondoliert hat, seinen Augen nicht traut und sich
umdreht: | die nächtliche Straße leer.

Der Goldschmied

Er wird ein schlimmes Ende nehmen. Das weiß er, wenn er in der Bodega sitzt. Der spanische Kellner, wenn er den Dreier Clarete auf den Tisch stellt, blickt anderswohin, spricht schon zum nächsten Tisch. Sein Vater starb einfach an Herzschlag; im Bus. Kommt jemand in die Bodega, der den Goldschmied von früher kennt, so bleibt der Goldschmied nicht lang, legt sein Geld hin, sowie der alte Bekannte sich setzt. Er versteht's nicht, daß ein Lehrling ihn fertig macht. Als junger Mann, damals nach der Kunstgewerbeschule, arbeitete er im Ausland (Straßburg); 1939 kehrte er zurück. Er hat den Lehrling entlassen und einen andern genommen: auch der neue läßt den Wasserhahn tropfen. Vermutlich ist er ein Pedant nicht nur in seiner Werkstatt; 27 Jahre Arbeit mit der Lupe. Kommt er von seiner Arbeit nach Hause, hält er eine schmutzige Küche nicht aus. Zum Beispiel. Manchmal denkt er an Brandstiftung. Sie weiß es, daß er eine schmutzige Küche nicht aushält, und findet es nachgerade lächerlich, daß das sein Problem ist. Der spanische Kellner in der Bodega behandelt ihn freundlich, aber nachlässiger als alle andern Gäste. Er wagt nicht zu verlangen, daß sie die Küche in Ordnung hält. Sie hat es auch früher nie getan; offenbar ist er empfindlicher geworden, seit er als Mann ein Versager ist. Schon seine Bitte, sie möge das Geschirr nicht tagelang stehen lassen, weil es ihn einfach ekle, führt zu Spannungen. Schließlich ist sie diplomierte Kindergärtnerin und nicht seine Magd. Die Küchen-Spannungen enden jeweils damit, daß ihm seine Lächerlichkeit bewußt wird; wenn es soweit ist, wäscht sie wortlos das Geschirr, aber nicht vorher. Sein Laden mit Werkstatt liegt in einer Gasse der Altstadt, wo Brandstiftung viel ausrichten würde vorallem nach Mitternacht. Wenn der Gold-

schmied, allein zuhause, das Geschirr wäscht und trocknet
und auch den Boden der Küche reinigt, weiß er, daß sie keinen Grund hat zu danken; es ist ein offener Vorwurf. Dann
und wann tut er's trotzdem, weil ihn das ungewaschene
Geschirr ekelt. Wieso nimmt sie keinen anderen Mann? Tut
er's nicht und wartet er, bis sie das Geschirr wäscht, so muß
er sich zusammen nehmen, daß er sich nicht bei ihr entschuldigt; sie ist ja wirklich nicht seine Magd. Einigermaßen wohl fühlt er sich nach dem ersten Zweier in der Bodega; er trinkt selten mehr. Aber der Zweier hält nicht lange
an. Nachher geht er nochmals in die Werkstatt, wenn die
Angestellten weg sind; er stellt den tropfenden Wasserhahn
ab. Einmal ein schwerer Fehler in der Buchhaltung, den sie
gemacht hat; er sagt ihr nichts davon. Er erwirbt sich keine
Achtung, wenn er sie kränkt. Wenn sie eine Woche bei ihren
Eltern ist, stört ihn das ungewaschene Geschirr in der Küche nicht; er spült es erst am letzten Abend, bevor sie zurückkommt. Sein Einkommen ist nicht groß, aber es reicht.
Wäre es nicht das Geschirr in der Küche, so wäre es etwas
anderes, was ihm zeigt, daß sie seine Wünsche zu erfüllen
kein Bedürfnis hat. Das weiß er. Natürlich geht es nicht
um das Geschirr. Das alles weiß er. Es ist lächerlich. Er tut
ihr leid. Sie kommt nicht mehr in die Bodega, um ihn zu
holen; er empfindet es als Entmündigung, wenn sie ihn holt.
Er ist schwierig. Das war immer so: wenn er einmal krank
ist, gibt sie sich rührende Mühe. Das bleibt. Früher hatte
er Freunde; er ruft sie kaum noch an, scheut sich, weil es
lächerlich ist, was ihn beschäftigt. Was man eheliche Auseinandersetzungen nennt, kommt vor, aber er meidet solche Auseinandersetzungen; dann sagt er genau, was er nicht
hat sagen wollen: die Sache mit dem ungewaschenen Geschirr. Zum Beispiel. Zeitweise gibt sie sich Mühe. Sein Interesse an öffentlichen Angelegenheiten (Sanierung der Altstadt) ist erloschen; zwar liest er den TAGESANZEIGER,
wenn er in der Bodega sitzt. Verglichen mit allem, was in

der Zeitung steht, ist es lächerlich, was ihn beschäftigt. Es ist unter seiner Würde. Wenn es je zu einer Brandstiftung kommt, so darum.

Früher brauchte er sich nichts gefallen zu lassen; ein Draufgänger, Erfolg bei Frauen usw. Noch vor kurzem brauchte er sich vieles nicht gefallen zu lassen, weil es gar nicht dazu kam. Zum Beispiel: sie hat das Foto von Straßburg einfach von der Wand genommen, verschwinden lassen. Seine Frau fürchtet jetzt immer, daß er sich lächerlich mache. Wenn jemand bei einem Fehlanruf einfach aufhängt, ohne sich zu entschuldigen, nimmt er's persönlich; er sagt nochmals: Huber! obschon der andere eben aufgehängt hat. Hinten in seinem Laden (vormittags) sitzt er bei Neon-Licht, die Lupe in die Augenhöhle geklemmt; seine Frau spricht mit den Kunden, er fast nicht mehr, oder wenn ein Kunde mit dem Goldschmied selbst sprechen will, beugt er sich über den Tisch, damit der Kunde nicht sein Gesicht sehe. Es gibt noch Leute, die seine Broschen kaufen. Meistens sagt er nichts, überhaupt nichts, wundert sich nur, was eigentlich los ist, daß er sich alles gefallen läßt. Vielleicht meint sie, daß der Goldschmied es nicht einmal merkt. Dann fragt sie jedesmal: »Hast du wirklich die Wohnung abgeschlossen?« Manchmal blickt der Goldschmied sie einfach an: als wäre er imstande sich aufzuhängen. Einer der Kellner, der junge Spanier, hat es auch gemerkt, wird freundlicher, seit der Goldschmied seinen Mantel nicht mehr auszieht; dazu trägt er die Baskenmütze, packt Fleischkäse aus einem knisternden Papier; offenbar geht er zum Abendessen nicht nachhause. Wenn der Goldschmied mit jemand Streit hat, weiß er, daß sie auf der Seite der andern ist von vornherein; da braucht er gar nichts zu erzählen. Sie will immer sein Bestes und tut, als mache er nur noch Fehler. Manchmal will er Schluß machen. In der Bodega macht es ihm nichts aus, wenn die Aschenbecher schmutzig sind. Einmal muß sie's

sagen: »Der ganze Schmutz kommt ja von dir.« Das kann
man ihm beweisen. Es ist immer besser, wenn er nichts
sagt. Eine Stunde nachdem er aus der Toilette gekommen
ist, merkt der Goldschmied, daß seine Hose nicht zuge-
knöpft ist; vielleicht ist das schon öfter vorgekommen und
der Goldschmied hat's überhaupt nicht bemerkt. Im Mantel fühlt er sich sicherer. In der Bodega erinnert er sich an
einen Fall, von dem er als Schüler gehört hat: ein Arbeiter,
Mineur, der Speiseröhrenkrebs hatte, legte sich eine Zünd-
kapsel in den Mund; sein Hirn verspritzte in den Arka-
den beim Hechtplatz. Der wollte es gräßlich, wie der Goldschmied es eigentlich nicht will. Gegen 6 Uhr wird die
Bodega voll, dann macht er Platz; er sitzt ja schon im Mantel, und es fällt nicht auf, wenn er geht. Das Geld legt er vorher auf den Tisch. Ein andrer Fall: als Kunstgewerbeschü-
ler, als er in Wiedikon mit seiner Mutter wohnte, hörte er
beim Zähneputzen im Badezimmer einen ungewöhnlichen
Ton aus dem unteren Badezimmer, nicht sehr laut, ungefähr
so wie wenn jemand mit einem kleinen Hammer den Spiegel zerschlagen hätte, nur ohne Klirren danach; ein Schuß;
nach zwei Stunden trugen sie den Sarg aus dem Mietshaus.
Je älter man wird, umso schlichter möchte man's. Auf dem
Albis kennt er Plätze genug, die sich eignen; es braucht ja
nicht am Sonntag zu geschehen, wenn es viele Spaziergän-
ger gibt, Familien mit Kindern. Manchmal denkt er: Ich
häng mich auf! beispielsweise wenn sie sagt: »Rede nicht,
sondern denke.« Er kommt immer regelmäßiger in die Bodega. Wenn er sich gesetzt hat, sieht er sich die Leute vorerst an; dann denkt er. Was eigentlich? Ein junger Bart mit
Langhaar am runden Tisch sagt: Guten Appetit. Später
hört er von einem Nebentisch das Wort: Schwanz. Der
Goldschmied muß aufpassen, daß er nicht alles auf sich bezieht; überhaupt muß er immerfort aufpassen. (Nicht nur
wenn er aus der Toilette kommt.) Ein Leben lang hat er
sich bemüht, nicht widerlich zu werden, ein Leben lang

hat er immer das Klo-Fenster geöffnet, in der Eisenbahn
hat er immer den Mantel über sein Gesicht gezogen, wenn
er schlafen wollte. Jetzt in der Bodega kennt man den
Goldschmied nur noch im Mantel: ein Alter, zufrieden mit
Fleischkäse und Clarete. Kein Trottel, wie sie zuhause
meint, aber er muß aufpassen. Wenn er in der Bodega das
Geld auf den Tisch legt, zählt er's zweimal, nach einer Weile
sogar ein drittes Mal. Ein Sprung von einem Aussichtsturm
wäre sicher, aber wenn er es sich ausdenkt: widerlich für
die Hinterlassenen, und ein Leben lang hat er sich bemüht,
nicht widerlich zu werden. Der Goldschmied weiß, es müßte bald geschehen. Geboren bei Zürich (Adliswil) und aufgewachsen in Zürich, kennt er natürlich die Mühlebach-
straße und die Mühlegasse; trotzdem hat er auf der Straße
eben die verkehrte Auskunft gegeben. Zum Glück war sie
nicht dabei. Wenn sie vor dem Fernsehen sitzen: seine Meinung überzeugt nie, er ist immer für Leute, die seine Frau
nicht überzeugen, zum Beispiel für Willy Brandt. Einmal
denkt er auch an Gashahn; nur gibt es in der Wohnung keinen Gashahn. Sie will immer sein Bestes: zum Beispiel, daß
er unter Leute gehe. Nachher sagt seine Frau, daß wieder
nur er die ganze Zeit geredet habe, daß er den andern nicht
zuhöre usw., denn der Goldschmied weiß bloß, daß es niemand überzeugt, wenn der Goldschmied einmal auch etwas sagt. Sicher und für die Hinterbliebenen nicht widerlich ist einzig die Schlafmittel-Methode, die er unmännlich
findet; immerhin hat er in den letzten Monaten angefangen,
Schlaftabletten zu sammeln, versteckt sie in der Werkstatt.
Aber auch dazu muß der Mensch aufgelegt sein; es genügt
nicht, daß einer keine Angst hat. Man nimmt nicht dreißig
Schlaftabletten einfach so, wirft sie aus der flachen Hand
in den Mund, jeweils drei oder vier, die jedesmal mit Wasser
hinunter zu spülen sind oder mit Chianti. Wenn der Goldschmied, um dazu aufgelegt zu sein, Streit anfängt wegen
einer Lappalie (wieder hat sie den TAGESANZEIGER

von heute weggeworfen), ist sie vernünftig. Sogar mütter-
lich; nachher kocht sie seine Lieblingsspeise, läßt ihn Fernsehen einschalten. Später entschuldigt er sich. Was schlimmer und schlimmer wird, liegt nicht an ihr: »Kindisch!«,
das sagt man eben so; sie hat es nicht so gemeint, wie er es
hört. Vieles hat sie schon vor 10 oder 20 Jahren genau so gesagt, und es hat dem Goldschmied nichts ausgemacht,
wenn sie gesagt hat: »Trottel«. Das meint sie nicht wörtlich, sonst hätte sie nicht ein Leben lang mit dem Goldschmied gelebt. Sie schlafen noch immer Bett an Bett. Es
liegt nicht an ihr, daß sie vor Leuten sagen muß: »Das heißt
nicht Karfunkel, du meinst Karbunkel.« Vollkommen sachlich; übrigens hat sie es ihm schon zuhause gesagt. Es ist
furchtbar, wenn man überhaupt nichts mehr sagen kann.
Einmal sagt sie: »Jetzt redest du wie ein Gaga«, aber dafür
entschuldigt sie sich; sie hat es so gemeint – sie sagt das nie
wieder.

Eigentlich braucht es gar keinen Entschluß mehr, wenn er
auf einer Bank sitzt am Wald: es genügt der Blick auf die
Stadt, Limmat, Türme, Gasometer bei Schlieren, ein Liebes-
paar, das in den Wald geht. Der Goldschmied hat jetzt die
Schlafmittel in der Manteltasche. Er wird 64. Worauf wartet er? Wenn er in der Nacht ohnehin auf die Toilette muß:
zehnmal je drei Tabletten je mit einem Schluck, das ist zu
machen. Es muß nur sicher sein. In die Bodega kommt er
nicht mehr (der Goldschmied wird nicht vermißt, aber er
fehlt: der alte Eisenofen, das Ofenrohr durch den Raum
usw., zwei oder drei Alte gehören eigentlich zum Inventar),
plötzlich weiß er nicht, wozu in diese Bodega. Wenn er Papier mit seinem Briefkopf nachbestellen läßt oder wenn
er sich nochmals eine neue Baskenmütze kauft, bedeutet
es nicht, daß der Goldschmied warten will, bis zum ersten
Hirnschlag. Dann ist es zu spät. Die Schwiegertochter in
San Paolo schreibt, sie kommen im September nach Zürich;

der Goldschmied wird sich nicht an ihren Kalender halten, so nett ihr Vorschlag gemeint ist: Familien-Ausfahrt an den Vierwaldstättersee, wo es die gebackenen Felchen in Bierteig gibt. Sie findet, der Goldschmied arbeite zu viel. Wenn er in der Nacht ohnehin auf die Toilette muß, ist es schon 4 Uhr morgens, und wenn er um 9 Uhr nicht zum Kaffee kommt, ruft sie um Hilfe, man wird von einer Ambulanz ausgepumpt. Es ist nur zu machen gegen Abend; nicht zu spät, damit die Ambulanz nicht zu früh kommt; nicht zu früh, damit er nicht schon vor dem Fernsehen einschläft. Schneetreiben am andern Tag; damit sein Vorsatz, gegen 10 Uhr abends die Schlafmittel zu nehmen, nicht auffällt, verbringt er den Tag wie üblich: vormittags in der Werkstatt, nachmittags in der Bodega (zum letzten Mal), er trinkt nicht mehr als üblich, liest den TAGESANZEIGER, um sich die Zeit zu vertreiben. Sie merkt bloß, daß er wieder in der Bodega gewesen ist: »Du vertrottelst noch in dieser Bodega.« Wenn man sich in der Hand hat, braucht man sich nichts gefallen zu lassen; da der Goldschmied sie nicht einmal anblickt, sondern im TAGESANZEIGER blättert, tut, als habe er es nicht gehört, wiederholt sie: »Du vertrottelst.« Dabei hat der Goldschmied sich in der Hand wie schon lang nicht mehr; er findet es nur schade, daß sie das gerade heute sagt. Am andern Morgen ein toter Goldschmied, das geht nicht; sie müßte sich Vorwürfe machen, daß sie das gesagt hat. Sie schlafen noch immer Bett an Bett. Um 10 Uhr, wenn jeweils die Nachrichten kommen, denkt der Goldschmied fast jedesmal daran. Der Goldschmied kennt jemand mit Hirnschlag. Scheinbar ist es nur das Lid, das streikt; es gibt Sonnenbrillen, um das zu verdecken; plötzlich sind alle Leute sehr lieb zu ihm, unsicher, ob er noch denken kann. Weiß so jemand, daß er lallt? Er wird sich nicht mehr davon erholen, aber es muß nicht sein, daß es zum zweiten Hirnschlag kommt. Noch hat der Goldschmied sich in der Hand, noch kann er denken. Ein andermal geht es wieder nicht: seine Frau muß morgen zum Arzt, sagt sie. Es kann sein, daß man schneiden muß, sagt der Arzt, kein Grund zur Sorge, eine Sache von 8 oder 10 Tagen ... So lang muß er's verschieben.

Der Goldschmied lebt noch immer. Er kommt zu den gebackenen Felchen in Bierteig am Vierwaldstättersee im September mit dem Enkelchen aus San Paolo. Jajaja! Nur die Großmutter fühlt sich nicht zum besten; sie erzählt die Geschichte ihrer Operation im Frühjahr, während der Goldschmied findet, die gebackenen Felchen in Bierteig schmecken auch nicht mehr wie früher. Der Sohn aus San Paolo: Generalvertreter einer schweizerisch-amerikanischen Firma, schon fast ein Amerikaner, wenn er so von Latein-Amerika erzählt und dazu die einheimischen Schwäne füttert. Der Goldschmied hört, daß Geld überhaupt keine Rolle mehr spiele, auch wenn er 90 wird, überhaupt keine Rolle. Jajaja! sagt nicht er, sondern die Großmutter; sie sagt es nicht zu ihm, sondern zum Enkelchen.

Wie er in der Bodega sitzt (der Eisenofen ist noch immer da, nur die Kellner haben gewechselt) und wie er den Fleischkäse aus einem knisternden Papier packt, dann kaut – seine Frau ist gestorben, der Laden verkauft, er wohnt in einem städtischen Altersheim.

Der Traum des Apothekers von Locarno

Das ist eine Gemeinheit! sagt er ruhig, aber laut, sodaß er daran erwacht und gerade noch seine Stimme von außen hört: – Gemeinheit! und jetzt erst italienisch: UNA VER-GOGNA / È UNA VERGOGNA! ... Was er in diesem Augenblick weiß von seinem Traum: ein Schlotterich von Bischof, der auf beiden Beinen hinkt, vielleicht ein Komödiant, der einen Bischof spielt, aber ein Krüppel ist, und alles in einer Turnhalle.

...

Zu jener Zeit ist er Landarzt, IL DOTTORE, als kennten sie seinen Namen nicht; alle im Dorf sagen nur: IL DOTTORE, obschon der Name jahrelang im Telefonbuch steht, am Briefkasten usw., IL DOTTORE, wogegen er natürlich ihre Namen zu kennen hat, sogar die Vornamen ihrer Kinder.

...

Die Gemeinheit muß eine andere sein.

...

Nachdem er an der eignen Stimme erwacht ist und als er auf dem Bettrand sitzt, eigentlich erschöpft, aber im Finstern aufgerichtet, damit der Traum sich nicht fortsetze, und als er Licht macht, ist er nicht mehr Landarzt und eine Weile unsicher, ob er je Landarzt gewesen ist; aber kurzdarauf (es dauert jeweils nur wenige Minuten) ist alles wieder im Klaren.

...

Gemeinheit im Dorf, man braucht sich nicht darum zu kümmern, es geschieht sozusagen nichts, kein Mord seit Jahrzehnten. Tagsüber erscheinen sie freundlich. Gemeinheit aller gegen alle, das ist es, was sie zusammenhält, abgesehen von der Landschaft, die im Winter nur wenig Sonne bekommt. Aber man braucht sich nicht darum zu kümmern, wenn man nicht hier geboren ist. Übrigens hat das Dorf keine Turnhalle.

...

IL DOTTORE! Es tönt höhnisch-höflich.

...

Er ist ein Trinker, das weiß er jedesmal, wenn er aufwacht und vergessen hat, was nicht im Klaren ist, und soeben ist es noch klar gewesen, vollkommen klar. Eigentlich ein glücklicher Traum.

...

Der Schlotterich von Bischof, der gar nichts von ihm will, und die Turnhalle haben nichts zu tun mit ihm, ein Scherz sozusagen, ein Zwischenfall; dieser Schlotterich geht ihn überhaupt nichts an, ein Bischof, der auf beiden Beinen hinkt, es ist schauerlich und lächerlich, eine Störung, insofern eine Gemeinheit.

...

Er ist katholisch-ungläubig.

...

Am Abend davor meint er, daß sie ihn betrogen haben, die Leute vom Dorf, sie haben ihn seit Jahren betrogen, angefangen mit der Wasserrechnung. Er vertraut diesen grünen Scheinen immer aus Bequemlichkeit. Sie sind unverständlich, aber wahrscheinlich gerecht und genau, lochkartengerecht, sie tragen seinen Namen.

...

Sie ist natürlich kein Mädchen mehr. Ihre Backenknochen, ihr strenges Haar wie vor zwanzig Jahren. Sie scheint fröhlich, wie er sie gar nicht kennt, und dann hat sie irgend etwas vor. Sie hat keine Angst. Sie redet, aber man ist nicht allein, eine Unordnung ringsum, wofür er sich entschuldigt: es liegen Kinder herum, viele Kinder, nicht ihre Kinder, nicht seine Kinder.

...

Er hat nur zwei Mal mit ihr geschlafen.

...

Sie scheint zu wissen, was aus ihm geworden ist, ein Landarzt, was aber unwichtig ist. Sie ist sehr zutraulich. Es hat gar nichts mit ihm zu tun, was sie redet. Es ist irgendwo. Er kennt den Ort nicht, die fremde Wohnung. Es ist Unsinn, daß er sich für die Unordnung entschuldigt. Man berührt einander aber nicht.

...

Beim Erwachen hat er Kopfweh.

...

Das Dorf weiß genau, was er in Wirklichkeit tut, IL DOT-
TORE. Vielleicht reden sie hintenherum. Was eigentlich.
Zum Beispiel setzt er sich dafür ein, daß die Fabrik (Gerbe-
rei) endlich eine Kläranlage bauen muß; bisher vergeblich.
Es stinkt noch heute. Vielleicht lügen sie, aber er kümmert
sich nicht darum. Das ist nicht die große Gemeinheit.

...

Als plötzlich der Schlotterich von Bischof in die Turnhalle
hinkt, um sich in einen prunkvollen Sessel zu setzen, ist sie
weg. Schade. Er hätte sie etwas fragen wollen, was außer
ihr niemand wissen kann und was ihn etwas angeht, ihn
ganz allein.

...

Sein Kopfweh kommt wie immer vom Grappa.

...

Er hat sie seit vielen Jahren nicht gesehen und nie an sie gedacht, weiß nur, daß sie in ihrer Ehe einmal ein totes Kind
geboren hat. Sonst nichts. Als er sie vor Jahren zufällig an
der Bahnhofstraße in Zürich getroffen hat: eine Dame, bürgerlich von Herkunft und nur noch bürgerlich.

...

Sie kommt zum ersten Mal in seinen Traum.

...

Wie meistens wenn er erwacht ist, erinnert er sich nur an die dummen Ränder des Traums; dann ist er eine Weile wie geschlagen. Später geht er an seine Tagesarbeit, IL DOTTORE, der ein Trinker geworden ist, was das Dorf ebenfalls weiß.

...

Wieso ein glücklicher Traum?

...

Tagsüber in der Apotheke, wenn er die dicke Hornbrille auf seinem schmalen Gesicht trägt, erinnert er sich an Wirklichkeiten, die der Traum benutzt hat, aber die nicht gemeint sind. Zum Beispiel die Turnhalle; als Gymnasiasten haben sie einmal Theater gespielt in einer Turnhalle, nichts weiter.

...

Die Wasserrechnung dürfte stimmen.

...

Er ist überhaupt nie Landarzt gewesen in seinem Leben; es beunruhigt ihn, daß er eine Weile nach dem Erwachen hat meinen können, früher sei er Landarzt gewesen. Es stimmt einfach nicht.

...

Hingegen stimmt es, daß er sich seit Jahr und Tag für eine Kläranlage einsetzt, IL DOTTORE; das weiß nicht nur das ganze Dorf, das weiß man auch in Bellinzona – man kennt ihn und sein Ungeschick mit der italienischen Sprache. Er stammt aus Winterthur.

...

Die Gerberei kommt im Traum nicht vor.

...

UNA VERGOGNA! das sagt er erst, als er seine Stimme schon von außen hört; das Dorf spricht nur italienisch.

...

Später erinnert er sich an einen Spaziergang mit Leny, genauer gesagt: er erinnert sich an eine Erinnerung, die er schon erzählt hat: wie eine Frau mit einem wackligen Leiterwagen kam, und im Leiterwagen saß ein verkrüppeltes und schwachsinniges Kind, und die Studentin lachte ihn aus, als er mit ernstem Entsetzen sagte, das sei sein Gesicht oder könnte sein Gesicht sein. Was er nie erzählt: nachher im Wald hat er die Studentin verführt, zum ersten Mal, und es war lächerlich.

...

Tagsüber ist alles wieder selbstverständlich.

...

Es ist ein glücklicher Traum, bis dieser Bischof kommt, der alles verdrängt, dieser violette Schlotterich, dieser alte Komödiant mit dem Hirtenstab und das Publikum, die Touristen von Locarno, seine Kunden.

...

Dabei weiß er schon längst, daß bei der Gerberei nichts zu erreichen ist, obschon sie den kleinen Fluß versaut; er hat Expertisen verlangt, IL DOTTORE, man weiß es ohne Expertisen; die Kinder baden im Fluß. Was geht's ihn an. Seine Kinder baden nicht im Fluß.

...

Es ist ein sonniger Tag, Winter.

...

Es hat alles einen andern Zusammenhang oder überhaupt keinen; es ist nur klar, solange er träumt, vollkommen klar. Es stimmt nicht, was er sich nach dem Erwachen dazu denkt; alles ist anders und wahrer als alles, was er in seiner Apotheke denkt.

...

Als er den Schlotterich von Bischof sieht, der mit beiden Beinen hinkt, weiß er übrigens schon, daß er nur geträumt hat. Das war die Gemeinheit.

...

Als er nicht mehr daran denkt (er ist inzwischen mit dem Wagen nach Locarno gefahren und hat mit den Angestellten sprechen müssen, vorher das Frühstück mit der Familie, jetzt diktiert er Bestellungen), denkt er plötzlich an E., den er lang nicht mehr gesehen hat. Wahrscheinlich hat es damit angefangen: – E. sitzt auf Asphalt, also öffentlich auf dem Boden, Beine verschränkt wie ein Buddhist, klug und witzig wie immer, aber nackt, viel kleiner als ein wirklicher Mensch und leider ohne Arme. Es ist rührend, nicht entsetzlich: der bekannte Revolutionär, aber lächelnd, ein Krüppelchen.

...

Gegen Mittag verbröckelt alles in Sinn.

...

Als seine Frau ihn fragt, was denn die Gemeinheit in seinem Traum gewesen sei (sie hat seinen lauten Ausspruch gehört), sagt er: Sie sind Gauner, das ganze Dorf, sie sind einfach Gauner.

...

E. glaubt nicht an Reformen. Das ist immer ihr Streit gewesen. Aber wie er auf dem Asphalt sitzt ohne Arme: ohne Rechthaberei, nackt und liebenswert.

...

Die Mitte im Traum bleibt leer.

...

Sobald die Kinder einmal zur Schule müssen, werden sie das Dorf verlassen, das ist schon seit einiger Zeit fast ein Beschluß, nicht dringlich; trotzdem redet er beim Frühstück davon. Es sei kein Leben hier.

...

Er liebt die Studentin, die eine Dame geworden ist, im Traum zum ersten Mal; sie weiß jetzt alles. Keine Zärtlichkeiten, wie gesagt. Hingegen weiß er im Traum nicht zum ersten Mal von einer heimlichen Liebesgeschichte, die dann jedesmal, wenn er erwacht, nie gewesen ist. Was er sie fragen möchte: ob sie sich daran erinnert. Dann wäre sie's gewesen.

. . .

IL DOTTORE, so nennen sie hier alle akademischen Berufe; wenn er ein Arzt wäre, so würden sie sagen: IL MEDICO.

. . .

Langsam verrutscht alles.

. . .

Zum Beispiel fällt es ihm jetzt ein, wer in der Tat als Gauner zu bezeichnen ist: die Unfallversicherung, die seit Jahr und Tag einfach nicht zahlt. Aber davon hat er nicht geträumt.

. . .

Es bleibt die Studentin mit den Backenknochen und dem strengen Haar. Ein Mops-Gesicht eigentlich. Sie sitzt an einem langen Tisch (Grotto) in einem braunen Kleid aus Seide, eine Bürgerin, übrigens sonnengebräunt; erst später ist es eine Wohnung mit fremden Kindern auf Kommoden, Unordnung, aber bürgerlich; sie hat nichts mit alledem zu tun. Sie redet nur zu ihm. Es spielt keine Rolle, daß er verheiratet ist. Sie nimmt an, daß es seine Freunde sind, die immer ein und aus gehen und unterbrechen. Es stört sie aber nicht. Es sind wohl seine Freunde, nur kennt er sie nicht. Sie sagt, sie sei jetzt sehr stark, sehr stark.

...

Er meint sich an Korridore zu erinnern.

...

Es war eine verkrampfte Affäre damals.

...

Tiere im Korridor, aber ungenau.

...

Einige Tage zuvor erzählt er in einem Grotto, warum er gegen die Gerberei nichts mehr unternehme, groß geredet: man könne die Welt nicht ändern, er jedenfalls nicht, es sei auch nicht sein Beruf usw., er sei kein Idiot.

...

Meistens träumt er sexuell-anonym. (Er ist Mitte vierzig.) Er ist sehr glücklich, als er sie erkennt; ihr Mops-Gesicht hat eine gewisse Ähnlichkeit mit dem Gesicht seiner dänischen Assistentin; aber es ist Leny.

...

Er mag die Dänin übrigens nicht.

...

Auch E. weiß schon alles, und es gibt gar nichts zu sagen. Ein gutes Wiedersehen, ein unverhofftes Wiedersehen. Es scheint dem E. nichts auszumachen, daß er gar keine Arme hat, fast keine Arme. Kein Unfall; nur zum ersten Mal sieht man ihn nackt. Alles ist leicht. Wie er auf dem Asphalt sitzt (sit-in) und grinst, möchte man ihn streicheln. Eigentlich grinst er kaum oder nicht. Er ist kindlich, das ist alles, er ist liebenswert.

. . .

Vielleicht spielt auch Fernsehen hinein.

. . .

Es ist nicht so, daß der andere Tag sozusagen unter dem Traum steht; er braucht nichts davon zu vergessen; es kommt gegen den Tag nicht auf (jedenfalls nicht gegen den Tag in der Apotheke) und verliert sich nur ins Privat-Lächerliche: Glück, das dem Tageslicht nicht standhält.

. . .

Warum ist er kein Landarzt.

. . .

Widerlich bleibt nur der Bischof.

. . .

Manchmal trinkt er gegen Abend (dabei sagt er sich jeden Morgen, das müsse jetzt aufhören) zuerst Wein, dann Grappa, weil er nur weiß, daß es nicht stimmt, was er denkt, was er sagt, was er tut, was er weiß.

Skizze eines Unglücks

Er hatte Vorfahrt, insofern keinerlei Schuld. Der Lastwagen mit Anhänger kam von links in die Allee kurz vor Montpellier. Es war Mittag, sonnig, wenig Verkehr –

. . .

Sie trägt kurzes Haar, blond, Hosen mit einer Messing-Schnalle auf einem breiten Gurt, dazu eine violette Pop-Brille. Sie ist 35, Baslerin, witzig. Sie kennen einander bereits ein Jahr.

. . .

Ihre Frage: Oder fahre ich jetzt? ist nicht ihr letztes Wort vor dem Unfall (wie er später vielleicht meint); das hat sie auf dieser Reise öfter gesagt.

. . .

In Avignon, allein im Badezimmer, das er abriegelt, obschon sie noch schläft, ist er entschlossen: So nicht weiter! Er will es ihr beim Frühstück sagen (ohne Streit): Kehren wir um! Es ist vernünftiger.

. . .

Sie hat ihn im Bürgerspital kennengelernt als Arzt, dem sie sozusagen ihr Leben verdankt; seinetwegen ist sie in Scheidung.

. . .

Bettnächte mit anschließender Besichtigung von Romanik oder Gotik, jeder Tag wie ein Examen: Geschichte der Päpste, nur weil man gerade in Avignon ist – sie fragt mit Vorliebe, was er nicht weiß oder nur ungefähr weiß, sodaß er unsicher wird. Warum der Papst im 14. Jahrhundert nach Avignon emigriert ist, läßt sich ja nachlesen, wenn es sie wirklich interessiert. Aber es geht nicht um die Päpste. Nachher im Bett macht sie ihn wieder sicher.

. . .

Er ist Junggeselle.

. . .

Sie findet die Reise gelungen. Das sagt sie seit Genua, wo es in Strömen geregnet hat. Später hat das Wetter sich gebessert. Sie sagt: Du schaust ja gar nicht! Vorallem die Provence begeistert sie, es kommt vor, daß sie auf der Fahrt singt.

. . .

Er hat eine Glatze, das weiß er.

. . .

Aix-en-Provence, natürlich findet er's schön, sogar sehr. Aber sie traut es ihm nicht zu, weil er anderswohin schaut als sie.

. . .

Es heißt nicht CAVILLION, sondern CAVAILLON, der berühmte Spargel-Ort. Übrigens hat sie es ihm schon gestern gesagt. Sie hat recht. Es heißt tatsächlich CAVAILLON, kurzdarauf steht es auf einem Schild: CAVAILLON. Dann schweigt er, kurzdarauf überfährt er ein rotes Stop-Licht.

. . .

Hotelzimmer mit grand-lit, wo sie nachher die Zeitung liest, LE FIGARO LITTERAIRE, wovon er, wie sie beide wissen, nichts versteht. Sie ist Romanistin, Dr. phil.

. . .

In Nizza speisen sie mit Freunden, ein netter Abend, nur findet sie nachher, er habe während dieses ganzen Essens (Bouillabaisse) über Essen geredet. Das darf man einem Partner wohl sagen. Er hat sich vorgenommen, nie wieder über das Essen zu reden, und übertreibt jetzt, schweigt mit Nachdruck, wenn Marlis ihrerseits über das Essen redet, wie es vorallem in Frankreich natürlich ist.

. . .

Es ist nicht ihre erste gemeinsame Reise. Früher hatte er Humor, solange er davon zehrte, daß sie ihn als Arzt bewunderte. Ihre erste Reise, als sie genesen war, führte ins Elsaß.

. . .

Er hat noch nie einen ernsten Unfall gemacht, trotzdem wäre er froh, wenn Marlis sich anschnallen würde. Sie tut's nicht, sonst hat sie Angst, daß er noch schneller fährt. Er verspricht, daß er sich an sein Versprechen hält. Das tut er auch. Seit Cannes. Wenn er merkt, daß sie trotzdem auf die Sicherheitslinie schaut, ohne etwas zu sagen, weiß er nicht mehr, was er eben hat erzählen wollen. Er ist langweilig und weiß es.

. . .

In Avignon, nachdem er das Badezimmer verlassen hat, sagt er: Ich warte unten. Was los sei? Sie weiß es wirklich nicht. Vielleicht ist er überarbeitet.

. . .

Sie bewundert kluge Menschen, vorallem Männer, weil sie Männer für klüger hält als Frauen. Wenn sie von jemand spricht: Er ist sehr klug. Oder: Klug ist er gerade nicht. Dabei zeigt sie's niemand, wenn sie ihn nicht klug findet. Sie hält es für ein Zeichen ihrer Liebe, daß es sie kränkt, wenn er, Viktor, in Gesellschaft nicht klüger spricht als sie.

. . .

Er gedenkt nicht zu heiraten.

. . .

Jetzt fährst du 140! Darauf hat er gewartet. Schrei mich bitte nicht an! Erstens schreit er nicht, sondern sagt nur, darauf habe er gewartet. Immer ihr Blick aufs Tachometer. Zweitens fährt er, wie das Tachometer zeigt, genau 140. Das sagt sie ja. Gestern ist er 160 gefahren (Autobahn zwischen Cannes und St. Raphaël), einmal 180, wobei Marlis ihr Kopftuch verloren hat. Man hat sich geeinigt: Maximum 140. Jetzt sagt sie: Es ist mir einfach zu schnell. Dabei überholt sie jeder Volkswagen. Sie sagt: Ich habe einfach Angst. Er versucht's mit Spaß: Maximum gestern 140, Maximum heute 120, das ergibt bei Bilbao ein Maximum von 30. Bitte! Da er es selber einen blöden Spaß findet, findet er's unnötig, daß Marlis es einen blöden Spaß findet. Sie singt nicht mehr, er überholt nicht mehr, sie schweigen.

. . .

Ihr Mann, der erste, war (ist) Chemiker.

. . .

Daß sie in Marseille nicht die Schuhe gekauft hat, weil er dort ungeduldig war, nimmt sie nicht übel; sie sagt nur, daß ihre Schuhe sie drücken, daß es in Arles, wo er sich geduldig zeigt, keine Schuhe gibt für sie.

. . .

Eigentlich würde er lieber allein frühstücken. Er weiß auch nicht, was eigentlich los ist. Er kennt keine Frau, die er zum Frühstück lieber erwarten würde als Marlis. Das weiß sie.

. . .

Wie klug ist Marlis?

. . .

Er weiß, daß es an ihm liegt.

. . .

Später meint er vielleicht, er sei schon mit der Ahnung erwacht, daß dieser Tag mit einem Unfall endet; schon unter den Platanen in Avignon habe er's geradezu gewußt.

...

Ihre kindliche Freude an Käufen; auch wenn sie nichts braucht, bleibt sie vor Schaufenstern stehen und unterbricht das Gespräch. Das war aber bei andern Frauen kaum anders.

...

Er stammt aus Chur, ein Sohn eines Eisenbahners, Akademiker cum laude, demnächst soll er Oberarzt werden.

...

Die berühmte Ortschaft, wo die Zigeuner zusammenkommen, heißt nicht SAINTES MARIES SUR MER, sondern SAINTES MARIES DE LA MER. Sie sagt es ihm nicht. Sie vermeidet sogar den Namen, um Viktor nicht zu korrigieren, bis er es vielleicht selber merkt.

...

Sie nennt ihn Vik.

...

Sie will nicht die Überlegene sein, das verträgt kein Mann, Viktor schon gar nicht; er ist Chirurg, also daran gewöhnt, daß die Leute ihm vertrauen müssen, und auch Marlis hat ihm damals vertraut.

...

Redensart von Marlis: Bist du sicher? Ob C., ein gemeinsamer Bekannter in Basel, eigentlich homosexuell sei, möchte sie wissen; kaum äußert er dazu seine Meinung, sagt Marlis: Bist du sicher?

...

In Avignon, wo er unter den Platanen auf sie wartet, fühlt er sich plötzlich wie früher, als er noch Humor hatte. Es kommt ihm wie ein Spuk vor. Sonne in den Platanen, Wind, wahrscheinlich Mistral. Vielleicht geht es heute besser. Er wird seinen Vorschlag, diese Reise abzubrechen, nicht machen. Im Grunde ist es lächerlich. Er sitzt unter Platanen an einem runden Tischchen und studiert den GUIDE MICHELIN, um nachher zu wissen, wie man am besten nach Montpellier fährt.

...

Er ist 42.

...

Einmal, als Student, hat Viktor eine Woche in der Provence verbracht. Er meint die Arena von Arles zu kennen, als sie gegen Arles fahren und als Marlis aus dem GUIDE MICHELIN vorliest: Angaben betreffend Durchmesser der Arena, Zahl der Plätze, Höhe der Fassade, Baujahr usw. Sie liest es französisch. Es ist französisch geschrieben, Marlis kann nichts dafür, daß er, sobald er französisch hört, sich wie im Examen fühlt; dabei versteht er's. Wenn sie im GUIDE MICHELIN liest, schaut sie nicht auf die Sicherheitslinie. Als Student, damals, war er mit einer Hamburgerin; was davon geblieben ist: seine Erinnerung, wie sie oben auf der Kranzmauer gesessen haben, eine sehr genaue Erinnerung an diese Arena von Arles. Er schildert sie im voraus. Ein guter Abend in Arles, Viktor erzählt mehr als sonst und lebhaft. Sie mag es, wenn er so erzählt. Sie trinken (was er sonst, wenn er im Dienst ist, nicht tut). Am andern Morgen besuchen sie die Arena von Arles – er stellt fest, daß er sich an die Arena von Nîmes erinnert hat, was Marlis nicht bemerkt, aber er.

. . .

Sie ist schlank. Sie hat ein großes Gebiß und volle Lippen, die, auch wenn sie nicht lacht, ihre Zähne immer sichtbar lassen. Wer ihr sagt, sie sei schön, ist durchgefallen; anderseits tut sie nicht wenig, um schön zu sein für den Mann, der sie als klug erkennt.

. . .

Eine Stunde nach Arles gesteht er, daß er die Arena von Arles und die Arena von Nîmes verwechselt habe.

. . .

Sie weiß, daß Viktor wartet. Sie findet, man habe Zeit. Warum geht er immer voraus, sodaß er dann warten muß? Sie kann nicht schneller. Es ist immer dasselbe. Als er unter den Platanen an dem runden Tischlein sitzt, sagt er sich selbst, daß es an ihm liegt: weil er immer vorausgeht. Sie hat recht; er kann ja Avignon genießen. Das tut er. Sonne in den Platanen. Als er sieht, daß Marlis wieder vor einem Schaufenster steht und nicht loskommt, obschon sie weiß, daß Viktor wartet, beschließt er: Geduld. Sie sagt, daß es auch in Avignon, wie sie eben gesehen habe, keine Schuhe gebe für sie. Ferner: daß sie viel zu leicht angezogen sei. Ob es in Spanien wärmer wird? Das vermutet er, sagt aber nichts, um für den Fall, daß diese Reise wirklich nach Spanien führt, nichts Falsches gesagt zu haben. Hingegen sagt

er: Nimmst du ein Brioche? und was er anbietet: ein Crois-
sant. Er merkt es gerade noch, verbessert sich aber nicht,
da sie seine Frage überhört hat. Er bemerkt jetzt jeden Fehler, den er macht. So meint er. Dabei merkt er beispielsweise nicht, daß sie auf Feuer für ihre Zigarette wartet.
Entschuldige! sagt er und gibt Feuer. Entschuldige. Die
Wiederholung ist zuviel.

...

In Basel lebt sie nicht mehr bei ihrem Mann, aber auch
nicht bei VIK; das würde, wie man weiß, ihre Sache bei der
Scheidung belasten.

...

Wie er plötzlich, nachdem er Feuer für ihre Zigarette gegeben hat, sie anblickt: nicht böse, nur unpersönlich, wie
man einen Gegenstand anblickt. Sie fragt, ob ihm denn
ihre Kette nicht gefalle. Dann ruft er: Garçon! plötzlich
so entschlossen. Als seine Hand über ihre Wange streichelt,
bleibt es unklar, was diese Geste soll. Leider kommt aber
der Garçon nicht, der nur fünf Schritte nebenan einen andern Tisch abwischt. Die Geste seiner Hand hat sie verwirrt. Er ist entschlossen, munter und locker zu bleiben.
Er sagt: Ein herrliches Wetter! Sie fragt: Hast du noch immer nicht bezahlt? Eine Frage ist kein Verweis; er klopft
mit einer Münze an das Blech, bis Marlis ruft: Garçon?
Jetzt kommt er. Daß sie, während er zahlt, den Garçon aus-
führlich befragt, wie man nach Montpellier fahre, brauchte
ihn nicht zu verdrießen; Marlis kann ja nicht wissen, daß
er vorher die Karte genau studiert hat. Als der Garçon endlich verschwunden ist, sagt sie: Du hast verstanden?

...

Wovor hat er Angst?

...

Einmal (nicht auf dieser Reise) hat sie im Halbscherz gesagt: Du bist nicht mehr mein Chirurg, Vik, daran mußt
du dich gewöhnen.

...

In der Garage allein mit dem Mann, der den Wagen ge-
waschen hat, sagt er BENZIN (nasal) statt ESSENCE; es
macht nichts aus, wenn Marlis nicht zugegen ist. Er bekommt, was er meint.

...

In Basel ist alles anders.

...

Ein einziges Mal auf der ganzen Reise, in Cannes, sagte sie:
Idiot! weil er gegen ihren Hinweis in eine Einbahnstraße
fährt. Warum nimmt Viktor es ernst? Dann wartet er auf
die nächste Zensur.

...

Sie freut sich auf Spanien.

...

Schließlich ist sie Romanistin; wenn sie hin und wieder
sein Französisch verbessert, sollte Viktor dankbar sein.

...

In Avignon wartet er im offenen Wagen, raucht, während sie noch etwas kaufen muß. Man hat Zeit. Ferien. Er raucht, er will sich Mühe geben. Als sie endlich kommt, empfängt er sie wie ein Kavalier, steigt aus dem Wagen und öffnet ihr die Türe, sagt: Ich habe deine Sonnenbrille gefunden! Sie lag unter dem Sitz. Marlis sagt: Siehst du! als habe er ihre Sonnenbrille verloren, die zweite auf dieser Reise. Was Marlis noch hat kaufen wollen, eine andere Nagelfeile, hat sie nicht gefunden; dafür Strandschuhe, die er lustig findet. Warum ist sie verstimmt? Sie hat immer das Gefühl, Viktor sei ungeduldig. Wie in Marseille. Sie hat einen halben Koffer voller Schuhe, und er versteht nicht, warum sie seit Marseille nur noch die Schuhe trägt, die sie drücken. Sein Vorschlag, nochmals über Marseille zu fahren, sollte nicht ironisch sein, aber das glaubt sie ihm nicht. Jetzt sind beide verstimmt.

...

Schade um die Bettnächte.

...

Daß die MANCHA nicht, wie Marlis behauptet hat, im Norden von Madrid liegt, weiß jedermann; immerhin hat er, bevor sie zum Frühstück gekommen ist, nochmals auf der Karte nachgesehen. Nicht um darauf zurückzukommen! Nur um sicher zu sein.

...

Man fährt im offenen Wagen, nachdem er versprochen hat, daß er keinesfalls rast. Es ist eben etwas anderes, ob man

am Steuer sitzt oder daneben. Daß er dann (wie zwischen
Cannes und St. Raphaël) überhaupt nicht mehr überholt,
sondern hinter jedem Lastwagen bleibt, ist in der Tat lächerlich; nachher findet er sich selber unmöglich.

...

Er haßt seinen Namen: VIKTOR, aber mag es auch nicht,
wenn sie sagt: VIK, vorallem wenn die Leute am andern
Tisch es hören.

...

Daß Europa zu einer einheitlichen Währung kommen muß
und wird, ist seine Meinung; Marlis ist nicht überzeugt,
hört sich aber seine Begründungen an und sagt nichts dazu.
Warum wird er gereizt? Es ist nicht die Begründung, was sie
nicht überzeugt.

...

Sie ist vollkommen genesen.

...

Wenn sie schweigt, gibt er sich selbst die nächste Zensur.
Warum spricht er jetzt von den Spargeln im Elsaß (also
wieder vom Essen!) statt Ausschau zu halten, wo die Aus-
fahrt nach Montpellier ist? Sie setzt die Sonnenbrille auf,
sagt: Hier kommen wir nach Lyon! und da er schweigt: Ich
denke, du willst nach Montpellier. Er hängt seinen linken
Arm aus dem Wagen, um sich locker zu geben. Kurzdarauf
ein Wegweiser: TOUTES LES DIRECTIONS. Im Elsaß,
damals auf ihrer ersten Liebesfahrt, hatte sie einfach Vertrauen. Nochmals ein Wegweiser: TOUTES LES DIREC-
TIONS. Noch immer kein Fehler.

. . .

Wenn er meint, er habe Humor, findet sie es meistens nicht;
dann wieder kommt es vor, daß sie über eine Bemerkung
von ihm auflacht, und er weiß nicht warum.

. . .

Sie knotet sich das Kopftuch, ein neues, das sie sich statt
der Nagelfeile gekauft hat; Viktor bemerkt es erst, als sie
fragt: Wie gefällt es dir? Plötzlich sagt er: Du hast recht! als
habe sie etwas gesagt nach seiner Bemerkung, er sei ohne
sie schon einmal von Bagdad nach Damaskus gefahren
durch die Wüste und habe es gefunden; jetzt sagt er: Wir
sind am Arsch! was Marlis verwundert, da es sonst nicht
seine Ausdrucksweise ist. Er lacht, als stehe man auf dem
berühmten Pont d'Avignon, der in der Mitte abbricht; tatsächlich befindet man sich nur in einem Industrie-Areal
mit dem Schild: PASSAGE INTERDIT. Er schaltet in den
Rückwärtsgang, sie sagt: Sei nicht nervös. Als er nach einer
Serie von Fehlern (man hört sie aus dem Getriebe) die Straße gefunden hat, die jeder Idiot findet, hat Viktor noch immer nicht gesagt, ob ihr neues Kopftuch ihm gefällt.

. . .

Sie ist klug ohne Begründungen.

. . .

Wenn er jetzt seinen weißen Klinik-Mantel anziehen könnte, wäre es sofort anders; die Vorstellung, daß er im weißen
Klinik-Mantel durch die Provence und nach Spanien fährt –

. . .

Warum erzählt er nichts?

...

Es stimmt nicht, daß er noch nie einen Unfall hatte. Marlis weiß es nur nicht, es ist lange her. Unfall mit viel Glück. Er selber hat es sozusagen vergessen. Als es ihm einfällt, blickt er Marlis von der Seite an: als habe sie ihn daran erinnert durch ihr Schweigen, nachdem er gerade einen Deuxchevaux überholt hat.

...

Was heißt eigentlich Plexus? Er ist Chirurg, und es wäre komisch, wenn er's nicht wüßte. Trotzdem wartet er darauf, daß sie sagt: Bist du sicher? Sie schweigt aber. Erst als Viktor meint, die Route über Aigues Mortes sei die kürzere, sagt sie: Bist du sicher?

...

Marlis sitzt barfuß im Wagen, da ihre Schuhe sie drücken, aber sie spricht nicht davon. Er nimmt Anteil – statt daß er irgend etwas erzählt.

...

Warum legt er seine Hand auf ihren Schenkel?

...

In Antibes hat er sie angebrüllt, erinnert sich aber nicht mehr, wie es dazu gekommen ist. Später will er sich entschuldigt haben, indem er sagte: Also gut! – bleich vor Wut, ohne zu glauben, daß er im Unrecht war: Ich bitte um Entschuldigung!

...

Ob die flache Landschaft, die Marlis entzückt, als Provence oder als Camargue anzusprechen sei, ist eigentlich doch gleichgültig. Wieso beharrt er auf Camargue? Vielleicht hat er ja recht.

...

Kein Wort bis AIGUES MORTES.

...

Er kommt entgegen ihrer Warnung, die er nicht einmal mit einer Miene beantwortet, tatsächlich in einen sehr knappen Parkplatz. Ohne Kratzer und sogar auf den ersten Anhieb. Wortlos. Hundert Schritt weiter sind lauter leere Parkplätze und sogar im Schatten. Nur hat auch Marlis das nicht wissen können. Sie sagt auch nichts.

...

Apéritif unter Platanen allein, während sie sich im Städtchen umsieht. Plötzlich fühlt er sich wie in den Ferien. Dieses Licht unter den Platanen, dieses Licht usw.

...

Daß sie ihm ihr Leben verdanke, hat er, Vik, nie gemeint. Es ist eine Operation gewesen, die in der Regel gelingt. Vielleicht hat sie es gemeint –

...

Hier könnte man bleiben. Es ist elf Uhr, zu früh zum Mittagessen. Trotzdem könnte man hier bleiben. Die alten Festungsmauern halten den Mistral ab. Wenn Marlis zurückkommt, wird er wie verwandelt sein: heiter, gelassen – es liegt an ihm, nur an ihm.

...

Manchmal möchte er ein Kind von ihr.

...

Sie weiß nicht, warum Viktor solche Geschichten macht wie in Antibes. Erst brüllt er sie an, dann schlägt er ein Restaurant vor, BONNE AUBERGE, Drei-Stern. Sie glaubt nicht an diese Sterne. Er besteht darauf. Schon wieder verstimmt, daß sein Vorschlag nicht entzückt, läßt er sie eine Stunde allein in Antibes bummeln. Was macht er? Als man sich wieder trifft, nochmals dasselbe Palaver, wo man speisen will; ihr Einwand, aber es gebe Restaurants in der Nähe, wozu Drei-Stern usw. Die Gegend, wo er hinfährt, sieht nicht nach Restaurants aus; als sie endlich fragt: Bist du sicher? fährt er wortlos weiter, zweigt ab, zweigt nochmals ab, und da steht es: BONNE AUBERGE. Der Oberkellner führt zum Tisch auf der Terrasse, den der Herr vor einer Stunde persönlich ausgesucht hat. Leider ist es jetzt auf der schönen Terrasse zu kühl, drinnen Kulisse, Bedienung in Folklore, das Essen ist mäßig, aber teuer, aber es macht nichts. Marlis ist lieb, obschon er sie vor einer Stunde angebrüllt hat; er tut ihr leid.

...

Mistral ist auch der Name eines Dichters – was Viktor gewußt hat. Hingegen kommt der Wind, der ebenfalls Mi-

stral heißt, nicht vom Meer her, wie Marlis meint. Das
nebenbei. Hingegen hat sie natürlich recht: LETTRES
DE MON MOULIN, das ist von Alphonse Daudet, das hat
er in der Schule gelesen, aber nicht von Mistral. Das nebenbei. Eigentlich hat sie nur gesagt: Mistral ist ein Dichter,
das weißt du.

. . .

Er fährt einen Porsche.

. . .

Unter den Platanen von AIGUES MORTES: sein Griff in
die Joppe, um sich zu versichern, daß er seinen Paß nicht
verloren hat. Viktor hat seinen Paß noch nie verloren. Sein
Schrecken, als sein Paß nicht in der Joppe ist; aber im gleichen Augenblick erinnert er sich: er ist im Wagen, sein Paß.
Er ist sicher, erinnert sich genau, wie er den Paß in das Fach
gesteckt hat; aber er wird nachsehen. Er ist nicht sicher.

. . .

Wenn er seinen Entschluß im Badezimmer, heute diese
Reise abzubrechen, durchgeführt hätte, wären sie jetzt in
Lyon, abends in Basel – während es hier so schön ist: Die-
ses Licht unter den Platanen, dieses Licht usw. Wenn sie
kommt, wird er einen Vorschlag machen: Bummel ans
Meer.

. . .

Hoffentlich findet sie ihre Schuhe.

. . .

Unter den Platanen von Aigues Mortes: eine Stunde vor
dem Unglück möchte er noch einen schwarzen Kaffee. Ob
er zu müde sei, um zu fahren? Er lobt das Licht unter den
Platanen, dieses Licht usw., Tauben gurren um das Denk-
mal des SAINT LOUIS. Marlis möchte weiter, sie hat wirklich keinen Hunger, sie möchte nicht einmal einen Apéritif. Jetzt findet Viktor, man habe ja Zeit. Ein Alter mit drei
langen französischen Broten unter dem Arm.

...

Spanien war ihre Idee.

...

Er hält sich nicht für einen Egoisten. Er ist nur glücklich,
wenn er meint, er könne jemand glücklich machen. Gelingt
das nicht, so ist er entsetzt; er bezieht alles auf sich.

...

Wer die beiden von außen sieht, findet nichts daran, daß
sie LE PROVENÇAL liest, während er, seine langen Beine
auf das Trottoir gestreckt, Kaffee trinkt und auf das Wunder wartet – es müßte von außen kommen, von den gur-
renden Tauben ... Er wäre bereit zu heiraten. Nur eine
Frage des Humors. Willst du hier noch lange sitzen? fragt
sie. Entschuldige! sagt er: Du liest ja die Zeitung, nicht ich.
Er meint's nicht so, wie es tönt, und daß er dann ihre Handtasche trägt, Kavalier aus Bedürfnis, ist sie gewohnt. Also
kein Wunder.

...

Zum ersten Mal ist es Viktor, der einen Kreuzgang besichtigen möchte. Romanik. Sie mag nicht.

...

Sie gehen Arm in Arm.

...

Zum ersten Mal ist es Viktor, der überall stehen bleibt. Markt mit Früchten und Gemüse. Es ist rührend, wenn Viktor sagt: Hier gibt's Schuhe! und offenbar noch immer nicht weiß, was sie sucht.

...

Warum muß man nach Spanien?

...

Er wartet in einer Gasse, Marlis hat ihr Kopftuch vergessen, er wartet eigentlich nicht auf Marlis. Was würde er machen, wenn er allein wäre? Als er sieht, daß sie kommt, daß sie wieder vor einem Schaufenster stehen bleibt, kauft er eine HERALD TRIBUNE, um zu wissen, was in der Welt geschieht. Nach einer Weile, als er von der Zeitung aufblickt, ist Marlis verschwunden –

...

Touristen beim Mittagessen.

...

Später sagt sie: Entschuldige! Sie hat eine lustige Mütze gekauft. Nein! lacht sie: Für dich! Marlis ist bester Laune. Als
er den Wagen öffnet, ihre Frage: Oder fahre ich jetzt? Er
fährt. Warum immer nur er? Er bittet dringlich, daß sie ihn
ans Steuer läßt. Das läßt sich jetzt nicht erklären. Gefällt sie
dir nicht? Sie meint die bunte Mütze. Zum ersten Mal hat
er Angst vor der Straße.

...

Sie ist ein Kind.

...

Sein Paß ist im Fach.

...

Du siehst lustig aus! Sie hat ihm die bunte Mütze aufgesetzt, damit er nicht so ernst sei. Er wundert sich, daß Marlis sich anschnallt. Ohne Aufforderung. Er läßt die Mütze
auf dem Kopf, als er schaltet, Blick zurück, um hinten nicht
anzustoßen. Nur jetzt kein Fehler –

...

Das also ist Aigues Mortes gewesen.

...

Sie hat einen Sohn, der zur Schule geht; sie hat in Paris studiert; sie ist in Scheidung; sie ist eine Frau, kein Kind.

...

Pferde der Camargue. Manchmal sagt sie etwas, manchmal sagt er etwas. Zum Glück wenig Verkehr. Dann wieder versucht er beruflich zu denken: Wann ist ein Mensch tot? Die Frage bei Herzverpflanzungen. Er ertappt sich im Augenblick, als er sagt: Morgen muß ich Öl wechseln! statt daß er sagt, was er denkt. Er macht es sich zu einfach.

. . .

Früher, als Kind, ist sie geritten.

. . .

Fahrt hinter einem belgischen Wohnwagen, ohne zu überholen; als er endlich überholt, reicht es gerade noch, aber es war gefährlich. Sie sagt nichts.

. . .

Patienten schätzen ihn: seine Ruhe, seine Sicherheit, seine Zuversicht usw.

. . .

Jetzt trägt sie die lustige Mütze. Dir steht alles! sagt er, aber er schaut auf die Straße. Hört er überhaupt zu? Sie liest aus dem GUIDE MICHELIN vor, damit er sich auf die Höhlenmalerei von Altamira freue, damit er nicht nur an seinen Ölwechsel denkt, damit er weiß, warum sie nach Altamira fahren. Sie meint's lieb.

. . .

Er hatte immer Glück, verglichen mit andern Leuten, gesundheitlich und beruflich und überhaupt, nicht nur als Alpinist (Piz Buin) –

...

Sie sagt: Denkst du schon wieder ans Essen! Er denkt überhaupt nichts, sondern schaut auf die Straße; er hat nur irgend etwas sagen wollen, was mit Montpellier zu tun hat, weil er ein Schild sieht: MONTPELLIER 12 KM. Er hätte besser nichts gesagt.

...

Viktor kommt mit leichten Verletzungen davon, Schnittwunden an der Schläfe, erinnert sich aber an keinen Lastwagen mit Anhänger. Sie stirbt auf dem Transport ins Hospital von Montpellier. Er erinnert sich nicht einmal an die Allee, wo es passiert ist, wo jetzt der gekippte Anhänger zwischen den Platanen liegt; beim Augenschein kommt es ihm vor, als befinde er sich zum ersten Mal in dieser Allee mit der Kreuzung, wo er verhört wird (französisch) und erfährt, daß er Vorfahrt hatte, also keine Schuld.

...

Später wird er Oberarzt.

...

Ein Jahrzehnt lang spricht er nie von dem Unglück bei Montpellier; er weiß nicht, wie es dazu gekommen ist.

...

Einige Bekannte wissen es ungefähr.

...

Er wird Chef einer Klinik, Vater von zwei Kindern, reist viel, aber nie nach Spanien.

...

Ein Arzt, der am Vorabend einer Operation von sich selber erzählt, ist eine Zumutung, das weiß er; trotzdem erwähnt er plötzlich seinen Unfall bei Montpellier in Frankreich: – Ich hatte Vorfahrt, wie gesagt, insofern keinerlei Schuld... Nachher sagt er: Wie sind wir eigentlich auf diesen Unfall gekommen? Der Patient weiß es auch nicht. Warum sagt er nicht einfach Gutnacht, das Übliche: Sie werden schlafen, sonst klingeln Sie der Nachtschwester. Aber das hat er schon vorher gesagt. Dann hat er eines der Bücher vom Nachttisch genommen, ohne mehr als den Titel zu lesen. Er legt es wieder auf den Nachttisch. Was er eigentlich hat sagen wollen: Kein Grund zur Sorge, er werde morgen dabeisein, nicht selber operieren, aber dabeisein, kein Grund zur Sorge usw.

...

Er hatte nie wieder einen Unfall.

...

Der Patient, offensichtlich enttäuscht, wagt nicht zu fragen, warum der Chef nicht selber die Operation vornimmt.

...

Ihre Frage: Bist du sicher?

...

Mehr über den Unfall berichtet er nie.

...

Marlis hat den Lastwagen gesehen, sie hat ihn gewarnt, er hat den Lastwagen gesehen, aber nicht gebremst; er hatte Vorfahrt. Es kann sein, daß er sogar Gas gegeben hat, um zu zeigen, daß er sicher ist. Sie hat geschrien. Die Gendarmerie von Montpellier gab ihm recht.

Epilog

In der Nacht stoßweise Wind. Kein Regenrauschen, aber es tönt so. Eine Jalousie, kaputt, schlägt Alarm. Rauschen in den trockenen Bäumen. Er ist wach. Kein Grund, das Bett zu verlassen. Die Fensterscheiben halten stand. Um zwei Gartensessel, die ohnehin kaputt sind, ist es nicht schade. Kein Wetterleuchten, nur Stöße von Wind, wahrscheinlich ist es sternenklar über dem Meer. Was kann schon geschehen? Der Wagen ist in der Garage. Keine Lampe, die baumelt; kein Erdbeben. Später fällt das elektrische Licht aus. Die Vorstellung, daß die Insel am nächsten Morgen überschwemmt sei, das Haus allein auf dem Hügel mit den Oliven. Später sitzt er barfuß im Wohnzimmer, wo er nochmals einschläft, allein im Haus, das standhält. Der Morgen ist blau und gewöhnlich. Ein Sonnenschirm ist gekippt und gebrochen, die Insel nicht überschwemmt. Er erinnert sich nicht, was er in der Nacht alles gedacht hat. Da und dort Äste auf der trockenen Erde. Er frühstückt im Pyjama, überlegt, wer die Jalousie reparieren könnte. Später sammelt er die Äste von dem trockenen Boden, bevor er sich ankleidet, barfuß. Das Telefon ist auch ausgefallen, aber das entdeckt er erst jetzt. Später kommt Post, die zeigt, daß alles weitergeht. Boden unter den Füßen. Es kommt ihm vor, als gebe es Dringlicheres. Die Idee, das Haus zu verkaufen. Er weiß nicht, womit es zu tun hat. Alles ohne Zusammenhang: seine Frau, die auf seinen Anruf wartet, der Sonnenschirm, die Briefe, der blaue und gewöhnliche Tag, seine Schuhe, die er anziehen sollte. Gegen Mittag geht er barfuß zum Strand. Erinnerung an den Wind in der Nacht und an die Allee von Montpellier, die Kreide auf dem Asphalt, die Touristen, das Dorf, kein Grund zum Schrecken. So geht er schwimmen. Kein Boden unter den Füßen, der wolkenlose Himmel über dem Meer. Einmal möchte er es wissen. Er schwimmt hinaus, solange die Kräfte reichen, und sie reichen so weit, bis man kein Land mehr sieht.

Glück

»Ich hatte Glück, Fjodor Iwanowitsch, ich wage kaum dran zu denken. Ein unheimliches Glück. Sie sehen, ich fahre in der ersten Klasse. Ich habe einen Paß, ich habe einen Titel, ich bin frei. Warum ich nicht nach Sibirien gekommen bin, verstehe ich heute noch nicht, denn es fehlte wenig, Gott weiß es, sehr wenig«, sagt er, indem er Tabak nicht in die Nase stopft, sondern in eine Charatan-Pfeife; es summt auch kein Samowar, aber es ist Winter und in der Eisenbahn, und nachdem die Pfeife endlich zieht, sagt der Reisende, indem er zum Fenster hinausschaut: »Es schneit.« Es ist aber nicht Rußland, was man dadraußen sieht. »Ich hatte keinen Grund zur Eifersucht«, sagt er, als wolle jemand seine Geschichte hören, »nicht den mindesten Grund. Natascha war verheiratet, aber das wußte ich von Anfang an. Vielleicht war ich sogar froh, daß Natascha verheiratet war. Jetzt denken Sie gewiß, das gehört sich nicht, weil Natascha verheiratet war. Aber das ist heutzutage anders, Fjodor Iwanowitsch. Ihr Mann war ein stiller und sanftmütiger Mensch, sogar jünger als ich, ein gerechter und bedrückter Mensch. Mag sein, daß Natascha ihn verkannt hat. Ihretwegen aber hatte ich Weib und Kinder verlassen. Das hielt ich damals nicht für moralisch, aber es machte mich doch glücklich. Ich liebte sie, Fjodor Iwanowitsch, ich liebte Natascha.« Es ist auch niemand im Abteil, der Fjodor Iwanowitsch heißen könnte oder Wassily Wassilikow oder irgendwie, und trotzdem muß er es einmal erzählen. »Sehen Sie, ich denke selten daran, um nicht zu erschrekken, eigentlich nie«, sagt er: »Ich war damals ein erwachsener Mensch, ein geachteter Mensch sozusagen, und ich glaube, Sie haben es erraten, Fjodor Iwanowitsch, ich könnte sehr wohl ein Mörder sein!« Auch der Schaffner, der einmal vorbeikommt und ins Abteil schaut, ist offenkundig kein Russe, sondern ein Kondukteur, ein junger und rosiger Bursche mit einer roten Tasche, die um sein Knie baumelt, kein unfreundlicher Mensch, aber auch er hat keine Zeit wie einst die Menschen in den russischen Eisenbahnen, die sich halbe Romane anhörten, und nachdem er das Abteil verlassen hat, sagt der Reisende: »Aber interessiert es Sie auch wirklich?« Vorher war er im Speisewagen; da blicken sie auf den Teller oder am andern vorbei, und wenn sie dann die Rechnung beglichen haben, nicken sie vielleicht, aber dann ist es zu spät, um sagen zu können: »Ich bin ein kranker Mensch ... ein schlechter Mensch ... Ein abstoßender Mensch bin ich. Ich glaube, ich bin leberleidend.« Wer will das wissen? »Gott weiß es, ich hatte das kleine Beil schon erhoben, und Natascha saß vor mir, ich wollte sie spalten wie ein Scheit. Ich wollte es natürlich nicht, aber das Beil wollte es, das kleine Beil, Fjodor Iwanowitsch, in meiner Hand.« Das sagt man nicht in einem Speisewagen, auch nicht im Abteil, nachdem ein Herr zugestiegen ist, der kaum Gutentag sagt und seine Zeitung lesen möchte. Vielleicht heißt er Hubacher oder Vogelsanger, ein einheimischer Herr, und es war ja auch nicht in Rußland, wo das Entsetzliche stattgefunden hat, sondern in Graubünden. »Kennen Sie die Gegend von Bivio?« Das läßt sich sagen, auch wenn der andere sich dann wundert und sagt: Wieso? Es summt kein Samowar, wie gesagt, es bruzzelt nur in seiner Charatan-Pfeife. »Eine schöne Pfeife«, sagt er, »nicht wahr?« Sicher ist der Herr, der hinter seiner offenen Zeitung nicht zu sehen ist, kein schlechter Mensch; sein Mantel ist ein guter Mantel mit feinem Futter. »Ich bin ein kranker Mensch, was ich vielleicht gar nicht bin, ich bin ein lächerlicher Mensch«, sagt er draußen im Korridor: »Übrigens habe ich vorher gelogen, Fjodor Iwanowitsch. Vielleicht haben Sie es bemerkt. Nicht ihretwegen habe ich Weib und Kind verlassen. Das ist Unsinn. Sondern meinetwegen! – später habe ich ja auch Natascha verlassen – und Wassa . . . Sie halten mich jetzt für einen gewissenlosen Menschen, Fjodor Iwanowitsch, aber das Gegenteil ist wahr. Sie war zu gut für mich, ich meine jetzt meine erste Frau. Ich prügelte sie nie, Gott sei mein Zeuge, aber es war ein Segen für sie, daß ich sie verlassen hatte. Heute geben alle es zu. Sie waren immer zu gut für mich, und ich mußte eines Tages erkennen, daß sie litten, Sie verstehen, früher oder später. Jedesmal gab es Geschwätz, das gleiche Geschwätz. Drum bin ich viel gereist. Heute weiß ich: Das Gegenteil ist wahr. Was heißt Gewissen! Im Gegenteil, die Frauen wurden entweder glücklicher, nachdem ich sie verlassen hatte, oder zumindest nicht unglücklicher – so viele sind es übrigens nicht gewesen, Fjodor Iwanowitsch, falls Sie das meinen . . . Jetzt sind wir in Biel, glaube ich«, sagt er und verbessert sich: »Bienne.« Es schneit noch immer. Heutzutage halten die Züge nicht lang; die Reisenden können nicht aussteigen, um sich heißes Wasser zu holen, und im Speisewagen gibt es auch keinen Tee mehr, nur noch das Menü. »Ich hatte keinen Grund zur Eifersucht«, sagt er, um in seiner Erzählung fortzufahren, »denn es waren ihre Brüder . . . Ich weiß nicht, wie es in jener Nacht über mich kam. Es war in einer Ski-Hütte. Sie machte also ihren Brüdern einen Glühwein, weil es kalt war, sie redete diesen ganzen Abend nur zu ihren Brüdern und die Brüder redeten nur zu ihr, denn ich gehörte nicht zur Familie. Ich fand es komisch, das heißt, ich versuchte es komisch zu finden, es war komisch, Fjodor Iwanowitsch, aber ich bin ein eitler Mensch. Denn ich konnte es nicht haben, daß Natascha ihren Brüdern verbundener wäre als mir. Bin ich ein habsüchtiger Mensch? Ich war nicht betrunken, denn sie machte ja den Glühwein für ihre Brüder; ich wollte nichts davon. Sie können sich denken, wie fröhlich es zuging. Ich sagte kein Wort, denn sie redeten jetzt nur französisch, Sie verstehen, das kam noch hinzu. Es ist lächerlich. Plötzlich

haßte ich sie, beobachtete sie von der Seite und haßte sie
vollkommen nüchtern. Oder so meinte ich wenigstens; tatsächlich liebte ich sie, aber ich haßte die Sippe in ihr. Die
Sippe! – ich finde eine Sippe immer gemein, zum Umbrin-
gen ... Es kam über mich, als wir uns zum Schlafen legten, alle nebeneinander, Natascha und ihre Brüder und ich.
Genau gesagt: Natascha zwischen ihren Brüdern und mir.
Es war kalt. Ich hatte den ganzen langen Abend das Holz-
feuer besorgt, aber den Glühwein machte sie für ihre Brüder. Sie schnarchten bereits, als die Wut mich packte, ich
spürte, wie sie plötzlich meine Decke wegriß und mich
packte wie von außen, die Wut, und wie sie mich aufsetzte
im Dunkeln ... Sagte ich schon, daß ihr Bruder, der ältere,
ein Offizier war? Er war der dümmere, aber Natascha wies
ihn nie zurecht. Der jüngere aber war ein Tänzer, Choreo-
graph oder so etwas, ein Artist also. Vorallem ihn bewunderte Natascha sehr – ich begriff zum ersten Mal, wer ich
war: ihr Liebhaber ... Es ist wohl möglich, daß Natascha
jetzt im Dunkeln fragte, ob mir unwohl sei, im Flüsterton,
damit die Brüder weiter schnarchen konnten; ich hörte sie
nicht. Ich bin auf hohe Schulen gegangen, aber ich bin und
bleibe ein primitiver Mensch. Natascha traute es mir nicht
zu. Und ihre Brüder, ohne mehr zu wissen als die Tatsache,
daß ich Natascha liebte, trauten es mir ebenfalls nicht zu ...
Es war Winter, das sagte ich schon, und es war Nacht, ich
wußte nicht wohin. Hinaus in den tiefen Schnee. Ich wollte
erfrieren, Sie verstehen, während sie in der Hütte schnarchten«, sagt er und hält inne, da wieder jemand durch den
engen Korridor geht. »Fjodor Iwanowitsch, glauben Sie an
Gott?« fragt er, ohne eine Antwort zu erwarten: »Jetzt
wäre ich schon fünfzehn Jahre in Sibirien für einen blöden Mord. Vielleicht hätte ich's gelernt. Es braucht wenig,
das ist alles, was ich genau weiß. Vielleicht hätte ich gelernt,
Fjodor Iwanowitsch, an die Gnade zu glauben. Jetzt glaube
ich bloß an Glück«, sagt er und kratzt die Charatan-Pfeife

aus, während der Herr, der Vogelsanger heißen könnte oder
Bärlocher oder so, seine Ledermappe nimmt und das Abteil freigibt, nicht ohne zu nicken. »Kurz und gut«, sagt er,
als er sich wieder ins gepolsterte Abteil gesetzt hat, »ich
wollte also erfrieren. Ich haßte mich, Fjodor Iwanowitsch,
ich schämte mich. Es war nicht kalt genug, um zu erfrieren, nur unerträglich. Sternennacht. Meine steife Leiche
im Schnee am andern Morgen, das war nicht nur ein lächerlicher und niederträchtiger Vorsatz, sondern auch undurch-
führbar, denn ich schlotterte bloß, als es im Osten über
den Bergen schon dämmerte. Natascha schlief. Sie wußte
nichts von meinem Vorsatz, niemand unter dem Sternen-
himmel wußte von meiner Lächerlichkeit. Nur ich!... Jetzt
sind wir in Brugg, glaube ich«, sagt er, Blick zum Fenster
hinaus, »Brugg oder Baden.« Das sind keine epischen Di-
stanzen. »Ich langweile Sie vielleicht, Fjodor Iwanowitsch,
aber Sie sind der erste Mensch, dem ich meine Geschichte
erzähle ... Als ich endlich in die Hütte zurückging, dünkte
ich mich vollkommen bei Sinnen, vernünftig und kalt in
meinem Entschluß, lautlos meine Skier zu nehmen und in
der ersten Dämmerung abzufahren ins Tal, um Natascha
einen Brief zu schreiben. Auch sie war zu gut für mich. Ein
Engel!... Ich weiß ja nicht, Fjodor Iwanowitsch, ob Sie es
kennen, dieses Bewußtsein der Lächerlichkeit, dieses Bewußtsein der Niedrigkeit, das grimmiger ist als eine Sternennacht im Schnee, oder so empfand ich es wenigstens,
als ich die Brüder über mir schnarchen hörte. Was hatten sie mir denn getan, der Offizier und der Artist? Ihre
Schwester hatte sie mit Glühwein bedient, und ich verstehe
einigermaßen französisch ... Ich nahm also das kleine Beil,
um Holz zu hacken, weil ich fror in meiner Lächerlichkeit nach zwei Stunden im Schnee. Ich fror in den Knochen. Ich hatte Feuer gemacht für sie, jetzt machte ich Feuer
für mich. Das kracht natürlich, so ein Kloben, wenn das
Beil drin stecken bleibt und wenn man den Kloben mit

Beil auf den Block haut. Das Schnarchen der Sippe ließ
nach. Ich freute mich jetzt, daß ich schlotterte, denn das
gab mir das Recht, die Kloben zu hauen und Scheite zu machen, Brennholz, wie unsereiner das tut, nicht ohne Selbst-
gefährdung. Es muß lustig ausgesehen haben, aber es war
gar nicht lustig, Fjodor Iwanowitsch. Als Natascha herunter kam und fragte, was ich um Gotteswillen denn mache, sagte ich: Glühwein. Sie war schläfrig und nicht so
schön wie sonst, wie am ganzen Abend zuvor, und da sie
schläfrig war, wurde ich deutlicher: Glühwein für mich!
Dabei schämte ich mich. Ihre Vernünftigkeit, Fjodor Iwanowitsch, ihre weibliche Vernünftigkeit! – Sie kennen Natascha ja nicht. Wir liebten uns schon drei Jahre, ich meine,
sie ist die Unvernunft in Person, ein wahrer Mensch, aber
jetzt ihre Vernünftigkeit um fünf Uhr morgens war aufrei-
zend. Glühwein, schrie ich, geh weg! Natascha meinte mich
zu kennen, sonst hätte sich Natascha nicht auf den Block
gesetzt, als sei er dafür gemacht, Natascha in einem blauen
Overall und mit offenem Haar und schlafwarm. Die Brüder, nachdem meine Hackerei sie geweckt hatte, hörten
natürlich zu; sie sagte: Qu'est-ce que tu fais? Ich sagte es
noch einmal: Glühwein! so mit einer Betonung, Sie kennen das, Natascha hielt es für Ulk, ich weiß nicht, oder für
eine sture Rücksichtslosigkeit gegenüber den andern, nicht
nur gegenüber ihren beiden Brüdern. Ich habe vergessen zu
sagen, daß auch noch andere in der Hütte waren, Töchter
und Söhne und was weiß ich, eine ganze Sippe, als ich sagte:
Geh weg! und das kleine Beil erhob«, sagt er, »um Brennholz zu machen, Kleinholz –«, sagt er und kratzt wieder
die Pfeife aus, um zu schweigen, aber dann kann er's doch
nicht: »Jetzt sind wir in Schlieren«, sagt er, Blick zum Fenster hinaus: »Fjodor Iwanowitsch, haben Sie schon einen
Sessel auf die Straße hinuntergeworfen? und dann noch
einen und noch einen? – ich habe mich nie gebessert, sehen
Sie, das war mit Wassa, das war später, ich hatte Grund zur

Eifersucht und war besoffen, ein besoffenes Schwein, es waren Sessel aus Eisen, die meine Wut packte und von der Terrasse hinunterschleuderte auf die Straße, und ich wurde kein Mörder, Fjodor Iwanowitsch. Wie erklären Sie das?« Er schweigt, bis die Pfeife wieder zieht. »Sie glauben an Gott, Fjodor Iwanowitsch, sonst würden Sie nicht über mich lächeln. Sagen Sie's ehrlich, daß ich Ihnen leidtue, Fjodor Iwanowitsch, als ein dummer und oberflächlicher Mensch. Ich tue mir nicht leid … Ich war nicht wahnsinnig, ich wußte in diesem Augenblick genau, daß alle meine Lächerlichkeit nichts zu tun hatte mit Natascha, die mich anblickte, und nichts mit ihren Brüdern, nur konnte ich das kleine Beil jetzt nicht mehr halten, obschon Natascha vor mir saß und mich anblickte. Ich glaube, ich konnte nicht einmal ihren Namen aussprechen, ihren so geliebten Namen, ich hörte bloß: Qu'est-ce que tu fais? Dann stak das kleine Beil in dem Block, sie stand daneben, ich hatte das Scheit noch in der Hand, das ich hatte spalten wollen – das war alles, Fjodor Iwanowitsch: Glück!« sagt er und blickt noch immer zum Fenster hinaus, wo die gelben Lichter einer Station vorüberfliehen: »Das war schon Altstetten«, sagt er gleichgültig, und es wird langsam Zeit, den Mantel herunterzuholen und was der Reisende sonst noch hat, nicht viel, ein kleines Paketchen, Parfum für seine Frau. Sein Mantel hat nie oder selten einen Aufhänger, sodaß er ihn ins Gepäcknetz zu werfen pflegt, und als er sich umsieht, wo sein Mantel sich befinde, scheint es ihn zu verwundern, daß Fjodor Iwanowitsch gegenüber sitzt, gerade unter seinem Mantel, etwas lächelnd: »Väterchen, das ist deine ganze Geschichte?« Im Korridor drängen sich schon die Leute. »Nein«, sagt der Reisende, ohne jetzt seinen Mantel herunterzuholen, ebenfalls spöttisch: »Fjodor Iwanowitsch.« Dieser ist ein kleiner Herr, noch nicht alt, aber mit offenbar vorzeitig ergrautem krausen Haar und mit auffallend blitzenden Augen; er sitzt in einem abgetragenen, doch offenbar von einem sehr guten Schneider angefertigten Mantel mit Pelz am Kragen, Persianer, und trägt die Pelzmütze auf dem Kopf; wenn er den Mantel aufgeknöpft hat, sieht man darunter eine Poddiowka und ein russisches Hemd mit bunten Stickereiborden: »Ich heiße Podsnyschew«, sagt er, als müßte man den Namen kennen, und dann: »Darf ich Ihnen meinen Tee anbieten? Er ist allerdings sehr stark.« Der Tee, den er auf der vorletzten Station aufgebrüht hat, ist wirklich wie Bier. »Podsnyschew«, wiederholt er bitter; er spricht mit einer hüstelnden Stimme: »Väterchen, warum erzählst du nicht deine ganze Geschichte, deine wirkliche Geschichte, wenn du doch siehst, daß jemand zuhört?« Man spürt jetzt in den Füßen, daß der Zug zu bremsen beginnt. »Gut«, sagt der Reisende, »ich will's Ihnen erzählen«, als habe er den Kondukteur nicht gehört, der in jedes Abteil sagt: Zürich Hauptbahnhof, alles aussteigen! – er schweigt einen Augenblick, reibt sich das Gesicht mit den Händen und fängt an: »Wenn ich erzählen soll, muß ich alles von Anfang an erzählen. Ich muß erzählen, wo ich geboren bin und wer mich erzogen hat, wer meine Freunde gewesen sind, was ich gelernt habe und alles, was zu meiner armseligen Geschichte geführt hat –«

Statik

Eines Morgens, kurz nach acht Uhr, meldet er sich an irgendeinem Schalter. Ein Gendarm unten beim Eingang hat ihn nicht beraten können. Als er, lange schon mit dem Hut in der Hand, endlich an die Reihe kommt und sich in den Schalter beugt, um zu wiederholen, daß er Anzeige erstatten müsse gegen sich selbst, blickt der Beamte ihn gar nicht an, sondern heftet Papiere zusammen, Rapporte. Er möge im Vorzimmer warten wie andere auch, die auf einem verbotenen Platz geparkt haben und mit den üblichen Ausreden kommen. Er setzt sich aber nicht auf die gelbe Bank, da er ja keine Vorladung hat, keine Hoffnung, je aufgerufen zu werden. Um sein Gesicht nicht zu zeigen, blickt er zum Fenster hinaus, Hut in der Hand. Er schreit nicht.

...

Es kommt schubweise. Oft dauert es nur eine Stunde, nachher begreift er sein Entsetzen nicht – der Beamte hätte gelacht oder auch nicht; man hätte nicht verstanden, was denn dabei ist, daß er eine verheiratete Schwester in Schottland hat, ferner einen Sohn, dem er regelmäßig Geld schickt.

...

Er trinkt keinen Alkohol.

...

Seine Studenten bemerken zu jener Zeit überhaupt nichts. Es belustigt sie seine kalligraphische Gewissenhaftigkeit mit der Kreide, wenn er die Tafel vollschreibt, immer den

Schwamm in der andern Hand, um einen allfälligen Fehler sofort tilgen zu können. Er hat wenig Haar, von hinten eine Glatze mit kleinen verschwitzten Locken. Wenn er sich wieder zur Klasse wendet, putzt er sich jedesmal die Hände verlegen mit gesenktem Blick.

...

Später setzt er sich auf die gelbe Bank wie vorher die andern auch. Vermutlich ist das Stockwerk nur teilweise zuständig für seinen Fall. Unten beim Eingang hängen in vergitterten Kasten die üblichen Steckbriefe mit Fotos von der jeweiligen Mordwaffe (Messer), Belohnung 5000 Franken, später 10 000 Franken; je länger sie einen nicht finden, umso teurer wird man. Er blickt auf seine Uhr: es ist Samstag. Er fragt sich, ob in Anbetracht der Tatsache, daß das Kommissariat offensichtlich überlastet ist, seine Selbstanzeige gerade heute stattfinden muß –

...

Seine Frau hält es noch für Vergeßlichkeit, für Zerstreutheit. Da es den ganzen Tag geregnet hat, müßte er doch bemerkt haben, wann und wo er ohne Hut in den Regen hinaus getreten ist – dann hat er keine Ahnung, einen nassen Kopf, aber keine Ahnung.

...

Sein Fach: Statik für Architekten. In der Praxis werden die statischen Berechnungen ohnehin einem Ingenieur-Büro überlassen, und es genügt, daß der Architekt sozusagen ein Gefühl für Statik hat. Er zeigt immer Lichtbilder: Risse im Beton.

...

Sein Spitzname: Der Riß.

...

Der Besuch beim Kommissariat wiederholt sich nicht; hingegen sagt er zu seiner Frau einige Wochen darauf, er müsse sein Amt niederlegen. Er ist 53.

...

Er hat niemand umgebracht, nicht einmal im Straßenverkehr. Bei einem Bau-Unfall, der einem Arbeiter das Leben gekostet hat, war er Augenzeuge, aber nicht der verantwortliche Ingenieur, der übrigens freigesprochen worden ist. Er selber, damals Praktikant, war nur zufällig zur Stelle, weil er Meßgeräte hatte mitbringen müssen – trotzdem hat er jetzt Angst, es könnte ihm plötzlich einfallen, daß er jemand umgebracht hat.

...

Nicht daß er an Gericht glaubt –

...

Architektur in Ehren, aber Schub ist Schub. Was man nie vergessen darf: jede Last, die wir in unsrer Rechnung vergessen, rächt sich, siehe Lichtbild: Risse über dem Auflager, Schub, Torsion im Pfeiler, Einsturz. Dann sagt er jedesmal: Sehen Sie! In der Pause bleibt er im Auditorium, schreibt und zeichnet auf Vorrat. Wenn er sich, um Hilfe zu leisten, neben die Studenten auf die Bank setzt, rechnet er immer nach altem Schweiß.

...

Das erste, was seine Nächsten bemerken, ist ein Tick – er
sagt bei jeder Gelegenheit: Das weiß ich nicht! auch wenn
er gar nicht befragt wird, ob er schon wisse und was er
denn dazu meine. Man achtet kaum darauf oder nimmt
es wie eine andere Floskel; wie wenn jemand immer sagen
muß: Ach so, ach so. Oder: Genau. Es ist aber keine Floskel; es ist ihm vollkommen bewußt, wenn er sagt: Das weiß
ich nicht! Meistens fällt sein Unwissen gar nicht ins Gewicht. Wozu muß er wissen, wo die größte Meerestiefe sich
befindet? Natürlich ist es kaum möglich, jedes Unwissen
sofort anzumelden; die andern reden schon in der Annah-
me weiter, man wisse ja, und erst nach einer Weile, wenn
das Thema erschöpft ist, kann er zusammenfassen: Das
habe ich nicht gewußt! Wie gewissenhaft er zuhört und wie
wenig es eine Floskel ist, wäre daran zu erkennen, daß er
zum gleichen Punkt nie zweimal sagt: Das weiß ich nicht!
Einmal genügt; dann ist sein diesbezügliches Unwissen re-
gistriert, und er vergißt nichts, wovon er nichts weiß.

...

Er lehnt es ab, Dekan zu werden.

...

Sein Gedächtnis läßt nicht nach, im Gegenteil, sein Gedächtnis richtet sich gegen ihn – er erinnert sich plötzlich,
daß er eigentlich seiner Schwester in Schottland noch immer ihren Anteil an der Erbschaft schuldet. Eine kompli-
zierte Geschichte, aber was ihm einfällt: 80 000 Franken.
Plus Zinsen. Oder es fällt ihm ein: ein Fremdwort, das er
im Augenblick nicht braucht; es fällt ihm nur ein, daß er
jedesmal nicht weiß, was es heißt.

...

Meistens hängt dann der verlorene Hut in seinem Vorzimmer. Einmal wundert sich ein Student, der dem Professor den Mantel hält und dann auf den Hut verweist: der Professor behauptet, es sei nicht sein Hut. Er geht ohne.

...

Die Studenten mögen ihn.

...

Nicht nur liegen auf seinem Tisch die gelben Bleistifte alle gespitzt nebeneinander, alles ist so. Er fürchtet sich vor Unordnung. Er gehört zu den Menschen, die immer schmutzige Fingernägel haben und nichts dagegen machen können.

...

Im Kommissariat, als nach einer Stunde ein jüngerer Gendarm ihn fragt, was er wünsche, bleibt er sitzen auf der gelben Bank: wie jemand, der nicht weiß, wieso er an diesem Ort erwacht –

...

Nur sein Gesicht ist eingestürzt.

...

Seine Frau, die ihn seit 19 Jahren verehrt, leidet weniger unter seinem Unwissen als unter seinem Tick, daß er's jedesmal meint melden zu müssen. Manchmal legt sie schon vorher ihre Hand auf seinen Arm, um ihn wenigstens vor

Leuten abzuhalten von seinem Satz: Das weiß ich nicht! Sie
tut es ohne Erfolg; vielmehr erschrickt er schon über ihre
freundliche Hand, als habe sie ihn aufmerksam machen
wollen: Das weißt du nicht! und er bestätigt: Das weiß ich
nicht!

...

Es sind Lappalien, die ihm einfallen vorallem gegen Morgen, wenn es draußen noch finster ist. Dann geht er barfuß in die Küche, um irgend etwas zu verspeisen, Käse,
Kompott, notfalls kalte Spaghetti. Es hilft wenig, wenn
Vorkommnisse, die sein Gedächtnis plötzlich freigibt, als
komisch zu bezeichnen sind. Er erschrickt trotzdem. Oft
kommt es dadurch, daß er erschrickt, zu ganzen Serien ...
Daß er dem Friedhofamt auf die Mitteilung, das Grab seiner
Mutter werde demnächst aufgehoben, nicht geantwortet
hat, ist ein Versäumnis, das ihm nicht zum ersten Mal einfällt; statt sich aber hinzusetzen und sofort zu schreiben,
daß er selbstverständlich für eine Urne aufkomme, erinnert
er sich, daß er damals, 1940, eigentlich richtig gehandelt
hat, einem Major gegenüber sogar mutig. Sein Gedächtnis
gibt plötzlich (während er barfuß in der Küche steht) den
ganzen Wortwechsel heraus, und was er diesem Major gesagt hat: lauter Schwachsinn. Manchmal fällt ihm auch nur
ein Gefühl ein, das man in seinem Lebensalter nicht mehr
hat, oder ein Geruch.

...

Eines Tages stellt er sein Rücktrittsgesuch –

...

Es fällt ihm ein: ein gestohlener Fußball. Es fällt ihm ein:
das sogenannte Doktor-Spiel im Keller, Homosexualität,
die Angst hinterher, und wie dann der Detektiv in den Keller kommt, da er's der Mutter gesagt hat, sein Verrat an
dem jungen Gärtner. Es fällt ihm ein: daß er von dem jungen Gärtner ein Taschengeld bezogen hat. Es fällt ihm ein:
daß er im Gymnasium durchgefallen ist.

. . .

Später hört sein Tick wieder auf – er senkt nur sofort den
Kopf, wenn er etwas nicht weiß, und hört zu. Vögel haben
zuweilen diese schiefe Haltung des Kopfes, dann hat man
keine Ahnung, wohin sie blicken. Er sagt fast nie: Das weiß
ich nicht! sondern schweigt nur mit dieser schiefen Haltung des Kopfes –

. . .

Aber von alledem kann er nicht reden, oder wenn er zu
reden versucht, so ist es sofort mißverständlich; man kann
ihm sofort belegen, daß er ein ordentlicher Professor ist,
kein Schwindler, ein Vater zumindest guten Willens, kein
Antisemit, als Kollege geschätzt für seine bescheidene Art.
Auch ist er (um Gotteswillen) kein Mörder usw. Er widerspricht dann nicht und nickt auch nicht, sondern blickt vor
sich hin. Sie meinen es moralisch. Er ist trotzdem bestürzt –

. . .

Sein Rücktrittsgesuch wird nicht angenommen, da er es
nicht hat begründen können; er ist gesund; der Hochschul-
rat bewilligt ihm eine Sekretärin.

. . .

Er begreift nur, daß es unaufhaltsam ist.

...

Seine verheiratete Schwester aus Schottland hat er am Flughafen nicht erkannt und kehrt unverrichteter Dinge zurück; sie sitzt in seiner Wohnung, als habe sie immer da gesessen, nur eben älter. Dann aber geht es ordentlich, sogar
herzlich, ohne Riß.

...

STATIK FÜR ARCHITEKTEN, ein Handbuch, das seinen jahrzehntelangen Unterricht zusammenfaßt, wird kurz
nach Erscheinen in drei Sprachen übersetzt, darunter Ja-
panisch.

...

Eigentlich geht überhaupt alles in Ordnung –

...

Seine Frau findet es verrückt, als er ihr eröffnet, er habe
seinen Prozeß damals zu Recht verloren ... Das ist lang
her, ein Fall, worüber jedermann nur den Kopf schütteln
kann. Ein Skandal. Er hatte gegen eine Firma geklagt; man
hatte eine statische Expertise, die er, damals noch nicht
Professor, auf Bestellung geliefert hatte, zwar zum Teil ho-
noriert, aber bei der Ausführung (Industrie-Bau mit großen Hallen) aus Spargründen nicht beachtet. Er klagte aus
Verantwortungsbewußtsein. Die Firma hatte aber, wie sich
herausstellte, Steuersitz im Fürstentum Liechtenstein, Ge-
richtsort war Vaduz. Er mußte einen zweiten Anwalt nehmen, einen aus Liechtenstein, der, wie sich vorerst nicht

herausstellte, die Firma in Steuerangelegenheit beriet. Das alles hatte er nicht gewußt. Als dann die Hallen bereits standen und ein sogenannter Vergleich vorgeschlagen wurde, Auszahlung des restlichen Honorars bei Rückzug der Klage, war nicht nur sein Honorar bereits für Justiz-Spesen verbraucht, sondern auch seine Karriere zu bedenken; die Firma nämlich, um den Vergleich zu erzwingen, hatte sich inzwischen andere Expertisen verschafft, während er seine Habilitation einreichte. Der SCHWEIZERISCHE INGENIEUR- UND ARCHITEKTEN-VEREIN, der für solche Fälle ein Schiedsgericht hat, warnte ihn, auch noch Klage zu erheben gegen Kollegen wegen ihrer Expertisen, zumal diese Kollegen bei der Wahl eines Professors zwar keine direkte Stimme haben, aber natürlich einen kollegialen Einfluß. War es nun (nach seinen Begriffen damals) feige, daß er gewisse Kollegen schonte, um seine Professur nicht zu gefährden, so lehnte er umso entschiedener jeden Vergleich mit der Firma ab, koste es, was es wolle, nämlich jenen Teil der Erbschaft, den er seiner Schwester schuldig blieb ... Jetzt kommt er beim Frühstück plötzlich mit der Erkenntnis, daß er den Prozeß damals zu Recht verloren habe. Tatsächlich stehen die fraglichen Hallen noch heute. Das aber ist nicht seine Begründung. Er hat keine.

...

Dann wieder Wochen ohne Schub –

...

Die Lichtbilder für den Unterricht ordnet er jedesmal eigenhändig in die Kassette, hält jedes einzelne vorher gegen das Fensterlicht, als könnte sich eines einschleichen, das ihn zum Gespött macht. Es wurde schon einmal gelacht; es war dunkel im Auditorium, und so konnte er für das Gelächter keinen Grund sehen. Das Lichtbild (Einsturz eines Hangars mit Dreigelenkbogen, ein Beispiel dafür, was ein nicht kalkulierter Wind vermag) hat er für immer aus der Kassette genommen.

. . .

Seine Schwester ist durch Heirat vermögend; als er die Geschichte mit der Erbschaft erwähnt, legt sie lediglich Wert darauf, daß ihr Mann, ein Bankier, nie davon erfährt. Im übrigen meidet er alle Erinnerungen familiärer Art. Zum Glück ist das Grab der Mutter noch nicht aufgehoben. Übrigens bleibt sie, die Schwester aus Schottland, nur zwei Tage (im Hotel) und begreift in dieser kurzen Zeit nicht genau, warum der Bruder ihr leidtut – er hat eine Professur, eine sehr liebe Frau, einen Sohn, der gerade Leutnant wird, eine staatliche Pension usw.

. . .

Dann kommt dieser Kongreß in Brüssel, das er von früher kennt. Als das Hotel, das er ebenfalls kennt, schon bestellt ist, das Ticket usw., gesteht er plötzlich: er sei nie in Brüssel gewesen – seine Frau hat Briefe von ihm aus Brüssel, sogar Fotos, die sie ihm zeigen kann; er glaubt es sich trotzdem nicht.

. . .

Es ist jetzt nur noch die Frage, wann sie es merken, daß er nichts von Statik versteht, eine Frage der Zeit. In 9 Jahren wird er pensioniert. Sein Sohn scheint es schon zu wissen.

. . .

Wie er im Kommissariat auf der gelben Bank sitzt mit dem Hut in der Hand, weiß er nicht, was in der Nacht sein Gedächtnis freigegeben hat – er nimmt an, daß sie es wissen, hofft es fast.

...

Dann wieder kommt es vor, daß er denselben Hut auf den Kopf setzt. Ohne Zögern. Wenn er nachhause kommt, hat er einfach seinen Hut wieder. Das Klischee vom vergeßlichen Professor ärgert ihn; tatsächlich vergißt er immer weniger.

...

Einmal mitten auf der Straße nimmt er seinen Hut vom Kopf, bleibt stehen und schaut sich um, ob jemand ihn sehe, dann hängt er den Hut auf die eiserne Spitze eines Gartenzauns und geht weiter.

...

Manchmal wundert es ihn jetzt, wie hoch sein Kopf sich über seinen eigenen Füßen befindet, die da gehen auf dem Asphalt.

...

Als er krank wird, ist er froh.

...

Nach der Genesung sieht man ihn am Arm seiner Frau. Er nickt verschüchtert, wenn man ihn grüßt, erinnert sich aber an seine ehemaligen Schüler, die es weit gebracht haben, sogar an ihre Namen. Er sei genesen, sagt er höflich mit schiefer Haltung des Kopfes. Er trägt noch immer dieselbe Art von Hut, Filz, das Band verschwitzt. Sein Amt hat er nicht wieder angetreten. Seine Frau, die ihn über die Straße steuert, tut ebenfalls, als sei nichts geschehen. Die sichtbare Tatsache, daß die Bauten seiner Schüler (Siedlungen, Hallen für Kongresse, Krankenhäuser, Büro-Türme aus Stahl und Glas) allesamt nicht einstürzen, ändert nichts an seiner Selbsterkenntnis: – er verstehe nichts von Statik, habe nie verstanden, was er gelehrt habe –

Ein Mann, Botschafter einer Großmacht ...

Ein Mann, Botschafter einer Großmacht, ist in der Som-
merfrische zusammengebrochen, aber es ist, wie sich her-
ausstellt, kein Herzinfarkt, nur eine Einsicht, was ihn getroffen hat, und da hilft kein Urlaub, um sich davon zu
erholen, kein neuer Orden, um sich daran aufzurichten.
Er hat eingesehen, daß er gar nicht die Exzellenz ist, für
die ihn die Welt, unter Kronleuchtern empfangen, zu halten vorgibt. Kraft des Amtes, das er innehat, muß man ihn
ernst nehmen, wenigstens solange er es innehat, solange
er im Namen seiner Großmacht und um seines Titels willen
sich selbst ernst nehmen muß. Wieso muß? Ein Schreiben
an seine Regierung, eigenhändig getippt, damit kein Sekre-
tär davon erfährt, daß er einem falschen Mann gedient hat
seit Jahr und Tag, liegt bereit – ein Gesuch um Rücktritt ...
Aber er tritt nicht zurück. Er wählt das Größere: die Rolle.
Seine Selbsterkenntnis bleibt sein Geheimnis. Er erfüllt sein
Amt. Er läßt sich sogar befördern und erfüllt sein Amt,
ohne zu blinzeln. Was er fortan von sich selber hält, geht die
Welt nichts an. Er spielt also, versetzt nach Washington
oder Peking oder Moskau, weiterhin den Botschafter, wis-
send, daß er spielt, und den Leuten ringsum, die da glauben,
er sei der rechte Mann am rechten Platz, nimmt er nicht
ihren Glauben, der nützlich ist. Es genügt, daß er selbst
nicht glaubt. Er ist heiter und würdig, und die an ihm zweifeln, verwunden ihn nicht; er braucht sie nicht zu fürchten und nicht zu hassen, nur zu bekämpfen. Und es geschieht, was aussieht wie ein Wunder: indem er eigentlich
bloß spielt, leistet er nicht nur Ordentliches wie bisher,
sondern Außerordentliches. Sein Name erscheint in den
Schlagzeilen der Weltpresse; auch das macht ihn nicht irre.
Er meistert seine Rolle, die somit die Rolle eines Hochstap-

lers ist, kraft des Geheimnisses, das er nicht preisgibt, nie, auch nicht unter vier Augen. Er weiß: jede Selbsterkenntnis, die nicht schweigen kann, macht kleiner und kleiner. Er weiß: wer nicht schweigen kann, will erkannt sein in der Größe seiner Selbsterkenntnis, die keine ist, wenn sie nicht schweigen kann, und man wird empfindlich, man fühlt sich verraten, indem man von Menschen erkannt sein will, man wird lächerlich, ehrgeizig im umgekehrten Grad seiner Selbsterkenntnis. Das ist wichtig: auch nicht unter vier Augen. Gesagt ist gesagt für immer. So tut er, als glaube er an seine eigene Exzellenz, und versagt sich jede Anbiederung mit Leuten, insbesondere mit Freunden, die ihn so einschätzen, wie er sich selbst einschätzt. Kein Geständnis macht ihn hörig. Dank seiner Persönlichkeit, die er spielt, wird eine Stadt vor der Zerstörung durch Bomber gerettet, und sein Name wird eingehen in die Geschichte, er weiß es, ohne zu lächeln, sein Name wird in Marmor geschrieben, wenn er stirbt, als Name einer Straße oder eines Platzes, und eines Tages stirbt er. Man findet kein Tagebuch, keinen Brief und keinen Zettel, der uns verrät, was er all die Jahre gewußt hat, nämlich daß er ein Hochstapler gewesen ist, ein Scharlatan. Er nimmt sein Geheimnis, daß er gewußt hat, ins Grab, dem es an ehrenvollen Schleifen nicht fehlt, an Kränzen groß und Reden lang, die seine Selbsterkenntnis für immer zudecken. Er schielt nicht über sein Grab hinaus; angesichts seiner Totenmaske, die wie manche Totenmasken etwas Lächelndes hat, wundern wir uns: sie hat einen Zug von Größe, unleugbar. Und sogar wir, die wir nie viel gehalten haben von ihm, ändern lautlos unser Urteil, weil er nie danach gefragt hat, angesichts seiner Totenmaske.

Editorische Notiz

Max Frisch war ein Geschichtenerzähler, der jeder fertigen Geschichte gegenüber Vorbehalte hatte. Die Erzählungen und Novellen herkömmlicher Art waren ihm verdächtig wegen der Eindeutigkeit ihre Anfänge, der Endgültigkeit ihrer Schlüsse, der Selbstgewißheit ihrer Botschaften. Daher konnte er seiner Leidenschaft, Geschichten zu erzählen, nur nachleben, wenn er diese Vorbehalte in die Struktur der Texte übersetzte oder durch die Situierung im literarischen Umfeld sichtbar machte. So sind die Erzählungen Anatol Ludwig Stillers einerseits Lügengeschichten für den naiven Gefängniswärter im Roman, andererseits symbolische Bekenntnisse Stillers und zum dritten traumähnliche Inszenierungen der Lebensthemen Max Frischs. Die Erzählungen aus den zwei »Tagebüchern« wiederum sind eng vernetzt mit dem komponierten Gefüge dessen, was der Autor verharmlosend »Tagebuch« nannte, was aber in Wirklichkeit eine einzigartige Form erzählerisch-essayistischen und bekennend-polemischen Schreibens darstellt. Mit dem Herauslösen der Erzählungen aus diesen Kontexten verschwindet also ihre Bedeutung innerhalb der jeweils hochkalkulierten Kompositionen. Dennoch bestehen sie für sich, und die Bedenken, die sich einem separaten Druck gegenüber ergeben mögen, hat der Autor selbst entschärft, indem er zwei entsprechende Sammlungen zu Lebzeiten autorisierte, die eine mit den Geschichten aus »Stiller«, die andere mit jenen aus dem »Tagebuch 1966-1971«. Beide wurden hier in dieser Form übernommen. Auch »Schinz. Skizze«, ein Schlüsseltext aus dem »Tagebuch 1946-1949«, ist 1959 unter diesem Titel einzeln publiziert worden. »Der andorranische Jude« und »Burleske« sind im ersten Tagebuch durch die vom Autor gesetzten Titel als in sich abgeschlossene

Prosastücke gekennzeichnet. Außer der kurzen Geschichte »Ein Mann, Botschafter einer Großmacht ...« aus dem Roman »Mein Name sei Gantenbein« hat also Max Frisch alle hier vorgelegten Erzählungen als selbständige Texte anerkannt. Dieses Prosastück schließt den vorliegenden Band wie ein längeres Motto ab. Es verkörpert, so kurz es ist, eine unverzichtbare Variante des jahrzehntelangen Nachdenkens über die Lebensrolle, welches recht komödiantisch damit beginnt, daß der Erzähler des »Bin« auf seiner phantastischen Pekingreise die sperrige Papier*rolle*, die er scheinbar zufällig unterm Arm trägt, einfach nicht los wird. Bereits im »Schinz« wird daraus eine Tragödie.

Die Vernetzung mit dem literarischen Umfeld ist ein Merkmal von Frischs Geschichtenerzählen, ein anderes ist die Spiegelung seiner Vorbehalte gegenüber der geschlossenen Form in der Textstruktur selbst. Diese Eigenschaft tritt in der vorliegenden Sammlung vielfach in Erscheinung. Schon die Inhaltsübersicht zeigt, wie gern der Autor seine Geschichten »Skizzen« nennt. Dabei ist an den Architekten Frisch zu denken, der seine Vision vom Haus, das es zu bauen gilt, zuerst in Skizzen zu fassen sucht. Sie lassen sich jederzeit verändern; ihr Wesen ist das Vorläufige, das Schweben in einem Freiraum. Wenn das gegeben war, konnte er auch erzählen. Schon »Bin«, das frühe Werk aus der eingeschlossenen Schweiz von 1944, hat in der lockeren Reihung der Textteile diese Beschaffenheit. Später wird das gezielt Unfertige, auf viele Möglichkeiten hin Offene auch graphisch veranschaulicht; »Skizze eines Unglücks« und »Statik« etwa bestehen aus vielen kleinen und kleinsten Sprachblöcken, die weit voneinander abgesetzt und durch Punktreihen getrennt werden.

Jede Erzählung Max Frischs ist so beschaffen, daß sie sich verwandeln könnte in ein Hörspiel, ein Stück, einen Film, einen Roman. Als der Autor den »Andorranischen Juden« und »Burleske« schrieb, wußte er nicht, ob daraus je etwas anderes werden würde – zum Beispiel, wie es dann tatsächlich der Fall war, zwei Welterfolge des Theaters. Die beiden Texte sind einerseits von der Lapidarität alter Kalendergeschichten, andererseits deuten sich Umgestaltungen an, etwa wenn es gleich in der zweiten Zeile der andorranischen Geschichte heißt: »Zu erzählen wäre ...«

Unter diesem Stichwort der »Skizze« als einer eigentümlichen Bedingung erzählerischer Kreativität ist auch »Zürich-Transit« zu lesen. Nicht nur weil der Ausdruck im Untertitel explizit fällt (»Skizze eines Films«), sondern weil sich hier ein Glanzstück von Frischs Erzählkunst, das seinerseits schon die Verwandlung einer Geschichte aus dem Gantenbein-Roman darstellt, nur deshalb so rasant, stilsicher, witzig und wirklichkeitsgesättigt entwickeln kann, weil es die Freiheit des Entwurfs, des Unfixierten, auf andere Formen hin Offenen hat. Die hinreißende Erzählung ist präzis gefügt bis zum letzten Wort, keineswegs zufällig also, aber immer mit dem Anschein des Zufälligen spielend. Der Text gibt sich als Drehbuch, und in dieser *Rolle* wird er zum narrativen Ereignis.

                                                Peter von Matt

Text- und Copyrightnachweise

Bin oder Die Reise nach Peking
mit einer Widmung: »Für meine Frau«
Erstdruck: Atlantis Verlag Zürich 1945
Druckvorlage: Max Frisch, Gesammelte Werke in zeitlicher Folge,
Band 1, S. 601-658
© 1945 Atlantis Verlag, Zürich

Der andorranische Jude
Aus: Max Frisch, Tagebuch 1946-1949. Erstdruck: Suhrkamp Verlag
1950
Druckvorlage: Max Frisch, Gesammelte Werke in zeitlicher Folge,
Band ii, S. 372-374
© Suhrkamp Verlag Frankfurt am Main 1950

Burleske
Aus: Max Frisch, Tagebuch 1946-1949. Erstdruck: Suhrkamp Verlag
1950
Druckvorlage: Max Frisch, Gesammelte Werke in zeitlicher Folge,
Band ii, S. 556-561
© Suhrkamp Verlag Frankfurt am Main 1950

Schinz. Skizze
Aus: Max Frisch, Tagebuch 1946-1949. Erstdruck: Suhrkamp Verlag
1950
Druckvorlage: Max Frisch, Gesammelte Werke in zeitlicher Folge,
Band ii, S. 723-749
© Suhrkamp Verlag Frankfurt am Main 1950

Die Geschichte von Isidor
Aus: Max Frisch, Stiller. Roman. Erstdruck: Suhrkamp Verlag 1954
Druckvorlage: Max Frisch, Die Erzählungen des Anatol Ludwig Stiller, suhrkamp taschenbuch 2303, S. 9-17
© Suhrkamp Verlag Frankfurt am Main 1954

Das Märchen von Rip van Winkle
Aus: Max Frisch, Stiller. Roman. Erstdruck: Suhrkamp Verlag 1954
Druckvorlage: Max Frisch, Die Erzählungen des Anatol Ludwig Stiller, suhrkamp taschenbuch 2303, S. 19-32
© Suhrkamp Verlag Frankfurt am Main 1954

Als Cowboy in Texas
Aus: Max Frisch, Stiller. Roman. Erstdruck: Suhrkamp Verlag 1954
Druckvorlage: Max Frisch, Die Erzählungen des Anatol Ludwig Stiller, suhrkamp taschenbuch 2303, S. 33-58
© Suhrkamp Verlag Frankfurt am Main 1954

Eine Mulattin namens Florence
Aus: Max Frisch, Stiller. Roman. Erstdruck: Suhrkamp Verlag 1954
Druckvorlage: Max Frisch, Die Erzählungen des Anatol Ludwig Stiller, suhrkamp taschenbuch 2303, S. 59-75
© Suhrkamp Verlag Frankfurt am Main 1954

Zürich-Transit. Skizze eines Films
Erstdruck: Suhrkamp Verlag 1966
Druckvorlage: Max Frisch, Gesammelte Werke in zeitlicher Folge, Band v, S. 401-452
© Suhrkamp Verlag Frankfurt am Main 1966

Der Goldschmied
Aus: Max Frisch, Tagebuch 1966-1971. Erstdruck: Suhrkamp Verlag 1972
Druckvorlage: Max Frisch, Der Traum des Apothekers von Locarno, suhrkamp taschenbuch 2170, S. 5-16
© Suhrkamp Verlag Frankfurt am Main 1972

Der Traum des Apothekers von Locarno
Aus: Max Frisch, Tagebuch 1966-1971. Erstdruck: Suhrkamp Verlag 1972
Druckvorlage: Max Frisch, Der Traum des Apothekers von Locarno, suhrkamp taschenbuch 2170, S. 17-32
© Suhrkamp Verlag Frankfurt am Main 1972